中国社会科学院
老年科研基金资助

彭邦炯 著

契文釋錄

上海書店出版社
SHANGHAI BOOKSTORE PUBLISHING HOUSE

自 序

　　这是一本试探性的考释甲骨文字的书。本想叫甲骨文研究什么的，但考虑到类似的书名已有过好几本了，而且当今有个世界知名大企业也叫甲骨文，故我这本书就不再用甲骨文相称了。大家知道，甲骨文是契刻在龟甲兽骨上的，早有书契、契文之称，这里也就复旧称契文了。

　　考释文字，首要的是以原片真迹为依据，让人看到所考文字的真实构形，故我在文中不仅大量引录原片，很多地方还将原片中相关文字特写放大，尽可能地显露其真面目。这也是鉴于过去的文字考释论著，所考之字一般都是作者摹写的，难免时有摹录失真，因无原片刻辞附录，一般的读者手边也无原书可查考，意欲审视参阅极为不便。所以，我尽可能随文附录相关拓印片及相关文字，这既摆出了我的依据，也便于读者比较甄别，虽显得繁复，但确实方便必要。

　　文字是人类将语言经过人脑加工，变成有特定形与义的书写符号的产物。或者说，文字是语言的符号，是记录人们的思想言行、传递信息的载体。考古发掘的遗存遗物固然是了解和复原古人社会生活的一个重要方面，但今天的人们要全面了解和复原古人的思想言行及社会生活状况，古文字的研究与释读是绝对重要的。

　　契刻于龟甲兽骨上的文字，是我国古文字的重要组成部分和代表，是迄今通行的汉字之源，它不同于拼音文字，而是我们的先人根据对事物的观察与思考，创造出来的一种形意兼表音的文字；但它又不是原始图画或象形文字，而是体系相当完备、成熟的最早通行文字，是商代文明的历史见证和传承载体。我们说汉字源远流长，博大精深，独具魅力，数千年传承发展至今绵延不断，原因就是一脉相承，世代相因。

　　应当承认，考释出一个殷契文字与考古发现一个遗迹和遗物有着同样的意义，都是商代文明的历史见证和传承载体，也是开启商代文明和古史殿堂大门的钥匙。应该充分认识到：我们这样一个有五千年文明历史的国家，古文字的研究与释读，确实对探索中国古代历史文化有着特别的重要意义。可以说，每一个字，本身就承载着古代人们的思想言行及社会生活的丰富信息，描绘了有商一代及其以前的古代社会生产和生活图景。研究一个字的形体、意义、音读的衍变，对于缺乏文献记录的商周时代及其以前先民的历史，都有着非常巨大的意义。

有人统计，已发现的契刻于龟甲兽骨上的文字共有 4 600 余字，经百余年学者的努力，被认识的仅占三分之一左右，还未过半。因此，文字的辨认，仍然是甲骨卜辞研究者现今和将来的首要问题与最基本的工作之一。

我生性愚钝，别无他好，无缘琴棋书画与歌舞，唯对甲骨文厚爱不减，总爱翻阅专业故籍，揣摩相关字辞。当有质疑或有所感悟时即随手批录查找求证，久之便积累了近百则长长短短的文字。我的这本小书，就是在此基础上，再归纳补充整理而成。就整个内容看不外两方面：

其一，在前人研究的基础上申论、补充其未备与不足；其二，是国内外同行所未有过的新说新解。也算是文字考释吧，不过有些地方还是一种揣测、猜想，意在表明我提出的这些问题，在一定程度上还处在假说阶段，尚须进一步阐释、求证与完善；在进一步阐释、求证与完善的过程中，个人的一些揣想，有可能是合理或部分合理，也有可能将全被否定。其实这只是一条寻觅探险之旅。我相信：在科学研究的过程中，没有大胆假说，就不会有寻得真理的可能。假说→求证→结论，这是人类科学发展的必经之途，也是一条被证明了的科研规律。李学勤先生说过："揣想必有不少收获。"我的这些揣想难说有多大收获，只希望一些"揣想"能对他人有点借鉴之功，或为他人进一步阐释、求证与完善提供参考，别踏覆辙，再犯过失。我想这也是有利于推进学术研究发展的吧。

目 录

说 [甲骨字] （毀）、[甲骨字] （兕殳）

《殷花》76 有（见附图一）：

　　乙卯，岁祖乙 [甲骨字]（毀），叀子祝？用。

《殷花》编者谓："毀，本作 [甲骨字]。从豕从殳。字形像双手拿锤，击杀一头公猪。'岁祖乙毀'，义为用被击杀的公猪岁祭祖乙。"

《殷花》226 又有（见附图二）：

　　庚申，岁妣庚牡一？子占曰：涾□，自来多臣 [甲骨字]（兕殳）。

《殷花》编者谓："兕殳，本作 [甲骨字]，像双手拿锤击兕牛，与 [甲骨字]（毀）字结构相似。"

有人说，上举辞中的 [甲骨字]、[甲骨字] 二字右边双手拿锤形，"不能将之释为'殳'。……可以隶定为'[字形]'"；"'[字形]'是'[字形]'的初文"。并依《说文》："莽"字"从収，釆声。釆，古文辨字。读若书卷。"认为"'[字形]'和'[字形]'应释作'莽'"，更进而认为"'[甲骨字]'字是从'豕'从'莽'，应释作'豢'，指圈养的猪"；"'[甲骨字]'字是从'兕'从'莽'，当指圈养的兕"。[①]

我认为，主张"[甲骨字]、[甲骨字] 二字右边双手拿锤形，为同一字形，区别只是方向不同而已"的说法是对的。但主张"右边双手拿锤形"，不是"殳"，而隶定为"[字形]"，又以"[字形]是莽的初文"，则值得商榷。

首先，他说《金文编》的 [金文字]字（见附录上091），为该字右上角的"[字形]"形是[字形]的初文"。我以为 [字形]、[字形] 两形区别甚明：前者为两手拿棒槌，手执其小的一端，另一端无"）〈"形；后者为两手拿尖状物粗的一端，以尖端刺入二缝隙（"）〈"形）之间。虽然"[字形]"字金文中偶有两手执小端而以大头对缝隙之间者，但都是双手奉器治缝之形。

　　徐师《甲骨文字典》第 242、984 页将"𡭗"视为"𦥑"的简体，"𡭗"疑是"𣂈"（同𣂈）的异构，而都释为"朕"，虽然也很有道理，但也是可商的。我认为"𦥑"象两手奉器治舟缝，这是它的初义；"𣂈"（同𣂈）则是象两手奉器治缝形，应是泛指治一切之缝隙，而"𡭗"仅是双手奉器形；这器可以是长的棍棒，也可能是短的尖状物，尖端可用以治缝隙，另一大端也可以作椎击的工具；用一手或双手执之，则视其被击物大小所需。一般的常识是：小而易敲击之物不必用双手。

　　我们知道，在甲骨文中多见执同一器物有双手的，也有单手的，这在甲骨文中多有例证。例如，"斤"作为偏旁𠂤与𠂤、𠂤可互用，只是繁与简的不同，都释"斤"。又如，表示以手持"毕"捕豕的𡥀（《合集》6536、6537、6538 等累见）可写作𡥀（《合集》224、225）、𡥀（《合集》10718 等），也可简写作𡥀（《合集》10706、10717 等）、𡥀或𡥀（《合集》10719、10720 等）；表示以"毕"擒鸟的𡥀，可简写作𡥀、𡥀。再如，甲骨文中有"尃"字，一般多见作"𢭃"形，但也有作"𢭃"的（如《合集》20065 即《粹》149）；卜辞多见"𢎘 🔲 化 𢦏 𢏓"（如《合集》6648 正、6649、6654 正等），但"𢏓"字下面也有一只手的（如《合集》6653 正、13695 等）；双手持"𠙵（用）"起土的"𢀖"（《前》2. 11. 1 贵或释圣）字也有作一只手的𢀖（《前》2. 5. 7）；"获"字多作"𢿫"形，但也有作双手的"𢿫"（如《合集》38715）。还有甲骨文𢿫也可简作𢿫；"射"字也有双手的𢎨、一只手的𢎨和省去手的𢎨三形，等等，不胜枚举。总之，甲骨文中多见从单只手的"又"与两只手的"双"持物形，多互通，只是繁与简的不同，这在甲骨文中多有例证。[②]

　　由上不难推知𢀖（𡭗）绝非𣂈的初形，也就是说它们不是同一字的异构。前者应与𣂈、𣂈二字右边双手拿锤形同，依前举甲骨文中多见从单只手的"又"与两只手的"双"持物形，多互通，只是繁与简的不同推之，𢀖（𡭗）作为"殳"的异构是合理的。

再者，如视𨈜、𨈜二字右边所从者为"乔"，读若书卷的"卷"，进而认为𨈜指圈养的猪，𨈜指圈养的兕，就更成问题了。我们知道，甲骨文中有𡚁、𡚁、𡚁等形之字，从罗振玉释为𡚁即圈养猪义后已为学者所公认，故不当再释𨈜为圈养的猪。至于说𨈜指圈养的兕，似乎商代及以前的人们还没有将体形巨大而凶猛的犀牛进行圈养的例证。常理是：体小或已被人们驯化的动物，如鸡、犬、豕、马、牛、羊多见圈养，其他动物古人恐未有圈养的，特别是田猎卜辞累见的大兽犀牛（兕），古往今来，似乎除后世动物园圈养外，商代恐怕还没有吧！

我们再回头探讨《殷花》卜辞中𨈜、𨈜字的意义。《说文·攴部》有毃，许曰："击也。从攴，豕声。"段注："此与木部椓音义皆同。从攴，豕声。竹角切。"又《说文·殳部》有毇，许曰："毇，椎击物也。从殳，豕声。"段注曰："谓用椎击中物。与攴部毃、木部椓，音义略同。从殳，豕声。各毒切。《广韵》竹角切。"我们知道，作为古文字偏旁的"攴（𠂤）"与"攵（𠂤）"或"殳（𠂤、𠂤）"可互通，因而《说文》的这两个字应是同一字后来分化所致，其初字盖即甲骨文的𨈜，[3]其原始意义为椎击公猪；从兕为椎击犀牛（兕）；其实甲骨文及商代金文还有椎杀人牲的字（另附文详说）。这些以捶杀不同对象构成的字，有如甲骨文中有从牛的"牧"、从羊的"𦍒"；从牛、羊的"沉"（𦍒、𦍒），等等，相类似。而这些字读法在古文字中可能就是读多音节的单体字，应读作"牧牛"、"牧羊"、"沉牛"、"沉羊"等。值得一提的是，古代屠杀牛羊等用槌或棒的图例还可见到，见附图三。

注 释

① 何景成：《试释甲骨文的北方风名——兼说甲骨文的"乔"字》，《殷都学刊》2009 年第 2 期，第 13—19 页。

② 参见拙作：《读契偶记三则》，见四川大学历史文化学院编：《纪念徐中舒先生诞辰 110 周年国际学术研讨会论文集》，巴蜀书社 2010 年版，第 21 页。

③ 请注意：非《说文·豕部》的从豕从殳的"毇"。

附 图

一、《殷花》76 及相关字放大图

二、《殷花》226 及相关部位（右后甲）放大拓片及摹本图

三、汉墓画像石局部摹本中有关捶杀与棒杀牛豕的图像

（任日新：《山东诸城汉墓画像石》，《文物》1981 年第 10 期）

甲骨金文▨、▨的联想

一、甲骨文▨、▨、▨、▨

甲骨四方风刻辞有：

(1) 东方曰析风曰▨，

南方曰夹风曰▨，

西方曰彝风曰彝，

［北］［方］［曰］伏风曰▨。（《合集》14294，附图一）

四方风刻辞还有：

(2) 辛亥卜，内，贞帝于北方曰伏风曰▨，求［年］……

辛亥卜，内，贞帝于南方曰夹风曰▨，求年，一月。

贞帝于东方曰析风曰▨，求年。

贞帝于西方曰彝风曰彝，求年。（《合集》14295，附图二）

由上两版四方风刻辞的"［北］［方］［曰］伏风曰▨"、"北方曰伏风曰▨"比较，可知▨、▨为同字异构无疑。卜辞又有：

(3) 癸未卜，殻，贞旬亡祸？王占曰有祟，三日乙酉莫有▨。（《合集》16935 正，即佚 923，附图三）

(4) 王若/……▨……有若。（《合集》17705 正，附图四）

(5) ……▨子…… （《英藏》145 反，附图五）

(6) 甲午［卜］，王弜……▨侯……▨允致。（《英藏》187，附图六）

上举第（3）例比较完整，末一字"▨"也是风名，[①]与前举（1）、（2）例的北方风名▨、▨比较也是同一字的不同写法。（4）～（6）例刻辞过残，难推其意，但从（2）例的 𢼸 与（5）、（6）例辞的 𢼸 比较，可确定也是同字异构；虽是一作单手、一作双手，但只是繁简之别。关于此已多次论证，不再赘述。第（2）例的 𢼸 字手持棒槌与跽形人间有小点，示意捶击有血液四溢，有如甲文的"𤶃（疾）"字，有点者示意有汗液，其与无点的"𤵸"同是"疾"字的不同写法。所以甲文 𢼸 、𢼸 、𢼸 、𢼸 、𢼸 诸形，都是同一字的异构。这一点已为学者共识，[②]但对此字的释读，古文字学者至今没有达成共识。

早年，胡厚宣先生在《甲骨文四方风名考证》中依 𢼸 形隶释为 𢻻，他说："'风曰 𢼸（𢻻）'，𢻻即伇，亦即役。《说文》：'役，戍边也。'"[③] 1965 年改编本《甲骨文编》亦视 𢼸 与役同。[④]李孝定《甲骨文字集释》第 2877 页收有 𢼸，隶写作 𢻻，谓"从卩从殳《说文》无说"。徐中舒《甲骨文字典》第 326 页收有 𢼸 、𢼸 、𢼸 诸字（未收前举的 𢼸 形），解字曰："从殳从卩，殳或省作 𢼸，同。《说文》所无。"释为风名。姚孝遂《摹总》与《类纂》等也隶释作"𢻻或陵"，但认为与役有别。[⑤]

由上可确定：甲骨文 𢼸 、𢼸 、𢼸 、𢼸 为同字异构，一般都可隶释为 𢻻 或 陵，但与从单立人（亻）的役（𠈹 、𠈹）有别；将 𢻻 字释为役还有待进一步研究。

二、金文的 𢼸

我们既确定甲骨文 𢼸 、𢼸 、𢼸 、𢼸 诸字为同字异形，那么金文的 𢼸（附图七至十）形字也应加入到里面来，因为它和上列甲文中的 𢼸 形字是一致的。要说有不同的话，只是一人两手所执之杵棒有实心与空心之别，而这正是由甲骨契刻与金文刻铸的各自书法工具与书写特点所致，并非本质上的不同。

现在的问题是对 𢼸（𢼸）字所从的 𢼸 字之诠释。高田忠周在其《古籀篇》中释此字所从的 𢼸 为"忡"，训"自申束"的"申"之本字，与训"神"的"申"异字而音近，并认为："从 𢼸 自持也。𢼸 以象人身，𢼸 即人直立而两手拥要之形。"我以为高氏所说是不对的！李孝定也曾指出："说有可商，字盖一人跽，另一人两手执杵以临之，有扑击之意。惟不知究当于今之何字耳。"⑥还有主张"右边双手拿锤形",不是"殳",而隶定为"臼ヨ",又以"臼ヨ是乔的初文"或将"𣪊"视为"𦥑𣪊"的简体,"𣪊"疑是"𣪊(同𣪊)"的异构,而都释为"朕"的说法,我们已在《说𣪊(毃)、𣪊(殴)》文中说过,就不再赘了。

现在,我们可以参照对甲骨文字𣪊、𣪊字的考释结论试作回答:金文的𣪊也应与《说文·支部》的毃、《殳部》殴的义略同。段注说的"用椎击中物。与支部毃、木部椓,音义略同",读音为"笃"。我们知道,作为古文字偏旁的"支(攴)"与"攵(攴)"或"殳(殳、殳)"可互通,因而《说文》的这三个字应是同一字后来分化的结果,其初字当即甲骨文的𣪊,其原始意义为椎击公猪;从兕为椎击兕;从卩从殳当为击杀人牲。

注 释

① 徐中舒主编:《甲骨文字典》,四川辞书出版社 1988 年版,第 326 页。

② 参见徐中舒主编:《甲骨文字典》,第 326 页;于省吾主编:《甲骨文字诂林》,中华书局 1996 年版,0361 号。

③ 见胡厚宣:《甲骨学商史论丛》初集二册,成都齐鲁大学国学研究所专刊,1944 年版。

④ 孙海波原编,考古所改编:《甲骨文编》卷三·二二,0407 号,中华书局1965 年版,第 134 页。

⑤ 于省吾主编:《甲骨文字诂林》,第 415 页,0361 号𣪊、𣪊、𣪊按语。

⑥ 李孝定、周法高、张日升:《金文诂林附录》,香港中文大学出版,214〈2080〉。

附 图

一、《合集》14294

二、《合集》14295

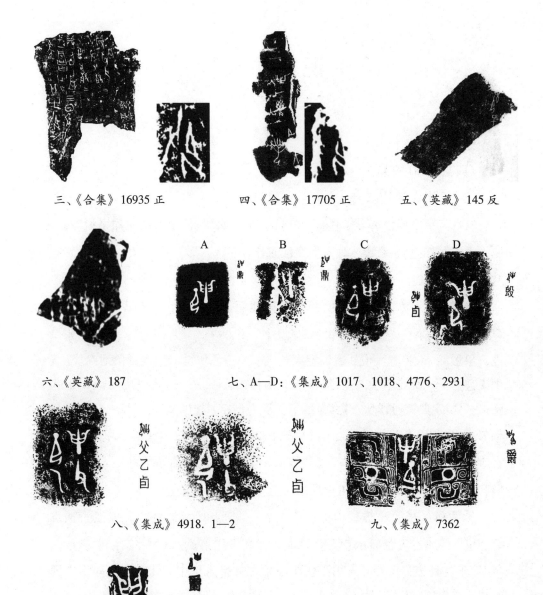

三、《合集》16935 正　　　四、《合集》17705 正　　　五、《英藏》145 反

六、《英藏》187　　　七、A—D：《集成》1017、1018、4776、2931

八、《集成》4918.1—2　　　九、《集成》7362

十、《集成》7363

说　　凶

《殷花》181 有辞：

己卜，丁榄（𢆶），不凶？（附图一）

"凶"字原编者隶写作凶，并曰："义不明。"依个人从原片字形观察，原编者隶写作凶略有出入，照原字应隶作"凶又"形，即"又"（手形）在"凶"形的外边。

我以为"凶又"字左下的"𠃊"即地面下挖的坑。于省吾先生在《释鹿、麤、麗、生、大》中说："𠃊字《说文》作凵，并谓：'凵，张口也，象形。'朱骏声《说文通训定声》谓：'一说坎也，堑也，象地穿。'按朱说甚是。古文𠃊字象坑坎形，小篆伪作凵，下横平，故《说文》误训为张口。𠃊字典籍通作坎，𠃊为本字，坎为借字。《说文》：'坎，陷也，从土欠声。'坎陷叠韵，以音为训。"又引《尔雅·释言》："坎本作㛼。"唐释玄应所撰《众经音义》（《一切经音义》）三谓："㛼亦坑也。"古文献中凵、坎、陷、㛼等又因音近而通用。①

凶内所从"𢆶"当释为係；係、系、繫通用，係者缚也，以绳索捆绑之谓也。绳索在人背后示意人背缚绳索被捆绑之形。"又"（又，手形）在"𠃊"形的外边，示意有人用手将带绳索之人推入坑中。此字和他辞用作埋人牲于坑中的字，如《合集》22277（附图二）、22278（附图三）的同文卜辞"丁丑卜，子启凶，亡祸"的凶字当属同字异构（合集 22279 有一残存字辞也是凶字的下半部）。从这两版卜辞看，是子启用凶祭有否灾祸的占卜记录。凶字显然是祭祀用牲之法。

"凶"字，于省吾先生在《释鹿、麤、麗、生、大》中谓："象陷人于坑坎之中，其字从人凵，凵亦声，系会意兼象形字。”并说“凵”“是指陷人以祭”。我以为于说是对的。“凵”既“是指陷人以祭”，与“凵”属同字异构，“凵”也当是“陷人”以祭或应读双音节“陷人”。

注　释

① 于省吾：《甲骨文字释林》，中华书局 1979 年版，第 270—275 页。

附　图

一、《殷花》181 相关卜辞局部及单字放大

二、《合集》22277 相关卜辞局部及单字放大

三、《合集》22278 及单字放大

也说豙、豛（豙）；豕、豜、豩；豥（豕）

"豙"旧常与"豛"相混，误为"象豕身被箭射中之形"。[1]其实恐非一字。从矢从豕的"豛"（或豙，附图一、二、三），过去多隶释为"豙"。按许慎《说文·互部》的说法，"豙，豕也，后蹄废谓豙。从互，矢声；从二匕，豙足与鹿足同"。意思是说，豙也是一种猪，后脚退废的叫豙。从互（猪头长嘴形），矢为声，豙与鹿的足都同用二匕表示。看来与甲骨文的从豕身着矢"象豕身被箭射中之形"与许说也都不一致。

其实，甲骨文的"豛（豙）"字写"作矢射穿豕形"，"野猪只有射杀才能得到"之说，其形义都与"豙"的构形不沾边。依"豕身被箭射中之形"还是隶释作"豭"为好。《周礼·夏官司马·射人》："祭祀则赞射牲。"郑玄注云："蒸堂之礼有射豕者。"故我以为还是从张亚初先生所说，"豛（豙）"字应是射牲中"射豕"的专字。[2]

"豥"（附图四），盖即"豵"的本字。"豵"或从犬作"猣"，盖指一岁之豕。"豵"字在古文献中有说是"生六月豚"也、"豕生三子"也、"豕生子多"也等说法，但一般都说指一岁的豕。《说文·豕部》曰："豵，生六月豚。一曰一岁曰豵。"《诗·豳风·七月》"言私其豵，献豜于公。"毛传曰："一岁曰豵。"《周礼·夏官·大司马》："大兽公之，小兽私之，获者取左耳。"有郑玄注引郑司农说："一岁曰豵，二岁曰豝，三岁曰……"《诗·召南·驺虞》"壹发豵"，《朱熹集传》曰："一岁曰豵。"甲文"豥"字正象在豕身着"一"示其一岁之意。

甲骨文还多见"豕"（附图五、六）和"豜、豥、豩、豥"（附图七~九）诸字。[3]

"豕"，旧之释者多将之隶释作"豕"（豕字左边多一"丶"）。依《说文·

豕部》：“豕，豕绊足行豕豕（段注：艰行貌）。从豕系二足。”这是说猪被捆着两足行走不便的样子。显然与甲骨文“□”的构形不合，直观“□”字，其形象豕之命根断离其身，应是示意豕去根（阉割去势）之义。古文献有阉人“毁阴”的从木从豕的“椓”字，盖其伪变也。《说文·木部》谓：“椓，击也。”古文献也有用击义的，如《诗·周南》的“椓之丁丁”。《左传·哀公十一年》：“卫侯辞以难公子又使椓之。”注谓“攻击之”。但据今文《尚书·吕刑》：“爰始淫为劓刵椓黥。”《尚书正义》引郑玄：“椓，谓破阴也。”是以甲骨文的“□”字当指豕去势，盖即后世作“破阴”解的“椓”字之由来。

“□”释为去势之豕。与从豕从匕之“犯（原作□、□、□、□、□等）”字不同的是：“□”为人工去势之豕，非雌非雄；“犯（原作□、□、□、□、□等）”为生来之雌性豕，可能秦汉时已无从匕豕的“犯（原作□、□、□、□、□等）”字，故许氏《说文》不见收录。后人不知而另造“豕母”之合文，才有了《集韵》所收的“𤞞”字。

“犯（原作□、□、□、□、□等）”，其中刀向豕背的“□（或作□）”字，在部分辞中不是指用作祭牲的雌豕。过去罗振玉都释作“牝”，从者甚多。一直到唐兰《天壤阁甲骨文存考释》始加以区别，而释后者为“刻”，读若“遂”。我以为前者隶释作犯，乃是雌性豕的专字（如附图十六）；后者的□可隶作“刻”，陈炜湛有更详实之论述，认为是与金文实体以手操刀向豕形之字同，甲文作线条又省手形。[④]原意为杀豕，卜辞中除用作祭名外，多用其引申义，有不吉利、灾祸等义。

“□”、“□”为一字异构，都应隶释作“豛”，即雄性豕，俗谓之公猪。后世相应的字有“豭”字，《说文》曰：“豭，牡豕也。”已为学者所认同，不再赘说。[⑤]

注 释

① 参见《甲骨文编》卷九·一一，1147号字；赵诚：《甲骨文简明词典》，中华书局2009年版，第71、180、200页；徐中舒主编：《甲骨文字典》，第1057页；马如森：《殷墟甲骨文实用字典》，上海大学出版社2008年版，第218页等。可能都缘罗振玉《增订殷虚书契考释》：“从豕身着矢，乃彘字也。彘殆野豕，非射不可得。”

② 参见张亚初：《甲骨文金文零释》，《古文字研究》第六辑，中华书局 1981 年版，第 158—160 页。

③ 列表举例：

原形	摹写	隶释	举例书片号
		琢	《合集》378 正：于主亥 犬一羊一 （琢）族帝三小宰卯九牛三毅三羌。（附图五） 《合集》6664 正：……十 （琢）于上甲。（附图六） 《合集》14755：燎于大甲三 （琢）三……
		夗	《合集》117：庚申卜，乎取 （夗）刍/勿乎取 （夗）刍。（附图七） 《合集》11246：辛…… （夗）……（附图十） 《合集》22045：庚寅卜…… 祖庚……（附图十一） 《合集》2263 正： （夗）毅于父乙。（附图八） 《合集》5808：贞 （夗）豳于祖乙。（附图九）
		刎	《合集》779：丙辰卜，争，贞师有 （刎）。（《合集》780 同文；附图十二、十三） 《合集》4271：甲寅卜，亘，越其有 （刎）。（附图十四） 《合集》4272：丁亥卜，殼，越其有 （刎）。 《合集》5751：射臿亡其 （刎）。（附图十五）6536、6749 等。

④ 陈炜湛：《甲骨文异字同形例》，《古文字研究》第六辑，第 243—245 页。

⑤ 多见于省吾主编：《甲骨文字诂林》，第 1568 页，姚孝遂说。

附　图

一、《合集》22361　　二、《合集》21555　　三、《合集》18811　　四、《合集》20689

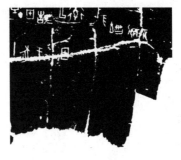

五、《合集》378 正及单字放大

六、《合集》6664 正及单字放大

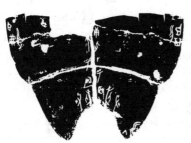

七、《合集》117 及单字放大

八、《合集》2263 正及单字放大

九、《合集》5808 及单字放大

十、《合集》11246 及单字放大

十一、《合集》22045 相关部位及单字放大

十二、《合集》779 相关部位及单字放大

十三、《合集》780 相关部位及单字放大

十四、《合集》4271 及单字放大

十五、《合集》5751

十六、《合集》27454 及相关卜辞放大

关于《殷花》46 片的 ▋（🐎）字

《殷花》46 片为一完整龟腹甲，整版他处无字，唯在后右甲有辞曰：

乎（呼）用 ▋（🐎）。（附图一）

原释者说："从字形看，似马之后腿关节外鼓，当为马之异体。"今按：其说可商。从字形看，恐非马之后腿关节外鼓。盖在马后足处缠绕一圈作标识状，或许是马的年龄标识。《说文·马部》有："馬，马一岁也。从马一，绊其足。读若弦，一曰若环。"段注："'绊其足'三字，盖为衍文。"王筠《说文释例》曰："一岁之马，即当攻治调习，故绊之。"我以为"绊其足"三字非衍文，许书之"绊"字，当是"系"的意思，即《增韵》说的"系足曰绊"。这里指在一足上，缠着一个标识，非指馬字的构形从马从一。所谓"从马一，绊其足"句，当句读为"从马，一绊其足"。意思是：馬字从马，一个足被系（即缠着）。请看："馬"字的篆体（🐎）并不能视为"马"与"一"组合成的字，而是在马的腿足处作个指示符号，示意在马腿这里系有标记，和《说文·豕部》"豕"字篆体相同。值得注意的是，许氏在解释"豕"字也用有系缠相同意义的绊字（附图二）。

由上推之，《殷花》46 片的"🐎"字盖为《说文》"馬"字之由来，或指一岁的马。此辞曰"乎（呼）用🐎"，乃呼用一岁马作祭牲之用也。

附　图

一、《殷花》46 拓及摹本与单字放大

二、《说文》"馬"、"豕"的解释及篆体

释 🦄 （骁）

《殷花》81（附图一）有辞曰：

　　癸酉，其又🦄于宁［见］。

　　丙子卜，或驮于宁见。

《殷花》168（附图二）又有：

　　其又贮马［于］新。

　　其又🦄于宁见。

上列辞中的"🦄"字，原书主编者隶写作"鸂"字，谓"新见字"。别无他说。

我以为，从原图版看，"🦄"字上从"𢆶（或𢆶）"，下从"马（🐴）"。甲骨文中累见以𢆶、𢆶、𢆶（或倒置或上下两端同）等形作偏旁的字，一般隶释为"幺"或"午"、"糸"或"系"。但是，从甲骨文字有同一字的偏旁又作𢆶、𢆶、𢆶（或倒置或上下两端同）互用不分，如"从糸从尹"的"绅"就有𨑃、𨑃、𨑃、𨑃、𨑃、𨑃等形（附图三），可见𢆶、𢆶、𢆶也可互通。前揭"🦄"字上面的"𢆶（或𢆶）"与《说文》"玄"字的古字形极近。中国文字从甲文、金文经大小篆到隶书与楷书的演变过程中也是极易讹变的，这样一来，🦄字原本从"上玄下马"的构形而演化成后来的"马"、"玄"并排的"骁"字是极自然的。我们知道，古文字的偏旁位置，往往左右或上下多无定；即作为偏旁上下书变为左右并列书者并不少见。故这里的"玄"也可左可右并列作"骁"。

"骁"字不见于《说文》，然《广韵》、《集韵》都保存有"从马从玄"的"骁"字，并谓："马黑色，音悬。"《说文》虽无"骁"字，却另有一意义相近的"騥"字；许曰："騥，马赤黑色，从马戜声。"赤黑色实亦黑色，《诗·秦风·驷驖》传云："驖，骊也；马骊者，深黑色。"从此以后历代注释或译作白话者都解作黑色。又《说文》玄字下说："黑而有赤色者为玄。"依此，卜辞所谓"䮹（▮）"马当即"黑而有赤色者"的马，正和《说文》的"驖"字意义相同。许慎只收录"驖"字而不录同义不同音的"䮹"，实不应该。今所幸的是《广韵》、《集韵》保存了这个古字，并使我们有可能推知，卜辞中的▮（䮹）字盖指赤黑色的马的专字。

附　图

一、《殷花》81 及相关局部放大图

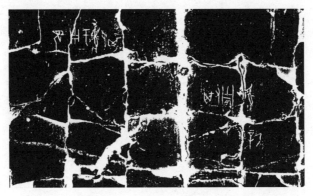

二、《殷花》168 相关卜辞局部放大图

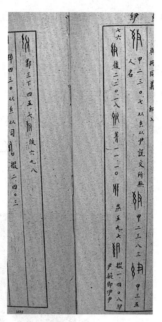

三、《甲骨文编》卷一三·一，第 506—507 页

从 𠕎、⊕ 二字推测古人对思维器官的认识

《殷墟花园庄东地甲骨》有：

(1) 丁［丑］，岁妣庚牝一，卯𠕎。

(2) 丁丑，岁妣庚牝一，卯𠕎。

(3) 丁丑，岁祖乙黑牝一，卯𠕎。

(4) 丁丑，岁祖乙黑牝一，卯𠕎二于祖丁。（《殷花》49，附图一）

(5) 丁丑，岁祖乙黑牝一，卯𠕎？子占曰：未，其又至莫，其戌用。

（《殷花》220，附图二）

上列各辞中的"𠕎"形字，原书编者隶释为"胴"，认为是"新见字，从司从肉。卯字为用牲之法，其后一般为祭牲，胴字可能为牲肉"。

今案：𠕎字"从𠕎从𠂤"。"𠕎"为甲骨文"肉"字和从肉之字所常见形；从肉之字有时因偏旁位置而朝向有异，但学者都认同"𠕎"、"𝄐"等为肉形。"𠂤"为"𠂤（司）"之省，独体的"𠂤"目前尚不见于卜辞，迄今所见者都"从凵从𠂤"作"𠂤"，或反向作"𠂤"，未见单作"𠂤"者。金文"司"字的独体亦只作"从凵从𠂤"的"𠂤"，未见作"𠂤"者。但"司"作为偏旁时倒有不少省作"𠂤"形的，如《令簋》、《司簋》、《盂鼎》、《克鼎》、《免簋》、《免卣》、《颂簋》、《颂壶》、《颂鼎》、《静簋》、《番生簋》等。因此，原书编者将"𠕎"隶释作"胴"是正确的。

但"胴"字的形体不见于金文和大小篆。《说文》亦未见。可是，后来的《集韵》倒有一个"从肉从司"的"胴"字。《集韵》谓："胴，息利切，音四，头会也，或作脺。"

《说文》虽然无"胴"字，但《说文·囟部》有"囟"，许曰："囟（⊕），头会脑盖也，象形。"又说："囟"的或体有"𦠲，或从肉宰"。徐灏《说文段注笺》："𦠲从宰声者，宰本以辛为声，与囟相近也。"按：辛、囟上古同属真部，心纽。《集韵》、《广韵》又讲，"囟（⊕）"字的"古文"还有屮、顖、𦠲等形。由上可知，"胴"字确实到许慎时都还与"囟（⊕）"字并存，只是《说文》把"𦠲"当成了"囟（⊕）"字之或体。

"囟（⊕）"字，殷墟甲骨及其以外的西周甲骨文均有。而且，其义也与《说文》的"囟（⊕）"字近，只不过，从前不少古文字研究者都误与⻄、⻄、甾等形体相混一，而释作"西"或"由"、"甾"等。其实，在卜辞中⊕和⻄、⻄、甾等形虽然偶有相混的时候，但从卜辞内容亦可看出音义有别。比如：

(1) 用危方⊕于姚庚，王宾。（《合集》28092，附图三）

(2) 羌方⊕其用，王受有佑。（《合集》28093，附图四）

(3) 其用兹……祖丁栅羌⊕其罜。

(4) 其用⊕在姚辛必至母戊。（《屯南》2538，附图五）

上举卜辞都只用"⊕"形，不见用⻄、⻄、甾等形。辞中的"⊕"，从前有学者认为是危方或羌方首领之名。《小屯南地甲骨》编者认为指人的头颅，即用危方或羌方之人的头颅作祭品。徐师中舒先生主编的《甲骨文字典》第1024页就认为是将"所斩获敌国之首""用为祭品"。[1]姚孝遂、肖丁也认为是头颅，引申为首脑，即用危方或羌方的首领作祭祀之牺牲。[2]《甲骨文字诂林》第1036页《按语》还说："卜辞或以'𠙹'（引者案：当隶写作囟形）为'西'则为音假。"由上可知，前举卜辞中的"⊕"字读音近西，字义指头颅（即头会脑盖），引申为国族之首脑、头领或首领、头人之类。"⊕"字，在殷墟以外的西周甲骨中更为多见，如：

(1) 癸巳，彝文武帝乙宗，贞王其邵祭成唐（汤），鼎御𡩻二女，其彝血𡉚。（《合补·附殷外》1A，附图六）

(2) 豚三。⊕又正。（《合补·附殷外》1A，附图六）

（3）□巳，王其乎更𠂤父陟。⊕亡……（《合补·附殷外》3A，附图七）

（4）……于文武……王其卬帝天……晋周方白……⊕正，亡左，王受又又。（《合补·附殷外》12B，附图八）

（5）贞王其求又大甲，晋周方白畫，⊕正，不左，于（王）受又又。（《合补·附殷外》13A，附图九）

（6）今秋王⊕克往𥊙。（《合补·附殷外》20A，附图十）

（7）曰：𥄉⊕克事。（《合补·附殷外》52B，附图十一）

（8）……⊕克事。卬曰：竝⊕克事。（《合补·附殷外》53C，附图十二）

（9）一戠，⊕亡咎。（《合补·附殷外》106A，附图十三）

（10）……告于天，⊕亡咎。（《合补·附殷外》119A，附图十四）

（11）弜祀，其若艮，⊕正。（《合补·附殷外》128A，附图十五）

（12）……⊕正……受又又。（《合补·附殷外》149A，附图十六）

（13）……⊕亡咎。（《合补·附殷外》150A，附图十七）

（14）获其五十人往，⊕亡咎。（《合补·附殷外》283C，附图十八）

（15）迺则鼻……坠，袋，⊕亡咎。用。（《合补·附殷外》284A，附图十九）

这还可举出一些，此从略。

上举西周甲骨中的"⊕"字，李学勤、王宇信同志隶作囟，释作"思"，认为作虚词用，有如叀、佳（惟）一样。美国汉学家夏含夷先生同意释"思"，但认为在上举各辞中"非虚词，而应该为动词，即愿的意思"。③

我以为此字当如《说文·囟部》："囟（⊕），头会脑盖也，象形。"头会脑盖即人的头颅，卜辞有时除用引申之义，作为族群头人、首领用外，上引西周卜辞中的⊕，就明显有思想、愿望或希望的意思。所谓"⊕又正"、"⊕亡咎"、"⊕克事"等，夏含夷先生就认为确与古典文献中作为愿望、希望、祝愿或祈求之意的用法一致。如《诗·大雅·文王》"思皇多士"的"思"字，旧时也确有认为是发语词的（如朱熹）。但是东汉人郑玄（字康成）的《毛诗笺》早就说过："思，愿也。"《尔雅·释诂》又有："愿，思也。"《诗·鲁颂·駉》中也多次出现"思"字，如言"思无疆，思马斯臧"；"思无期，思马斯才"；"思无斁，思马斯作"；"思无邪，思马斯徂"。从整首诗歌看是告庙时的颂歌和祷辞，尤其是上引各句，就是直接表达愿望的祝祷之辞。清人陈奂在《毛诗说》中，虽然囿于陈说"思皆为语助"，但也承认是"颂祷之词"。既是颂祷之词，句中的"思"字不当作为语助词，而可以作动词。近人高亨先生在《诗经今注》中关于上引诗句的"思"字就认为是："指养马者想要永远保持子孙世袭的利益，把马养好，以免失去职位。""一心想把马养好。"……"指养马者思想上始终不厌倦。""言牧马者希望马大量繁殖。"总之，"思"字所表达的就是思想的祝愿、希望的意思。所以，夏含夷先生认为，前举西周卜辞中，无论是"⊕又正"、"⊕亡咎"或者"⊕克事"，以⊕释作"愿"皆可通，即"愿意是正确的"、"愿意没有灾难"、"愿意能够做得到"，它们是祝辞一类的用语，是卜者向神灵表示"心所希望"，祈求鬼神的赞同或协助，而不是"卜以诀疑"。④

　　金文也有"⊕"字，见于西周中期的《长⊕毁》（附图二〇）与《长⊕盉》，⑤但这都是作人名。另外，西周晚期的《师旬毁》（附图二一）有铭谓"旬其万⊕年，子子孙孙永宝用"，⑥与《诗·大雅·下武》所言"于万斯年"相比较，语法句型全同，足证⊕字可读"斯"，音读确实与"思"同。

　　古"思"字只作"头会脑盖"的⊕形，这透露出，我国在甲骨文时代，已有人意识到或发现了人的思维能力由"头会脑盖"处产生，故以"⊕"作为最早的思想字而运用；至少在商末周初，造字者及当时的知识阶层中不少人都认为人的头颅有思维功能。

　　从人类生产与生活的漫长历史过程中的无数伤痛、晕迷、死亡事实，到进入阶级社会后的战斗、杀戮，尤其在商代大量杀戮、肢解人牲……无数事实中，人们最先发现头脑损伤，或头颅被砍伐，人就失去了知觉。有时头颅未受损而晕迷的情况下，虽然心跳在继续、血液在流动，但人的知觉全无。人类早期的直觉，必然会察觉到头脑和思维、语言、肢体运动有着密切的关系，从而初步认识到头脑有某种思维意识和指挥肢体的作用。

　　现代医学证明，大脑是人的中枢神经的重要部分所在，确实有思维意识和指挥肢体的作用。心脏是由自主神经支配的，而"自主神经系统的工作不受大脑支配"。这就是为什么人不能想要自己的心跳停就能停！心与脑的关系是：自主神经支配的心脏，为与支配思维、语言、肢体运动有着密切的关系的头脑，通过血液输送氧和养料保障其活动能力。衢州信息港网曾报道：泉州成功医院副院长李昌德医师把"死亡60小时"后的重庆打工者彭某救活了。这再一次说明"心脏是一个独立收缩的器官，即使在没有脑神经支配的情况下，心脏还能维持跳动很长时间"，但是人的知觉意识没有了。

人类比较早地发现头脑里有很特殊的精髓。从古典医学著作和别的典籍中也有反映。中医经典《黄帝内经·灵枢·经脉篇》说："人始生，先成精，精成而脑髓生。""故生之来谓之精。"（《灵枢·本神》）"夫精者，身之本也。"（《素问·金匮真言论》）是"精"为构成人体的基本物质，满布于人体内外上下各部组织，尤以脑部聚"精"为最多。《管子·内业》说："精也者，气之精者也。""精"和"气"都是物质的东西，所以《易·系辞》谓"精气为物"。

《黄帝内经·灵枢·海论》称："脑为髓之海，其输上在于其盖，下在风府。"因为脑内充满之髓液较脊髓腔和骨腔为多，且是髓液集聚之处，所以称之为"髓海"。《黄帝内经》又说："诸髓者，皆属于脑。"（《素问·五脏生成篇》）脑由精髓汇集而成，位居颅腔之中，上至颅囟，下至风府（督脉的一个穴位，位于颈椎第1椎体上部）。风府以下，脊椎骨内之髓称为脊髓。脊髓经项复骨（即第6颈椎以上的椎骨）下之髓孔上通于脑，合称脑髓。脑与颅骨合谓之头，即头为头颅与头髓之概称。从《黄帝内经·素问·脉要精微论》"头者，精明之府，头倾视深，精神将夺矣"来看，当时已经认识到，充满精髓的人脑，有支配肢体活动和思维作用，故《素问·刺禁论》明确指出："脑不可伤，若针刺时，刺头中脑户，人脑立死。"

《黄帝内经》的成书时代可能比较晚，但最晚也在战国至秦汉间。因为春秋战国时代是百家争鸣、著书立说盛行的时代。史载春秋末有神医长桑君及其传人扁鹊（秦越人）和他的弟子子阳、子豹等，战国末至秦汉有医家阳庆始传黄帝、扁鹊之书于太仓公（淳于意）。这些只是见于史书所记有名的医家，都在春秋战国的时代。后世所见到的诸子论著也大多形成在这个时代。更为重要的是，考古工作者已在西汉墓中出土有不少医书。这说明史载并非无据；更有胜者，其中有的与《黄帝内经》中的某些内容相符，很有可能就是从医家阳庆经太仓公等传下来的《黄帝内经》中摘抄摹录的。

关于脑的重要功能，《黄帝内经》以后的典籍就更多，也更明确，如西汉《春秋元命苞》中有"人精在脑"、"头者神之所居"等记载。到东汉张仲景更明确地说："头者，身之元首，人神所注。"（《金匮玉函经》卷一）传统中医认为脑为元神之府，元神是脑所主的、能统摄全身的、居于第一位的、最重要的神。[⑦]

中医讲的"元神"，是人出生之前在母体内就有的，是人出生之前随形具而生之"神"。如果以现代西医去看，其实，即受精卵细胞发育而成的神经细胞，是物质的，而非神学上所讲的那种"神"；中医所谓"神"，指的是人体生命活动的外在表现和其现象，以及思维意识活动的总称。因为"元神"藏于脑中，是主宰人体的生命活动的，故早在《黄帝内经》就指出"脑不可伤"（《素问·刺禁论》）。

"脑为元神之府"（李时珍《本草纲目》），"藏精气而不泻"，主宰人体全身各部组织之知觉和运动，是人身至灵之处，人体生命之所在。失常则诸神不守而发生病变，故《黄帝内经·灵枢·口问》曰："故上气不足，脑为之不满，耳为之苦鸣，头为之苦倾，目为之（苦）眩。"同书《灵枢·海论》也说："髓海有余，则轻劲多力，自过其度，髓海不足，则脑转耳鸣，胫酸眩冒，目无所见，懈怠安卧。"是其例。如脑为外邪所伤，则可危及生命，故《灵枢·厥病》说："真头痛，头痛甚，脑尽痛，手足寒至节，死不治。"充分说明了脑为人体生命要害之处，故《黄帝内经·素问·五脏生成》强调："诸髓者，皆属于脑。"脑为统帅，心气上入于脑，心脑神明贯通，神明使脑主宰人体生命活动，才能产生思维意识并支配其相应行为。脑之神明伤，也可累及于心；心之神明伤，可累及于脑。战国文字中出现"囟（⊕）"下从"心"的"思"字，正是这种相互关系的写照。换句话说，造这个"思"字，已意识到脑之主宰人体各部组织之功能活动，有赖于心气上入脑支配脑神，脑始发挥其正常功用。"思"字正是造字者脑与心的辩证认识的反映。这种感知可能在商周间已有粗浅的认识，从而再引申为思想、愿望。在前举周原卜辞中把"思"作为动词，诠释为"希望"、"愿"的意思，都可通读这些条卜辞。

从时代看，释为"思"或"头脑"、"首领"一类意义的"⊕"属于商王廪辛、康丁时期，更早时期虽偶见其形，但在卜辞中并不作"思"或"头脑"、"首领"解，而是多作"畱"或方位词"西"字的异构。"𣃁（胴）"字的时代，目前发现在《殷花》子卜辞中，其时代"上限在武丁前期，下限或可到武丁中期"，[⑧]显然比"⊕"字早出现。廪辛、康丁以前还借用从肉从司之省的"𣃁（胴）"字指头颅，还没有专指"头会脑盖"的字；大概商末周初才有专指"头会脑盖"的"⊕"字。这时的"思"字无"心"而作"⊕"形，反映出商周间的人已察觉思想、愿望等思维是从头脑发出的。所以，初造"思"字并不从心而只是从"脑盖也"的"⊕"形。战国时在脑盖下加"心"[⑨]反映出春秋战国时，以为思维器官是心脑结合的，脑之主宰人体各部组织之功能活动，有赖于心气上入脑中以支配脑神。心气入脑，脑始发挥其正常功用。这是医学进步的反映，文字的演变反映了人们对心脑关系的认识的进步。

孟子所言"心之官则思"的"心"或即原本指脑。从音韵学上说，"囟"为"脑盖"，而"心"、"囟"上古同为心母（同纽），也就是说"心"、"囟"为双声（或一声之转），故古书也多以"心"字称"脑"。所以，对古籍中的"心"字，我们还应作具体分析，有的很可能就是"囟"（脑盖）的假借字。把"心之官则思"解释为心脏是思维器官的说法，可能是对此处"心"字的误解。或者，孟子所言"心之官则思"，只是战国孟子时代部分人的一种看法。现代医学也有实例表明：心脑相互间的辩证关系，以及某些人的心脏确有与大脑相似的某种"记忆"功能。[⑩]

再说一下，"胴"的"𣥂"旁是"肉"形，表示有肉。"𠃌"是音符"𠃌（司）"的简化。[⑪]从流传到后世文字音韵书籍中的形、音、义分析，"胴"是一个形声兼会意的字。早在甲骨文时代就已存在音义同而构形异的"胴"、"⊕"字了。后来文字在流传使用过程中，"胴"字被长期冷置，笔画少而意义深的"⊕"字得以保留，并与更晚出现的从心的"思"字又发生分流。"⊕"字保存其音，而义则专指"头会脑盖"；"思"字同存其声则专指可包容万物的思想、思维之专字了。

最后再回头看本文开篇引录的《殷花》49、220 两片甲骨的卜辞中"卯

"的含义："胴（𦥑）"字盖指头颅，所谓"卯𦥑"当即剖开牺牲头颅用作祭祀的意思。

注 释

① 徐中舒主编：《甲骨文字典》，第 1024 页。

② 姚孝遂、肖丁：《小屯南地甲骨考释》，中华书局 1985 年版，第 87 页。

③ 夏含夷：《温故知新录》，台湾稻禾出版社 1997 年版，第 30—31 页。

④ 同③，第 31—34 页。

⑤ 中国社科院考古所：《殷周金文集成》，香港中文大学中国文化研究所 2001 年版，第 3 卷 3581 器与第 5 卷 9455 器。

⑥《殷周金文集成》，第 3 卷 4342 器。

⑦ 我国中医理论中的"神"有广义和狭义之分。"广义之神"是人体生命活动的外在表现和其现象的总称；"狭义之神"则是思维意识活动。中医认为脑为元神之府，元神的涵义也是值得考校的。元神是脑所主的、能统摄全身的、居于第一位的、最重要的神。参见周文献：《脑为元神之府刍议》，《河南中医杂志》1996 年第 5 期，第 277 页。

⑧ 刘一曼、曹定云：《殷墟花园庄东地甲骨卜辞选释与初步研究》，《考古学报》1999 年第 3 期，第 251—311 页。

⑨ 据高明《古文字类编》和徐师《汉语古文字字形表》所收"思"字看，下从心的"思"字始见于战国。高明：《古文字类编》，中华书局 1981 年版。徐中舒：《汉语古文字字形表》，中华书局 2010 年版。

⑩ 据 2006 年 4 月 1 日《新京报》A22 国际新闻·缤纷版载，

《快餐老板换心脏后成画家》一文说，据英国媒体报道，纽约 63 岁的快餐老板威廉·西里丹的绘画水平，原本极差，大约与 3 岁孩童水平同。但从移植心脏手术数天后，他的画技飞速提高，创作出了一些惊人的、精致的绘画作品。原来他的心脏捐赠者，是一名狂热的业余画家。

又说，据美国亚利桑那州大学著名心理学教授盖里·希瓦兹称，他历经 20 多年研究调查发现：至少十分之一的器官移植患者都性格大变，"继承"了器官捐赠者的性格。……希瓦兹对 70 多例"性格转移"的器官移植案例进行了研究。他发现，一名 7 岁的美国女孩在移植一名被谋杀的 10 岁女孩心脏后，开始频频梦到凶手的模样，最终警方根据她提供的"线索"而逮住了凶手。……一名 25 岁男子移植了一名同性恋者的心脏后，突然变得有点"女性化"。另一个 25 岁男子在移植了一名女性的心脏后，现在每天都想出去购物，让她的女友惊喜异常。

⑪ 徐师《字典》认为："司"字从⺁从凵，⺁象倒置之𣥂（匕，今人谓之勺），𣥂所以取食。以倒𣥂复于口上会意为进食，自食为"司"，食人食神亦称"司"，故祭祀时献食于神祇亦称"司"，后起字为"祠"。氏族社会中食物为共同分配，主持食物分配者亦称"司"。《诗·郑风》："邦之司直。"传曰："司，主也。"

［※］　本文还参阅了当代中医有关心脑方面的众多理论文章，并吸收了其中个人认为合理的说法，反复研读过的主要有：

A. 向德鸿：《试论脑主神明》，《长春中医学院学报》1998 年第 8 期，第 2 页。

B. 许国振：《心脑共主神明论》，《新中医》1991 年第 10 期，第 6 页。

C. 张登本、孙理军：《心主神 脑主神 心脑共主神诠释》，《中医药学刊》2004 年第 11 期，第 1985—1986 页。

D. 姜惟：《略论脑主神明》，《陕西中医杂志》1991 年第 10 期，第 452 页。

E. 段元苟：《略论脑当为脏》，《陕西中医杂志》1993 年第 3 期，第 112 页。

F. 张立、黄晖：《"心神学"与"脑髓说"统一论》，《中国中医基础医学杂志》1995 年第 3 期，第 13—15 页。

附　图

一、《殷花》49 相关部位（前左、右甲与后左、右甲）及单字（四见）放大

二、《殷花》220 相关部位及单字（右后甲处）放大图

三、《合集》28092　　　　四、《合集》28093 相关部位　五、《屯南》2538

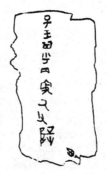

六、《合补·附殷外》甲骨 1A　七、《合补·附殷外》甲骨 3A　八、《合补·附殷外》甲骨 12B

九、《合补·附殷外》13A

十、《合补·附殷外》20A

十一、《合补·附殷外》52B

十二、《合补·附殷外》53C

十三、《合补·附殷外》106A

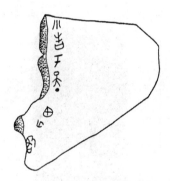

十四、《合补·附殷外》119A

十五、《合补·附殷外》128A

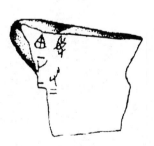

十六、《合补·附殷外》149A

十七、《合补·附殷外》150A

十八、《合补·附殷外》283C

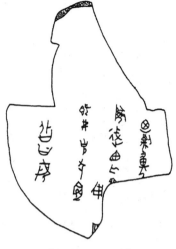

十九、《合补·附殷外》284A

長由殷

二〇、《长由殷》

二一、《师旬殷》

说甲骨文 𠈇 字及地望

《殷花》137 正版甲尾有辞曰：

(1) 丙往 𠈇，𢦏？

(2) 弜往 𠈇？（参见附图一）

辞中的 𠈇 是地名，这是从正反两面卜问是否"往 𠈇"地的记录。原编者将 𠈇 隶写作屄，释曰："屄，本作 𠈇，从 𠂆（尸）从 余（余）。余字，单体写作 余，作偏旁时可写作 余，如 㑇，可隶为馀。[①] 屄，在此片作地名。"

我以为将 𠈇 隶作屄欠妥。𠈇（ ）字，原编者说右边"从 余（余）"是正确的。但左边所从应为比较典型的"人"形，这里与原刻" "对照便知。经查考，甲骨文有桮（即榆）字，常见作 ㄑ、ㄑ 形，有时也作 ㄑ 形（如附图二，《合集》28928）。木旁所从的 余、余、余 都是余字的不同写法。[②] 依例，前揭"往 𠈇"的 𠈇，则可隶释作"从人从余"的"俆"。

许氏《说文》人部收有俆形之字，曰："俆，缓也。从人，余声。经传多写作'徐'。"但许氏未提及有地名"俆"。

《春秋·哀公十四年》（公元前 481 年，周敬王三十九年，齐简公四年）经曰："夏四月，齐陈恒执其君，置于舒州。"传曰："庚辰，陈恒执公于舒州。"这一历史事件，在《史记·齐太公世家》中作："庚辰，田常执简公于徐州。……甲午，田常弑简公于徐州。"宋裴骃《集解》曰："《春秋》作'舒州'。贾逵曰：'陈氏邑'。"唐司马贞《索隐》曰："徐音舒，其字从人。《左传》作'舒'，陈氏邑。《说文》作'郐'，郐在薛县。"司马贞《索隐》使我们得知：传世版本的《史记·齐太公世家》一般写作"徐"而不作"从人"字旁的"俆"，直至近代，世界书局影印本都作双立人的"徐"而不作"从人"字旁的"俆"。20 世纪 50 年代，中华书局新出的标点本《史记》才将此处的"徐"改作"俆"。

《索隐》提醒了我们，古代确有"从人"字旁的"俆"作地名。甲骨卜辞作为地名之 𦓤（俆），不当是《说文》人部的"俆，缓也。从人，余声"之俆，应即《说文》邑部的："郐，邹下邑也（据段注改。旧本多作"邾下邑"）。从邑，余声。鲁东有郐城。"《史记索隐》说"郐在薛县"，这个薛县，即《春秋·隐公十一年》所讲的薛侯国，杜注："鲁国薛县。"据古籍所载，黄帝之后奚仲，为夏车正，禹封之薛侯之国；其裔孙仲虺，为商汤左相又居之。《汉书·地理志》及注、江永《春秋地理考实》等说，山东滕县南 40 里有薛县故城，即其地。《春秋地理考实》指出："舒州，今兖州府滕县东南薛城是。《后汉书·郡国志》云：薛城在春秋之季曰徐州。《竹书纪年》云：邳迁于薛，改名徐州，亦曰舒州。"江永进一步指出："徐与舒，古音虽相通，然此舒州非薛城之徐州也。当时滕、薛未亡，陈恒安得置其君于此。"

再就《说文》曰："郐，邹下邑也（据段注），鲁东有郐城。"程恩泽《国策地名考》："鲁东有郐城，其地近薛而非即薛也。""《国策》之徐州本郐也，非薛也。郐、徐声近。凡《史记·齐世家》'楚围我徐州'，《楚世家》'败齐于徐州'，《越世家》'与齐、晋诸侯会于徐州'，《鲁世家》'楚伐我取徐州'，皆指郐。"

是以知之，《史记》上述各地的"徐州"与《齐太公世家》所言"田常执简公于徐州。……弑简公于徐州"为同一地，"徐"字都应是从人的"俆"，大约六国以前为舒州，后改作"郐"或"徐"了。过去不少学者以为此地即古薛国，其实徐地近薛而非薛。要不是唐司马贞《索隐》的提醒，我们还不知上述徐地或郐地古代本作俆，而且从甲骨文时代就存在了。据上面历代学者所考，应在今山东滕州市南四十里古薛城不远的地方，那里即卜辞所见的 𦓤（俆）地。

注 释

① 𦓤 旧以为左边从舟，而隶释为"艅"。实应是从盘形余声。请参见方稚松：《甲骨文字考释四则·释俞》（刊王宇信、宋镇豪、徐心华编：《纪念王懿荣发现甲骨文 110 周年国际学术研讨会论文集》，社会科学文献出版社 2009 年版，第 144—145 页）和李学勤

先生在《〈尧典〉与甲骨卜辞的叹词"俞"》（《湖北大学学报》2008 年第 3 期，第 5—7 页）。

② 参见孙海波：《甲骨文编》卷六·三，0742 号。（附图三）

附　图

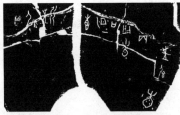

一、《殷花》137 及局部与单字放大

二、《合集》28928 及局部放大

三、《甲骨文编》0742 号

说⊕（杳）

《殷花》11：

    （1）……乃弜往？

    （2）⊛椿壴彭？

    （3）狩叀新止。用。（附图一）

《殷花》84：

    （1）羌入叀女□用，若？永用。

    （2）⊛。（附图二）

《殷花》137：

    （1）丙往从，⊛？

    （2）弜往从？

    （3）叀ƒ⊙口用，⊛？

    （4）羌入，孬乃叀入烌？用。（附图三）

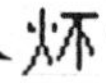

上列三片中《殷花》11 和 84 片的第（2）辞之⊛字，形体基本上一致，原书编者在 11 片考释中说："⊛，新见字，未识，在本片作名词。"在 137 片释文中说："⊛与 11、84 片之⊛，为同字异构。"

今按："⊛与 11、84 片之⊛，为同字异构"是正确的。⊛应是"从米从⊙"（⊙上边的点与木字相连）为正，下从"▭"为变体；或视太阳有黑子，古之人科学知识缺乏，或以为与周边所见之晕同类。米即木，⊙像太阳的周围有晕珥，《吕氏春秋·明理》"日有晕珥"，高诱注："气围绕日，周匝有似军营相围守，故曰晕也。"曾有学者因此释⊙作晕。[①]太阳没下看不清，也即所谓幽冥，这时的太阳常被云气所掩盖，古人统谓之晕。所以，⊛

或 🁢 字盖后来《说文》木部的"杳"字的本字。《说文》曰："杳，冥也。从日在木下。"杳与暮之别，段玉裁注："暮为日且冥，杳为全冥矣。"上面甲骨卜辞中的"杳"，很可能是时称，与暮近，或暮之后的时段。

注 释

① ⊙ 字，罗振玉在《增订殷虚书契考释》中释作畫（今简作画）；叶玉森释为《阆礼·眡祲》的"十煇"之"煇"，即后来通用的"晕"（《殷墟书契前编集释》）；于省吾《双剑誃殷契骈枝》中曾释作臬，岛邦男《综类》用其说；刘桓先生释晅（《殷契新释·释晅》）；也有释为"炅"，读为热的（詹鄞鑫《释甲骨文炅字及相关的青铜器纹饰》，见《徐中舒先生百年诞辰纪念文集》）。学者虽释读不一，但其构形确与日有关。释日晕可从。

附 图

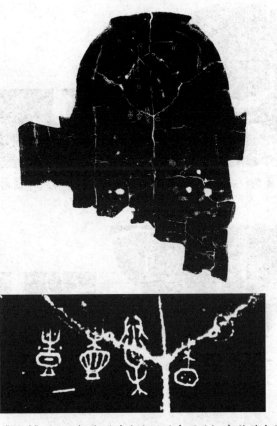

一、《殷花》11 及相关（前左右甲近中甲处）部位放大图

二、《殷花》84 整片（上图）及首右甲相关单字（下两图）放大

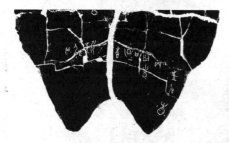

三、《殷花》137 正相关部位及单字（右尾甲处）放大

止𦟼（▢）字蠡测

　　《殷花》18 的后甲与甲尾存有：东、西、南、▢ 四字。原编者说："▢，隶为 止𦟼。未识，音义待考，在本片似代表北方之意。"

　　《康熙字典》子集匕部北字下收有 𣥍 字，说是古文。盖此字由甲文 ▢ 字衍化而来。止在甲骨文中作偏旁，多用以表示有人的行动，如甲文的 ▢、▢、▢ 以及 ▢、▢ 等等，都以人的足止（▢）示意人的行动。所以"▢"字左边的"▢（止）"应是示意人的走动；右边的"▢（匕）"，则是人手执物之"▢"字的简写。由此可推知："▢"字盖表示两人对面走来，其间被一大虫所阻而背走的行动；此意与甲骨文通行的从二人相背之"▢"字义同。《说文》北下曰："乖也。从二人相背。"徐曰："乖者，相背违也。"古背、北一字，背是后起字。《史记·鲁仲连列传》说的"士无反北之心"，其中的北即背。

　　由上推之，▢、▢ 为同义字。作为方位字本应是 ▢，作为背、背离、向背用 ▢。但音同可通用，且 ▢ 比较 ▢ 更简便，是后来 ▢ 字也成了方位词"北"的通行字，而 ▢ 反被遗忘了。为背、背离、向背或人的背部之"背"，则又用"北"加意符成了形意字。《康熙字典》所谓的"古文"𣥍 字，疑为 ▢ 字演变而来。

附　图

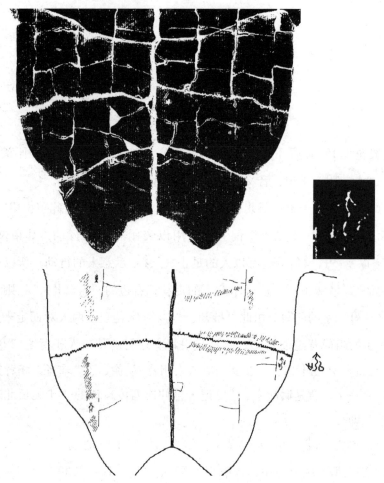

《殷花》18 相关字所在部位放大图及该片尾甲摹本

⿰阝止、阝登阜说

　　《殷墟花园庄东地甲骨》中有⿰阝止、阝二字，原书编者隶释为陟、陕，我以为颇值得商榷。①为便于探讨，先将原编者所谓的"陟"、"陕"刻辞汇集列表如下：

片号	原辞旧释	原释者说解	笔者今拟释	备注
《殷花》33	子陕（⿰阝止）贞。一	陕，本作。子陕为新见的贞人名。（第1571页）	贞⿰阝止（⿰阝止）子	附图一，前右甲
《殷花》205	（2）陟贞。二三	陟，本作阝（⿰阝止），在349（H3：1106）又作，从阜从企，当隶为"陟"，与甲骨文原有的⿰阝止字，为同字异构。（第1641页）	贞阝（⿰阝止）	附图二，后右甲
《殷花》349	（8）陟贞。二	见第1699页	贞阝（⿰阝止）	附图三，中甲处的中缝左边
《殷花》349	（18）陟贞。一	见第1699页	贞阝（⿰阝止）	附图三，前右甲处
《殷花》441	（1）陟（⿰阝止）贞？一	见第1729页	阝（⿰阝止）贞	附图四，尾右甲近中缝处，从右到左向中缝行
《殷花》441	（4）贞陟？二	（见第1729页）	贞阝（⿰阝止）	附图四，后右甲，上下行文

　　我们再将上面列表中有关字试作一个新的序列：

《殷花》33→　《殷花》441A、B→→　《殷花》205→

　　1号　　　　　　　　　　　　2号　3号

《殷花》349A、B→→

　4号　　　　　　　　　　　5号　6号

　　请先看2号至6号等字，不难发现，这些字都是"从阜（[字形]或[字形]）从人（[字形]或[字形]）"上梯形，即人登阜的形象。2号，是人到梯前举一腿欲登之形；3、4号，是腿脚初踏上了一层阶梯，后腿脚掌作力登阜状；5号，已登上了一层；6号描绘的是已登多层或近顶了。如果做成动画，就是一人到了阜前一步步拾阶而上的生动画面。显然，这几个字应该都是同一意义的字，或者说是简略的同字异构，各个字基本一致。

　　再回头看1号（《殷花》33）的"[字形]"形，我认为该字不应隶释为"跃"。迄今为止"[字形]"字所从的"[字形]"或"[字形]"隶释作"夭"，在甲骨文中没有任何根据。细省"[字形]"字就是从人登阜形，与"[字形]、[字形]"等形是同一字；"[字形]"为繁体，更像人一手扶阶梯上行，近于图画文字，"[字形]、[字形]"为简化文字。此字当与甲骨文的"[字形]（陟）"义近。《尔雅·释诂》："陟，陞也。"《说文》："陟，登也。"段玉裁注："《释诂》曰：'陟，陞也。'毛传曰：'陟，升也。'陞者，升之俗字；升者，登之假借。"《说文》又有："陞，升高也。"段玉裁注谓："升登古今字。"《广韵》："陞，登也。跻也。"《玉篇》也说：陞即升。由此我认为"[字形]"、"[字形]"二字同，其义为升登，很可能即甲骨文"[字形]（陟）"的异体。换句话说，它们之间的关系是："[字形]"是"[字形]"的简体，[字形]是其异构，都是同一字的不同写法。

　　如此来看，原编者说："陞，本作[字形]（[字形]），在349（H3：1106）又作[字形]，从阜从企，当隶为'陞'，与甲骨文原有的[字形]字，为同字异构。"（第1641页）更值得讨论了。原编者把"阜（[字形]）"旁边的"人（[字形]、[字形]）"形隶释为"企"，可能看到"阜（[字形]）"旁边的人有从"[字形]"形的，把"[字形]"形下端的小横当作脚止（[字形]）之简化了。大家知道，甲骨文的

"企"字，作"人（𰀾）"下有"止（🔺）"的"𰀾"形，已为甲骨学界所公认。可是，人下一横不一定是脚止（🔺）之简化。《殷花》441版尾右甲的（2号）字"🔺"，就写作从阜（🔺）从侧身人（𰀾）行状，人下就无一小画。

我以为，"阜（🔺）"旁不管是从"𰀾"还是"𰀾"、"𰀾"形的字都是"人"而不是"企"，之所以有不同写法者，是造字者取象登阜过程中之特有动作之故。

至于说"🔺与甲骨文原有的🔺字，为同字异构"也值得商榷。考甲骨文原有的"🔺"字，主要有四见：

(1) ［王］🔺曰：🔺若，丝鬼🔺在🔺［阜］。（《合集》7153正，附图五）

(2) 癸酉卜，殻，贞旬亡🔺。王二曰：勾。王🔺曰：馀。🔺希🔺梦。五日丁丑，王🔺中丁𰀾🔺在🔺阜。十月。（《合集》10405正，附图六）

(3) 癸酉卜，殻，贞旬亡🔺。王二［曰］：［勾］。王🔺曰：馀。🔺希🔺梦。五日［丁丑］，王🔺中丁𰀾🔺在🔺［阜。十月］。（《合集》10406正，附图七）

(4) 戊午卜，石🔺疾🔺（🔺）不勾。（《合集》22099，附图八）

上面四条卜辞的第（2）、（3）为同文，第（1）辞较残，但可看出与（2）、（3）辞有关系。第（4）辞是午组妇女卜辞，从整版卜辞内容看，这里的"石"为同版他辞所见武丁诸妇之一的"石妇"之省称。[2]

综观上举辞中的"🔺"字，过去一般隶为"陟"，但释其义却有分歧。郭沫若说："陟象人由阜下降，与陵字相反。陵之用为动词者，为升为乘为上为蹴为越。此与蹴字连文。盖是仄字之异。《说文》：'仄，侧倾也，从人在厂下。仄，籀文，从矢，矢亦声。'从人在厂下，与此从企在阜下同意，企仄亦声也（企古同部）。"[3]李孝定认为郭说待商。[4]姚孝遂以为："郭沫若释'仄'不可据。卜辞皆用为动词，与'陟'同义。"[5]我以为，郭沫若说："陟象人由阜下降，与陵字相反。"意为下降是正确的，姚说"与

'陟'同义"不对。前已论及"陟"是登升的意思，而"⿰阝昌"字明显象人下阜形；更值得注意的是，迄今所见卜辞的"⿰阝昌"字，都是人背朝阜（梯）而下的。常识是：人下阜（梯）时，梯在背后，由下上阜（梯）时才是面向阜（梯）。由此足见"⿰阝昌"为下阜义；"⿰阝自、⿰阝自"为登阜（梯）义，是毫无问题的。

注　释

① 原书除隶释为"陞"、"陕"值得商榷外，释文语句也被倒置了。前列表格的"笔者今拟释"栏内是我改过来的释读顺序。有关这些刻辞释读顺序问题有另文专论。

② 第（4）条为午组妇女卜辞，"疾"后的字《合集释文》摹录成"⿰屮匕"，《摹总》与《类纂》摹录成"⿰屮匕"。原片放大看"⿰屮匕"的可能最大。殷先王中丁之配有"妣癸"和"妣己"，也许"中匕"即指此。

③ 郭沫若：《卜辞通纂》，科学出版社 1983 年版，第 148 页 735 片考释。

④ 李孝定：《甲骨文字集释》，《中央研究院历史语言研究所专刊》之五十，1970 年，第 4153 页陞后案说。

⑤ 于省吾主编：《甲骨文字诂林》，中华书局 1996 年版，第 1257 页陞后案说。

附　图

一、《殷花》33 原片与局部及相关字放大

二、《殷花》205 片局部及相关字放大

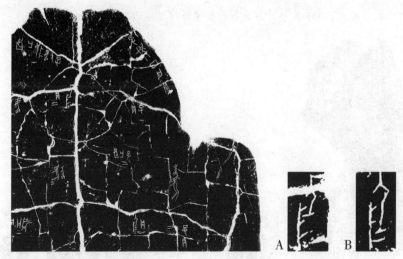

三、《殷花》349 片局部及相关字（A 在中甲、B 前右甲处）放大

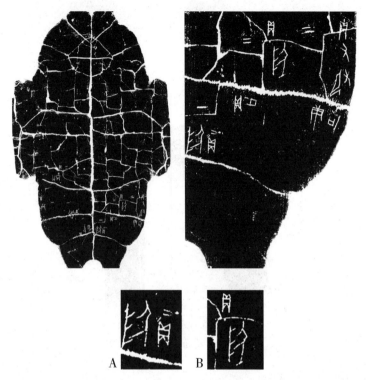

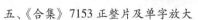

四、《殷花》441 片整片与局部相关字辞（A 尾右甲、B 后右甲）放大

五、《合集》7153 正整片及单字放大　　　　　六、《合集》10405 正整片及单字放大

七、《合集》10406 正整片与相关卜辞及单字放大

八、《合集》22099 整片与相关卜辞（在前左甲）及单字放大

说　　鬱

新出《殷花》第 53 片甲骨有鬱（附图一）字，原编者隶释为橘，认为是"新见字。可能与爵字的用法近似。……在本片是被祭祀的对象。"我以为鬱象爵中有草木形；爵是盛酒之器，中有草木，示意酒器中浸泡有芳香的草木，或者说是以芳香的草木果实与叶类酿成酒盛于爵器内，用以招待宾客和供于神前。鬱字造形所含之意义与《说文》鬯部许慎所解的"鬱"字意义颇近。

《说文》鬯部："鬱，芳草也。十叶为贯，百二十贯筑（捣烂）以煮之为鬯。从臼、冖、缶、鬯、彡，其饰也。一曰：鬱鬯，百草之华，远方鬱人所贡芳草，合酝之以降神。"这里告诉我们，鬱是一个由"臼、冖、缶、鬯"组成的会意字，会意双手捧瓦器（可用作酿酒）加以封盖严实。鬯之言畅。缶内有用芳草"筑以煮之"酿成芬芳条畅的香酒，即"实彝而陈之"神前的"鬱鬯"。

古时把这种香酒叫鬱鬯。除用以招待宾客和供奉神灵外，西周金文中还有赏赐"鬱鬯"的记载（如《小子生尊》、《史叔隋器》，附图二和三）。"鬱鬯"也作"鬱鬯"；《周礼·春官》谓"鬱人：凡祭祀宾客之祼事，和鬱鬯以实彝而陈之。"《礼记·郊特牲》："鬱合鬯。"《释文》："鬱字又作鬱。"《集韵》也说"鬱"通作"鬱"，又说"鬱"的古体作"鬱"。由上可知鬱、鬱、鬱音义全同。我推测前两形是同字异形，而被许慎分收两部，所以《说文》木部又有"鬱，木丛生者。从林，鬱省声"的解说法，与鬯部从臼从缶者形异而并存。

于省吾先生说他发现金文"鬱鬯"之"鬱"有作鬱形的，于是将甲骨文中写作鬱（如《合集》5426、8182）的字也释作"鬱"。他说："甲骨文的鬱字从林从夫，上从大下从几，几即伏之本字。鬱字从夫，下象一人俯伏于地，上象人正立践踏其脊背。其从林，当是在野林中。这和甲骨文的侻和秜所从之尼作，象一人坐在另一人的脊背上，都是阶级社会人蹂躏人的具体表现。但是被蹂躏者肢体的折磨，心情的抑鬱（今用郁），是不言而喻的。乃鬱的本字。"①

我以为，于说"是被蹂躏者肢体的折磨，心情的抑鬱（今用郁）"，故当释作抑鬱字。那么，字"象一人坐在另一人的脊背上"，也"是阶级社会人蹂躏人的具体表现"。同样，也"是被蹂躏者肢体的折磨，心情的抑鬱"，按于先生的说法从禾从的不也可释作鬱吗？其实，""字的构形不一定"是阶级社会人蹂躏人的具体表现"，或"被蹂躏者肢体的折磨，心情的抑鬱（今用郁）"的写照。依我看，到很像是一人伏在葱郁的丛林中，另一人立其背上忧虑窥视林外伺机而行。这样诠释不是更说得过去吗？与其说是抑鬱（今用郁）字，不如说是葱葱郁郁之郁的会意初字。这种造形怎么能与用芳草"筑以煮之"酿成芬芳条畅的香酒的"鬱"鬯之义连得上呢？依个人愚见，周金中以"鬯"作鬱鬯不是借葱郁（鬱）为之便是金文的形近而误。于先生释鬱后，姚孝遂又推而广之，在《甲骨文字诂林》中把甲骨文（如《合集》11252—11254、20624—20626 等）、（如《合集》33201）、（如《合集》6946）等也都释作"鬱"就更难说了。

形之字如果与金文《叔毁》（《殷周金文集成》卷三，第287页，4132 器，附图三）的"（鬱）鬯"之鬱字对照，单从构形上似乎可以释作"鬱"。但、、等形，却难认为就是字之省。因为，其中如、字甲骨中还有从写成、的字；、与、应是同字异构，徐师字典释作"芳"应是不错的，而不便释作"鬱"。即便、、、它们是同一字的繁简之别，然从其构形推其造字初义，当是有人隐蔽于葱郁的丛林中之义。值得注意的是，迄今甲骨文中所见的以及、、和、诸形，无一例与酒名有关。他们在已知的现有卜辞中，都无例外地全是国族、人名或地名。②颜之推云："学者不观《说文》，则往往不知一点一画为何义。最初造字时，一点一画皆有意义。"又说："笔势不过一点一横一直一斜四者，故异字同形者多。"

甲骨文中作为香酒的鬱鬯当另有字。我以为盖即 ▨ 字，很可能是甲骨文的鬱鬯合义双音素的字（参见本书《甲骨文中的一形多音节字探补》），意为盛有用香草酿的酒。原卜辞"戊卜，以酉（酒）▨ ▨／戊卜，其 ▨ ▨"（附图一）中的"酉（酒）"是祭祀动词；"▨"即鬱鬯是名词，即香草酿的酒；"▨"是祭祀对象（有神灵的树，详后《说 ▨ （神）及古老民俗》）。释读此辞，大意是：戊日这天反复卜问是否用鬱鬯（香酒）祭祀（有神灵的）神（树）。

这里还需再说几句。金文"鬱"字的构形虽不尽相同，但无例外地都是从两木（林），比如西周中期的《孟戴父壶》（《殷周金文集成》卷五，9571器，附图四）就写作 ▨ 形。西周前期的《小子生尊》（《殷周金文集成》卷四，6001器，附图二）写作 ▨ 形。此两形的上面部分与《说文》木部的"鬱"字上部形近；特别是《小子生尊》双木间所从的更是典型爵斝器的"柱"形而非立人形。《小子生尊》、《孟戴父壶》的 ▨ 字，我以为应是"从爵从双木"；双木间的 ▨ 形盖即甲、金文 ▨ （爵）字之变形，则鬱字盖即 ▨ 形。须知，古文字偏旁的移位或朝向不同是常有的。将 ▨ 的双木移到爵口内即成了甲骨文的 ▨ 形。由《广韵》讲"鬱之俗字"作 ▨ 形看，盖 ▨ （▨ 的隶变）字从爵一直在历代文人中流传，到陆法言之时不知 ▨ 是保留有甲金文字鬱字从爵的史影，而误以为是俗写。▨ 则可能是金文 ▨ 形（见《孟戴父壶》）的伪变而来。

综上观之，甲骨文的"▨"盖即周金文所见"鬱鬯"之合文。甲文中尚未见"鬱鬯"之"鬱"的单音节字。

注 释

① 于省吾：《甲骨文字释林》，第306—308页。

② ▨、▨、▨、▨ 诸字疑为隐蔽或掩蔽之初字。《说文》曰：隐者蔽也。徐灏《段注笺》："隐之本义盖谓隔阜不相见。引申为见隐蔽之称。"但《说文》又谓："蔽者小草也。"是许氏仅就草言，隐、蔽也，当可互训，则蔽也应是隐的意思；隐是隔阜不相见，蔽是掩于草丛不相见，古文献中隐蔽或掩蔽之义如《礼记·月令》有"是察阿党则罪无有掩蔽"。▨、▨、▨、▨ 诸字构形均象人掩蔽在草木丛中形，故疑为

"蔽"字之初字。今之所见"隐"、"掩"、"蔽"皆后起字。有如坎、陷，陷人、陷牛、陷鹿等在甲骨文则写作 凵、𠙽、𠙴、𥣻 等形相类。正如于省吾在《甲骨文字释林》所说"陷人以祭的 凵 字，即 臽 的初文。从臼的 臽 乃后起字，从阜陷，又系 臽 的后起字。后世不仅陷行而 臽 废，并且甲骨文从各种兽形从 凵 的几个古文陷字，也都废而不用"（《甲骨文字释林》第 275 页）。𠦪、𣏟、𣓏、𣐏 作为地名疑与《郑语》讲的鄢、蔽、补、丹、依、弢、历、莘八邑中的蔽邑之地有关。

附 图

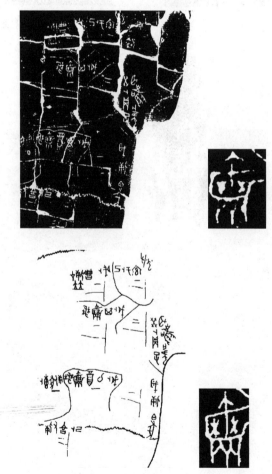

一、《殷花》53 相关刻辞所在部位拓印及摹本图

二、《小子生尊》

三、《叔𣪘》（盖器同铭）

四、《孟㦛父壶》即《鬱壶》

说 林林(柛) 及古老民俗

新出《殷花》53（见附图）的对应卜辞中两见林林字：

　　戊卜，以酉（酒）▨林林。

　　戊卜，其▨林林。

原编者曰："柛，本作林林，新见字，从木从申……辞中作祭祀对象。"
今案：林林字双木间的"申"即电闪形，是林木被雷电所击的写照，《说文》
所无，原编者隶写作柛可从。《尔雅·释诂》曰："木自毙曰柛。"（毙，死
也。《说文》下从犬作獘形。）所谓林林就是雷电劈死的树木。这使我想起儿
时，村边一棵古老的大树被雷电劈后，老人即到树前置酒焚香烧纸钱揖拜祷
告感谢上天。据老人们说是该树成了精，或有妖精藏其间，所以遭到雷击。
这类事川北民间常可听见，盖甲骨卜辞所谓"以酒鬱柛"之遗俗。

附 图

《殷花》53 相关刻辞所在部位拓印及摹本图

补说🐾（🐾渞）

这里先将甲骨文有"渞（🐾）"字的相关卜辞拓片录于下，《殷花》113（附图一）有卜辞曰：

（1）丙卜，贞多尹亡祸。

（2）贞多尹亡害。

（3）多尹在田，祸，若。

（4）渞（🐾）、多尹四十牛妣庚。

《殷花》195（附图二）也有：

（1）辛亥卜，子启妇好玘，往□，在狱。

（2）辛亥卜，乎长、渞见于妇好。

（3）辛亥卜，子以妇好入于狱。

又《殷花》226（附图三）还有：

庚申，岁妣庚牡一。子占曰：渞□，自来多臣殴。

上举诸辞中的"渞"字有🐾、🐾、🐾等形，写法大同小异，原编者在《殷花》113片释文后说："渞（🐾）字从首从水，新见字，均作人名。"今按：从上摘录各辞中的"渞（🐾）"字看，原编者所言不错，但对此字的释读尚有补充空间。这里要补充的是：

一、后世字书中有此形之字。明代梅膺祚的《字汇》有"从首从水"的"渞"（🐾）字。梅氏谓："才周切，音酋，水源也。"首，有开头、起始之义，水之起始之处即源头。字的构形正会意为"水源也"。梅氏及之前的人盖早就有此望形训释。但"🐾（渞）"字在前引卜辞中作人名用。我们知道，甲文中人、地、国族名往往合一，其初起地或有河流过此，本盖称"首"地，因地滂水，故造此"🐾（渞）"，以为氏族之称，其族之人皆因之。这个"𣲷（湢）"字有如卜辞中多见的洹水作"𣲷（洹）"字，原本为"亘水"，两字合一为"𣲷（洹）"，久之"𣲷（洹）"成单音后又加水成为"洹水"。

二、古之"𣲷（湢）"氏地望亦可补充作一推测。一般说，地名相对稳定，作为地名的字，有可能因为世代相传，而得以长期保留下来被收录到字书中。前揭卜辞中的"𣲷（湢）"氏，其族居住过的地方有可能即春秋时的首止之地。《左传·桓公十八年》有："秋，齐侯师于首止。"杜注："首止，卫地，陈留襄邑县东南有首乡。"清人江永《春秋地理考实》谓："今归德府睢州即襄邑也。首乡在睢州东南。"清睢州即今河南省的睢县，这就告诉我们睢县东南盖商代"𣲷（湢）"氏族居住过的地方。今睢县附近还有淮河上游支流的惠济河、通惠渠流过。这又印证了首地滂水的推测。

附 图

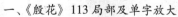
一、《殷花》113 局部及单字放大

二、《殷花》195 局部及单字放大

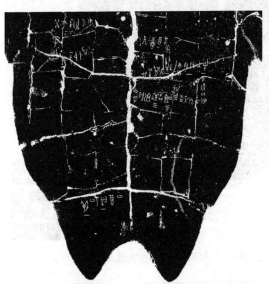

三、《殷花》226 局部及单字放大

释 🌿

《殷花》179 有辞曰：

(1) 丙午卜，其敕火匄宁🌿？用。

(2) 弜匄？

(3) 丁未卜，重𝔁乎匄宁🌿？

(4) 重虎庚乎匄宁🌿？

(5) 弜匄黑马？用。（附图一）

《殷花》386 也有；

(1) 匄黑马？

(2) ……百？

(3) 宰？

(4) 于小🌿。（附图二）

　　上列两片卜辞的🌿字左从🌿右从马形是很明显的。左边的🌿与作偏旁的🌿同，有如后世同一字的行草与楷体。而🌿旁也有中间多一小点而写作🌿形的，如卜辞有"🌿于东/勿🌿于东"与"🌿于东/勿🌿于东"的同文之辞，同一字就有🌿、🌿两形（附图三、四，《合集》14199 反、14395 正）。独体的🌿也有作🌿形的，如记事刻辞所见的"乞自🌿"的🌿就又有写作🌿或作🌿、🌿形（见附图五~九，《合集》9419—9430 片），由此可见🌿、🌿或🌿、🌿等形为同一字是毫无问题的，不论作偏旁或独体字，都可看作同一字的繁简之别而已；而作为偏旁构成之笔画繁复的合体字，一般偏旁用简笔的比较常见。

　　由上足见前揭🌿字左边所从为🌿或🌿的简化。那么🌿、🌿或🌿、🌿是什么字呢？学界对此字的释读，主要有橐、橐二说。其最有影响的是于省吾先生，他认为，𡿨、𢑐、𢎘这三形（其实还有从𠂤的𣥭等形）都是橐字；橐字作𣥭，其中所从的"𠂤为音符，𠂤乃缶字的省体"。[①]

按于说，𠂤即缶字，是声符，故释𣥭为橐。其实𠂤非缶；𠂤更不是甲骨文的缶，因为甲骨文的缶字无一作𠂤、𠂤形。检阅甲骨文的缶都作𦈢形，与《说文》篆文缶形近，学者多释作缶。而橐，按《说文》："橐，囊张大皃。从橐省，匋（段注作'缶声'）省声（段注橐的读音为'符宵切，古音在三部'）。"橐象中胀大而两端扎捆的样子。这个字古今读音都近包。其意也是以囊包盛物，是包裹之义，后世"包通行而橐字遂废"。于先生为了将𡿨、𢑐、𢎘这三形释作从缶的橐字，把𣥭形中的𠂤形释为缶似不妥。

我以为还是释橐为是。今考释橐者始于王襄，继其后者主要有丁山、李孝定等。[②]徐中舒先生亦释作橐，他主编的《甲骨文字典》认为𢑐、𢎘或𡿨、𢎘等形"象橐中实物以绳约括两端之形，为橐之初文。甲骨文金文俱借为东方之东，后世更作橐以为囊橐之专字。"（见第662、695页）徐师的训释概括最为精当。

橐、囊同物，𢎘、𣥭就是橐、囊的本字，原为两个形状略易的盛物袋子——𡿨、𠂤[③]（𡿨倒或顺都是包囊或袋子，𠂤也像捆起的包囊或袋子）组成一个合体的𢎘、𣥭，以此𣥭或泛指可盛物的所有袋子。我们既知𣥭亦可简化为𡿨、𢑐、𢎘，用以指橐中实物以绳约括两端之形者；𠂤（倒书作𠂤）则被用以指有底之囊。后人分为橐、囊二字，于是才有"析言有分，浑言无别"；"小而有底曰橐，大而无底曰囊"；"小者为囊，大者为橐"；"有底曰囊，无底曰橐"；"有底曰橐，无底曰囊"之类的种种说法。而𡿨、𢑐或𢎘、𣥭等形的单音盖既可读橐也可读作囊似无定。从甲骨文看，盖商代人把两头扎捆形的单称橐，一端捆扎另端封闭有底的称囊为普遍。

现在回头再看从橐从马的𩢷字。此字不见于《说文》，《广韵》收有从马从橐的骡，音他各切；《集韵》说是与从马从橐的骡字同，闼各切，并音托。《玉篇》谓："骡驼有肉鞍也，行百里负千斤而知水行。"依甲文偏旁放置左右无别例之，是以可知骡、骡字当即甲骨文的𩢷字之传于后世而为《说文》所漏收者。前揭卜辞的𩢷即骡、骡，作名词，指动物骆驼，文献也有作橐驼的。《山海经·北山经》虢山和饶山都讲那里"其兽多橐驼"。据《汉书·百官公卿表》，汉代还设有主管骆驼供养的机构和官员。考古发现，在西汉平陵从葬坑坑道两侧对称开凿的54个洞室中，每个洞室中都有一具兽骨，兽骨架高大粗壮。经西北大学动物专家鉴定，为骆驼和牛两种，其中骆驼占一半多。④文献尚未见商代有骆驼的记载，今⺼字的释出，说明甲骨文时代已有骆驼，并有可能用作牺牲。

注 释

① 于先生还认为金文《散盘》、《毛公鼎》的橐"均从缶不省"。《石鼓文》橐中的缶已稍有伪变，最后成为《说文》的橐，读如"苞苴之苞"、"包鱼之包"。"汉以后橐字通作苞或包，苞包通行而橐字遂废。"总之⺼、⺼象形，"上下象以纯为结，中部大腹以盛物"，"⺼或⺼为橐之初文"，并认为"丁山误释为橐"。（见于省吾：《甲骨文字释林·释橐》，第345—346页）

或以为商铜器《作父丁卣》的宝字所从的缶作⺼形（见赵平安《〈说文〉小篆研究》，第146页）。今案应是西周早期的《载作父丁卣》有一宝字从⺼形，但《载作父丁卣》器盖同铭另一宝字则和绝大多数金文宝字所从的缶为⺼形作⺼、⺼等形，因而所从⺼并非普遍，不能以点概面。

② 丁山以为"⺼象木体中空形；有利口之虫攻木使空，当是蟲（彭按：即后来通行的蠹字）之本字"，同时认为⺼、⺼或⺼等形"空木之中，所从虽或不同，我认为都是橐字"，由周金篆隶而成《说文》的橐字。"橐为木标本字，而许书训为'囊也'，盖本《苍颉篇》。《篇》云：'橐，囊之无底者。'盖又承《石鼓文》所谓'何以橐之，维杨及柳'也。"丁山认为橐的本义由此失去了（丁山：《甲骨文所见氏族及其制度》，科学出版社1956年版，第90—91页）。

李孝定同意释橐，他认为："《说文》：'橐，囊也。从橐省声。'以契文东作⺼观之，丁释此为橐是也。字作⺼者以别于东西字。或曰有底无底说者各殊，安知此非囊字。曰⺼、⺼形同而⺼、假为东西之东，以音求之，知此必橐字也。字正象橐形，其中一点则橐中所贮之物，两端象以绳约括之。丁氏初释橐《阙义笺》。此又说为木中空，先后说殊，后说失之。"（参见李孝定：《甲骨文字集释》，第2109页李氏按语）

③ ⺼、⺼倒或顺都是包囊或袋子。张亚初释作枹（见张亚初：《甲骨文字新解（二则）》，收入四川联合大学历史系主编：《徐中舒先生百年诞辰纪念文集》，巴蜀书社1998年版，第32—37页），⺼也像捆起的包囊或袋子。

④ 参见《人民日报》，2001年11月4日第二版。

又注：马如森编著的《殷墟甲骨文实用字典》1113号橐字有两点应指出：首先，所录甲骨文字原形的第三形根本不见于《合集》9462片，该号正反均非此形之字；其次，所引《说文》橐字释义没错，但读音则误。依《说文》段注应是"符宵切"，音同包，不该是"他各切"。又引《诗·大雅·公刘》"于橐于囊"是对的，但编者把"囊"等同"橐"用就错了，显然是把橐、囊混为一字了。

附　图

一、《殷花》179及相关字放大

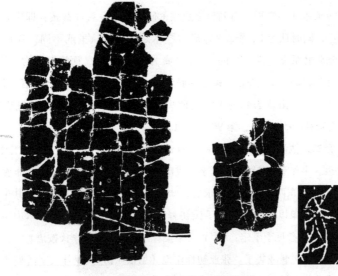

二、《殷花》386及相关字放大

三、《合集》14199 反局部放大

四、《合集》14395 正局部放大　　　　　　　五、《合集》9419

六、《合集》9425　　七、《合集》9426　　八、《合集》9421　　九、《合集》9430

辨 𡛥

《殷花》5 有辞：

乙亥卜，妇好又（有）史（事），子隹𡛥，于丁曰妇好。（附图一）

辞中的𡛥字，原编者曰："妖，本作𡛥，疑为休字之异构。"后来引用
此片的，从原编所释者众多。

我以为"𡛥"不应是休字的异构。《殷花》所收甲骨同出一处，字体
虽出于不同人之手，但都是同时之物，他如该书的第 53、75、149、181、
409 等片，都多次出现休字，可无例外全作"从人从木"，没有从"从女从
禾"的写法。再说，与之类似的"从女从禾"的字，在《合集》7076 正、
12431、18051 等片均有（附图二~四），旧也隶释作妖。比如《诂林》按
语引用了《合集》7076 正的卜辞后说"'妖'，乃氏族名"。[①]对妖字的音
义也无进一步诠释。徐师主编的《甲骨文字典》第 1314 页收有妖字，谓：
"从女从禾，与《说文》委字篆文略同。《说文》曰：委、随也。从女，
从禾。"

宋人丁度的《集韵》收有从女从禾的妖（𡛥）形字，注称："胡戈切，
音禾，女字，一曰雅容。"然而许慎《说文》的"委"字也是"从女，从
禾"，许曰"委、随也。从女，从禾"，与甲骨文𡛥亦合。徐灏《说文段注
笺》曰："委，盖妇女委婉逊顺之义，故从女。"徐铉注："取其禾谷垂穗委
曲之貌。"其义又与《集韵》说近。我疑《集韵》所收为委之同字异体；读
作禾不见于别的典籍，盖后世俗儒读半边之故。我们都知道，古文字中作偏
旁用的字，其放置部位往往左右上下多无定。《合集》12431 所见的𡚛（附图
四）形字与今"委"字作"禾上女下"已很接近。徐师主编的《字典》对
𡛥字的释读是可取的，可直接释作委。[②]𡛥字在甲骨卜辞中都是人或国族名；

卜辞中人、地、国族往往同一，其地疑与《淮南子·地形训》所讲"烛龙在雁门北，蔽于委羽之山"的"委羽"有关。

注 释

① 见于省吾主编：《甲骨文字诂林》，第487页。

② 刘桓先生曾释甲骨文的🔲、🔲形为委，即"委积之委"，谓"本象藏禾于山洞之中"（刘桓：《甲骨集史》，中华书局2008年版，第162页。又刘桓：《殷契偶札》，收入吉林大学古文字研究室编：《于省吾教授百年诞辰纪念文集》，吉林大学出版社1996年版，第46—50页)，亦可备一说。

附 图

一、《殷花》5 相关刻辞部位及单字放大

二、《合集》7076 相关刻辞部位

三、《合集》18051

四、《合集》12431 相关部位放大

说⑪⃫及其地望

《殷花》183 有辞曰：

　　癸卜，其舟⑪⃫我人。

　　癸卜，我人其舟⑪⃫。

　　癸卜，我人其舟⑪⃫。（附图一）

　　辞中的"⑪⃫"字，原编者说："字未识，或可隶作⑪⃫。"我以为此形亦磬字。

　　我们以往所见甲骨文的磬字一般写作"⑪⃫"形，字从↓示意悬挂，从⑪⃫即甲骨文的石字，示意悬石为磬，⑪⃫是手持小槌形；整体字的构形是以手持小槌作敲击悬石状。

　　中国古代的石磬在没有文字的历史中，就已进入人类的生活。相传黄帝已使伶伦为磬。《礼记·明堂位》有"叔之离磬"，《世本》又有"无句作磬"等说法。至少在尧舜时代，"叔"或"无句"就制作了磬。大概磬多以石为之，故古文献有时也直称作"石"，《尚书·舜典》记载其乐官夔说的话："於！予击石拊石，百兽率舞。"就是讲的敲击石磬为装扮成百兽而舞者伴奏的事。古之人对不同石质的磬还有不同叫法，比如以玉石做的磬称"球"，《尚书·益稷》同样记载夔说的话有："戛击鸣球、搏拊、琴、瑟以咏。"《传》曰："球，玉磬。"《疏》引《释器》云："球，玉也。""鸣球谓击球使鸣；乐器唯磬用玉，故球为玉磬。"球有时也写作"璆"，《尚书·禹贡》讲梁州所贡有"璆、铁、银、镂、砮、磬……"蔡传云："璆，玉磬也。"璆与球可通用。

　　磬是商代的重要乐器。《诗经·商颂》有："鞉鼓渊渊，嘒嘒管声。既和且平，依我磬声。"说明磬在商人祭祀乐舞中的重要。音乐史研究学者，根据西周以前（主要是有商一代）考古所得实物发现，石磬的悬孔上侧都有磨损痕迹，磬面也多有敲击的痕迹，说明它们都曾是久经使用的乐器。

在古代，主要用作节奏打击的称"离磬"，《礼记·明堂位》："叔之离磬。"注云："离磬，谓离群特悬而不编也。"因为是"离群特悬"的，一般都比较大，人们也称为"特磬"、"大磬"或"馨"，《尔雅·释乐》："大磬谓之馨。"注云：形似犁辖，以玉为之。在商代除"特磬"外，还常见"编磬"。特别值得注意的是，古乐研究者发现：

> 商代在石磬的应用上，更为突出了音乐性，这表现在将石磬作为编悬乐器来使用，通常是三件一套，构成音列，成为旋律化的乐器。（特磬以单音加入演奏，只能起加强节奏和强调稳定音的作用，这是它作为能发一定音高的乐器的欠缺之处。）①

1935 年在安阳侯家庄西北岗商代大墓中，出土过 3 枚分别刻有"永启"、"夭余"、"永余"铭文的石编磬（附图三）。据研究"永启"是歌唱开始时的节奏；"永余"是歌唱徐缓时的节奏；"夭余"是舞蹈舒缓时的节奏，表现了以磬伴奏，轻歌曼舞的情景。②这很好地说明了为何商代石磬"通常是三件一套"。

从形态上看，商代石磬除上弧下直的不等边三角形外，还有不少为竖长方形或类长方形的。③最有代表性的典型长条竖形石磬是 1976 年在妇好墓中出土的竖形石磬，长 44 cm，宽 8.5~12 cm（上窄下宽），上端中部有磨光的挂孔，直径 1.8 cm，一侧刻"妊冉入石"四字，"妊冉"（或释"妊竹"）应是族称或人名，此磬是"妊冉"献纳给商王室的贡品（附图四）。还有一件商代的长条竖形石磬，上端略成弧形，长约 25.6 cm，宽约 6.7~8 cm（上窄下宽）。磬石为黑色，表面线刻鸥纹，上端也有悬挂磨光的孔（附图五）。

由上我们可以得出如下重要启示：

第一，商代已由单用的"特磬"发展为构成音列的"编磬"；

第二，当时常见的编磬"通常是三件一套"；

第三，磬的形态，除呈上弧下直的不等边三角形外，还有不少为长方形或类长方形的，其典型的长方形态当如"妊冉入石"磬和"鸥纹"长条竖形磬。

根据当时人们普遍所见，创造出构形为手持小槌敲击三个长条悬石的编磬字"𣲗"，是当时客观现实地存在在人们头脑中的正常反映。试想，倘若编磬字以其他形状——如三角形悬磬三件，显然不如长条悬磬三件的构形简便好书写。盖甲骨文的"𥐀"为后世所谓特磬之磬；"𣲗"为编磬之专字。后世"𥐀"字取代"𣲗"字，有如甲骨文中从牛、羊的牢、宰，牧、𢺕等字，后世只用从牛的牢、牧字相类；磬（𥐀）形通行而𣲗形磬字则废矣。

前揭卜辞，原编者已正确指出："'其舟𣲗我人'，即'我人其舟𣲗'，𣲗，用作地名。""我"为国族之名，"舟"为名词作动词，意为乘船。此辞大意是说我人乘船去𣲗地，可能此地因出产制作编磬的石料，或擅长制作编磬而得名。

《尚书·禹贡》讲徐淮地区贡物有"泗滨浮磬"。《传》曰："泗水涯，水中见石，可以为磬。"《疏》云："石在水底，水中见石，似若水中浮然。此石可以作磬，故谓之'浮磬'。"据宋人乐史《太平寰宇记》讲："（灵璧县）在下邳县西南40里，今取磬石上贡乐府。《尚书·禹贡》'泗滨浮磬'即此。"古人所讲泗水中可以作磬之石，出在安徽灵璧县北70里地。灵璧县始置于宋，清属凤阳府，今属安徽宿州市。此地从古至今都以出奇石著称，所产灵璧石，又称磬石或八音石，出该县渔沟镇磬石山北麓平畴间。有人认为1950年武官村商代墓中所出的虎纹石磬（附图二）即用灵璧所产的石料制成。此片卜辞讲商代我人要乘舟去𣲗地，与《禹贡》"泗滨浮磬"及《传》所言可互为佐证。

卜辞所讲我人之族居地，据丁山说："我，孳乳为仪。"为《论语·八佾》讲的"仪封人请见"之仪，也即《春秋·僖公元年》所讲"邢迁于夷仪"的夷仪，据《后汉书·郡国志》，其地属东郡聊城，殆即商代我氏所居矣。④今又有认为仪封还是在《大清一统志》河南开封府古迹条中讲的兰阳县北的仪城，即今兰考县东的仪封镇为是。⑤我以为还是兰考县东的仪封说近似。

注释

① 修海林：《走进珍宝世界，看得见的音乐——乐器》，上海文艺出版社2001年版，第52页。

② 有学者解释，铭文中的"永"字，即咏叹的"咏"，是歌唱之意。"启"字，《说文解

字》、《玉篇》作"开发"解。"余"字,《说文解字》谓:"语之舒也。""余"是
"徐"字、"舒"字的初文。"夭"字是舞者侧首而舞的姿态。磬上铭文"永启"是歌
唱开始时的节奏;"永余"是歌唱徐缓时的节奏;"夭余"是舞蹈舒缓时的节奏。

③ 王安潮:《石磬的形态研究》,《中国音乐学》2005 年第 1 期。该文有一附表,收有龙山
文化至商晚期所发现的各种形态石磬共 34 件。笔者据以分类统计如下:

　　　　长方形、类长方形 ……………………… 14 件

　　　　鱼形 ……………………………………… 4 件

　　　　五边形、类五边形 ……………………… 7 件

　　　　类六边形 ………………………………… 1 件

　　　　梯形、类梯形 …………………………… 5 件

　　　　类三角形 ………………………………… 1 件

　　　　类半园形 ………………………………… 1 件

　　　　菱形 ……………………………………… 1 件

以上共计 34 件中,长方形、类长方形、鱼形都可视作长条形,加起来共 18 件,占了多
半,是当时最常见的石磬形状。另外,所有形状的侧视形,都成长方形或类长方形,即
长条形状。当时常见的编磬"通常是三件一套",故造编磬字为 ⑴⑶ 形,这确是客观事物
在造字者头脑中的正常反映。由此也告诉我们 ⑴⑶ 字的出现时代。

④ 丁山:《甲骨文所见氏族及其制度》,第 103 页。

⑤ 郑杰祥:《商代地理概论》,中州古籍出版社 1994 年版,第 190 页。

附　图

一、《殷花》183 局部及单字放大图

二、有学者认为此磬石料出灵璧磬石山

上　　中　　下

三、商代刻有"永启"、"夭余"、"永余"铭文的三个一组的编磬

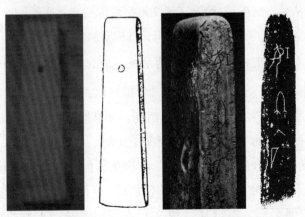

四、"妊舟石磬"（左照片及线图，右铭文照片及拓本）　　五、商鸱纹长条形石磬

释⿰丿丫、⿰𠂆丫

《殷花》191 有辞：

戊卜，其日用驪，不⿰丿丫。

弜日用，不⿰丿丫。

驪其⿰丿丫。

驪不⿰丿丫。

其⿰丿丫。

不⿰𠂆丫。（附图一）

辞中的⿰丿丫（或⿰𠂆丫，左右向无别）字，《殷花》编者隶写作𡳀，曰："𡳀，本作⿰丿丫，新见字，义不明。"

我以为⿰丿丫（⿰𠂆丫）当即歧的本字。《说文》止部、支部均不见歧字，后来的《集韵》收有"歧"形之字，并谓：歧"同跂，足多指也。"《说文》足部有跂，许曰："足多指也。从足，支声。"徐锴《说文解字系传》："《庄子》所谓技指也。"[1]朱骏声《说文通训定声》曰"跂字后出，其谊实为枝之转注。"

应该说⿰丿丫字的所谓"卜"实为分歧状。树的岔枝、道的岔路、卜骨烧灼的歧状裂文等皆可用"丫"或"⿱卜一"形以象之。《尔雅》曰："二达谓之歧。"《后汉书·张堪传》"麦穗两歧"，注曰："一茎两穗，如歧路之二达。"《说文》邑部有岐、郂二字；从邑的郂，许曰："周文王所封。……从邑支声。"而谓："岐，或从山，支声。因岐山以名之也。"字形虽异但分歧之义相同。其实《说文》所收的跂、郂、岐均是后起字；《说文》邑部所谓古文"从枝，从山"的𨚔也非初创字形。不过从《说文》木部曰"枝，木别生条（即指树木主干生出的分支）也"看，实质上也与"丫"形字义同；"丫"也表示"枝，木别生条"。[2]

　　我以为，唯《说文》所未收而见于宋人丁度《集韵》的"从止，支声"的"歧"才保留了原始构形。甲文𡥀（𡥀）字上半部即"支"字变形。又据《说文》："支，去竹之枝也。从手持半竹。"这也是示意以手持竹分支形，即手持生出有歧枝状的竹木形，是支字的原始造形。手持竹分支或手持树分枝同。比如甲骨文中的𡥀、𡥀等字，除多见从𡥀、𡥀、𡥀等偏旁外，也有从𡥀旁的（如《合集》35345，见附图二），说明手持的是有分枝的树或竹枝（有的也可能是小棍或小棍头上有绳做的鞭子——都是作抽打驱使之用）。因而我认为𡥀（𡥀）字实是"从止从支"的字。我们试将𡥀字上部𡥀的"又（手）"略往下移即成𡥀；下面所从的止移至左即后来的歧字所本。歧有分的意思，"以其分别故谓之歧"即此义。

　　上引卜辞是反复卜问：用浅黑色的马（《说文》：骊，浅黑色也。）作牺牲是否要分别摆开来用（不是混合摆放在一起）。

注 释

① 见《庄子·骈拇》："骈拇枝指。"《三苍》谓："枝指，手有六指也。崔云：音歧，谓指有岐也。"
② 所谓"别生"就是从主干上生出的分支，徐锴《说文解字系传》曰："自本而分也，故曰别生。"

附　图

一、《殷花》191 相关部位及单字放大图

二、《合集》35345 及相关单字放大

说 🔥（🔥）、🔥

《殷花》39 有：

　　庚卜，弜🔥，子耳鸣亡小艰？（附图一）

辞中的🔥字又见于《殷花》273 片（附图二）后左甲：

　　（1）女由（？附图一）🔥子而🔥。

　　（2）子而🔥其🔥姚己🔥姚丁。

　　上举《殷花》273 片后左甲的第（1）辞，原书编者所释"女由"字似也可商。我疑为"母丁"或"母己"的合文（附图三）。第（2）辞🔥与姚己之间，原书编者认为缺多个字。经细省之似不缺字。

　　再说上举两片甲骨中的🔥字，原书编者隶作🔥，谓："新见字。从🔥，从方向相反的二止。著录中有🔥（🔥），如《屯南》2161'己巳卜：🔥雨？'🔥作祭名。疑🔥为🔥之繁体。"

　　今按："🔥为🔥之繁体"说可商。🔥（🔥）字从炬从又（手），其初义为手持火炬。我们知道，甲骨文中的"焚"字有🔥、🔥、🔥、🔥等形，故火炬🔥也可省作无又（手）的火炬，所以🔥（🔥）或🔥（炬）、🔥表示的都是火。以"方向相反的二止"表示人的左右脚。我们可以认为：这个字像一脚在火外，另一脚踏在火之上，也就是以脚踏火，不使燃烧生光焰。

　　我以为甲骨文的🔥（🔥）字与《说文》火部的煴字义近，盖即煴的初字。许慎曰："煴，郁烟也。"王筠《说文句读》曰："郁与韭郁之意相似。彼谓不使出气，此谓不使生光焰也。火壮则烟微，郁之则烟盛，盛则烟煴交密矣。"以脚踏压火烛，必使明火转为烟，此正与《说文》煴字及王筠《句读》

所解义相符。烟盛时自有烟雾向上腾升，古人认为神灵是腾云驾雾而行，祭祀时制造烟雾为神灵出行提供方便，█字反映的正是某种祭祀中的巫术活动。①具体到上举三辞中的█当为祭名。

关于《殷花》273 片（1）、（2）辞中"而"后的█字。原书编者作缺疑处理，今放大细省之确实写作█形（见附图三）。█字从阜（阜者土山也）从日（日在土山下）从倒形的卩。卩字本象人跪坐之形。段玉裁在《说文》居字下注曰："古人之跪与坐皆膝着于席，而跪耸其体，坐下其脾。"徐中舒先生主编的《甲骨文字典》指出："跪为殷人祭祀时跪拜姿态，坐为燕居闲处姿态，因皆为双膝着于地之形，故得同以█象之而不复区别，█字因有祭祀时礼拜之义。"█字所从作倒卩形，表示的乃是人在阜上（土山上），面向落下山坡的太阳而跪拜之象。其字虽然尚不能全解，但从其构形分析看，笔者想起了《尚书·尧典》的记载：

> 乃命羲和，钦若昊天，历象日月星辰，敬受人时。分命羲仲，宅嵎夷，曰旸谷。寅宾出日，平秩东作。日中，星鸟，以殷仲春。厥民析，鸟兽孳尾。申命羲叔，宅南交。平秩南讹，敬致。日永，星火，以正仲夏。厥民因，鸟兽希革。分命和仲，宅西，曰昧谷。寅饯纳日，平秩西成。宵中，星虚，以殷仲秋。厥民夷，鸟兽毛毨。……

文中讲"寅宾出日"，据孔疏："寅"是"恭敬"的意思；"宾"是"导引"，也即迎接引领的意思。所谓"寅宾出日"就是恭敬地迎接太阳出来。"寅饯纳日"的"饯"即饯行，"纳日"即日落西山，也叫入日。所谓"寅饯纳日"就是恭敬地为太阳饯行。甲骨卜辞中不少有关"出入日"祭祀的记录，其实就"寅宾出日"、"寅饯纳日"的记录。如：

（3）丁巳卜，侑出日。

巳卜，侑入日。（《合集》34163+34274）

（4）癸未贞，甲申酌出入日，岁三牛。兹用。

癸未贞，其卯出入日，岁三牛。兹用。（《屯南》890）

（5）乙酉卜，侑出日入日。（《怀特》1569）

此外《合集》6572、32119 和《屯南》1116、2615 等，都有关于出入日的祭祀记录。从█字的构形看，确象一人于高阜之上，下跪拜祭日落山下之形，应是入日之祭，即"寅饯纳日"的写照。盖为一体多音节字，其意可推知为跪拜为太阳饯行，其读音待考。

注　释

① ⿰字反映的或是某种祭祀中的巫术活动，疑与原有卜辞中作为神灵名，象两脚踏火的⿰（如《合集》30393）字义同而形略异；区别可能是：作祭名或祭祀活动中的巫术仪式用⿰，作祭祀对象的神灵名用⿰。

　　又《集韵》和雷浚《说文外编》都收有解作"烟貌"的"炔"字。《说文》不见"炔"字，但《前汉书·儒林传》记载，西汉末（成帝、哀帝时）有文学博士炔钦，可见当时"炔"字还在使用。据明代张自烈的《正字通》说："炔"的本字作"焌"。"焌"字由火字旁和⿰（亦止形）、又（手形）三部分组成，实即是"从火从又从止"。如果我们再考虑到，在甲骨文中，作为偏旁的两止有时亦可省一止，如甲骨文的⿰字有时可省一止作⿰（在后来的书写流传过程中，类似的简化更是多见），是以焌字则与甲骨文⿰省去"⿰（⿰）"下一止形极近。从字义看，晚出文献的释义也颇暗合。可知焌字和甲骨文⿰及《说文》的焌之间似有某种渊源关系。但具体如何，还可进一步考究。

附　图

一、《殷花》39 及相关部位与单字放大图

二、《殷花》273 相关部位及𣪊的两种不同写法放大图

三、《殷花》273 片疑为"母己"的合文

说从又从丨、↑、木的𦘔、𦘖、𦘗诸形之字

——兼说尹字的初义

裴锡圭认为:"尹、聿二形在古文字中往往不别,如甲骨文的'𦘔'字所从的'聿'有𦘖、𦘗二体(《甲骨文编》第128—129页),族名金文'𦘔'字所从的'聿'也有𦘖、𦘗二体(《金文编》新版第202页),此外甲骨文'伊尹'之'尹'也有作𦘗之例(《甲骨文编》第128页)。'尹'、'聿'二字古音文、物对转,很可能是一字分化的……"①或以为尹"原来是一种史官名,所以从又从丨,用一只手拿着一支笔来示意。"即"从又持笔以象之"。②

据个人遍检有关卜辞来看,上引说法值得进一步讨论。在甲骨文中从"又(彐)"从"丨、↑、木"的"𦘔、𦘖、𦘗"等形之字中,"𦘗"(如《合集》10084、28169,见附图一、二)形一般释作"聿"(即笔)。"𦘗"字似乎也偶有简作"𦘔"的,如《合集》21703有残辞:

　　贞(?)𦘔……"(附图三)

此辞姚孝遂主编的《殷墟甲骨刻辞摹释总集》、《殷墟甲骨刻辞类纂》都将末一字释作"聿",当然是𦘗字的简化体了。但是这条辞较残,辞义不明,故也有可能是"尹"字,《合集释文》就释作"尹"。所以我用了不确定词"似乎"。然而甲骨文中也确有将"尹"字写作"聿"的,如《合集》32791(《邺三下》39.7,附图七)的:

　　丁丑卜,伊尹岁三牢。兹用。

此辞中的尹即作𦘗形(见附图七)。但是"从人从尹"的"伊"和"从系尹"的"緋"所从之"尹"确实无作"𦘗"形而只见作"𦘖";这就是

说，"尹"字作为偏旁，在甲骨文中只见手持一竖的"〡"形。

甲骨文中从"𠂤"的字还有"𠂤"、"𠂤"（盡，今简作尽）和"𠂤（畫，画）"。

先看盡（尽），我们都知道，甲骨文"盡"字的本义是用刷具清除器皿中之残物或污垢。刷具通常是在棍棒下端缠绕或捆上众多的纤维（如毛发或草根之类），因一般缠捆得较多，故作"𠂤"形表示。在甲骨文中，皿上从"𠂤"形的"𠂤"、"𠂤"多见；而从"𠂤"作"𠂤"、"𠂤"形者次之，偶见有从"𠂤"作"𠂤"。值得注意的是：不是严格的一竖！迄今偶见从𠂤的简化盡（尽）字，其竖棍下端都略粗，如《合集》20605 的就写作"𠂤"形（见附图四）。这使我们有理由认为："盡"字应是棍棒下端捆扎有众多纤维者，所以𠂤形应是其本字，从𠂤或𠂤形者是其简便的写法。

再如从"𠂤"的"𠂤（畫）"，虽然也有不少是从"𠂤"写作"𠂤"形的，如《合集》3032、3033 等，可遍查众多"𠂤（畫，画）"字构形，却尚未见从"𠂤"形的。众所周知，绘画与写字同，一般是手握笔进行；笔可视作小的刷，笔和刷虽有共通点，但毕竟主要不是作清洁器皿用的，笔虽是多毛的，与作刷用的下端纤维多寡有别，且刷下端众纤维或毛多是撒开状的，绘画书写的笔之下端总是众毛合一（笔尖状）而类似一竖的"〡"形，远距离粗视则近乎无纤维或毛的棍棒。故我以为：甲骨文中"〡、𠂤、𠂤"三形作为偏旁，虽然都有简作一竖形"〡"的，但实质上代表着不同的意义。"〡"代表棍棒；"𠂤"表示棍端毛不多（少于刷具）的画笔；"𠂤"表示棍棒端有更多撒开状的毛或纤维。

由上所举各种情况是否可说明："尹"字应该是从手持"〡"，写作"𠂤"或"𠂤"形，而从手持"𠂤"写作"𠂤"当属异构。因而"尹"的初形当为手持棍棒形。笔者认为持笔说不确，持棍棒为是，也即有学者说的"持杖"[③]是正确的。

杖或棍棒在原始社会是狩猎工具，也是防御和进攻的武器，随着阶级国家及官吏的出现，官吏手持的棍棒变成了指挥、惩罚被统治人群的武器，也就变成了权力的象征物。所以我们所见卜辞中从手持棍棒的"𠂤"（或𠂤），除部分残辞其义不明者外，几乎都可说是官员。《说文》曰："尹，治也。从又，丿，握事者也。"所谓"治"，即治理；治理是人的事，治理人之人即官吏。所谓"握事"之"事"，《说文》训为"职"，职与事互训。再参看先秦典籍中常见的"事"是什么意思，我们便不难知许慎所谓"握事者也"的"事"作何理解了。诸如：

《尚书·甘誓》"六卿"与"六事之人"并言，《经义述闻》谓"官之职谓之事"；

《尚书·酒诰》"文王诰教小子有政有事"，《经义述闻》谓"任职为之事"；

《左传·昭公九年》"礼以行事"，杜预注"事，政令"；

《左传·昭公二十五年》"为政事庸力行务"，杜预注"在君为政，在臣为事"；

《论语·八佾》说孔子入太庙"每事问"，刘宝楠《正义》云"事，谓牺牲服器及礼仪诸事也"；

《国语·齐语》"则事可以隐令"，韦昭注"事，戎事也"（又《晋语六》"方事之殷也"注）；

《周礼·春官·大宗伯》"以吉礼事邦国之鬼神示"，郑玄注"事，谓祀之、祭之、亨之"；

《礼记·王制》"天子无事"，郑玄注"事，谓征伐"；

……可谓举不胜举。

综观上举，足以说明《说文》这里的"握事者也"，实质是指掌握有征战、祭祀（祀与戎是古代一族一国之大事）等管理大权的意思；也就是说，这种人是握有特殊的指挥棒，象征可以驱使或惩罚别人的权力。这种现象在古代世界的不少地区都曾普遍存在过。我疑中国古代也不例外，在"尹"字的初创时代或以前，一部分人手握指挥棒驱使他人的现象也一定存在过。这个时代自然是人类社会进入阶级社会的现象。这种早先的指挥棒演变为权杖，便是"尹"产生的前提背景。指挥棒象征权力，一些地区和民族在文明和国家形成发展过程中，有的演变为权杖。考古工作者曾在陕甘新的早期古墓中发现过权杖的遗物。④四川三星堆遗址的包金鱼矢纹权杖更是其典型。⑤中原地区君王权贵的斧钺应是其演变物之代表。至于铸"鼎"象物，那应是专制国家的象征，而非个人权力大小之象征。从《周礼·秋官》"伊耆氏掌国之大祭祀共其杖咸。军旅，授有爵者杖。共王之齿杖"的文字看，似乎这是古代曾有过权杖在古文献中残存的史影。

　　"君"字为"尹下加口"，人的口是用来说话和吃食物的器官，所以《说文》也说："口，人所以言食也。"则"尹（𢍍）下加口"的"𠱾（君）"字构形是一个形声兼会意的字，表示手持棍棒者以口发号施令；尹和君原本义同也因此之故。

注 释

① 裘锡圭:《古文字论集·释健》，中华书局 1992 年版，第 355 页。

② 于省吾主编:《甲骨文字诂林》，第 905 页；赵诚:《甲骨文分类字典》，中华书局 1988 年版，第 59 页。

③ 陈梦家说:"尹从笔之说非是。"认为"尹字与父字略同"，父"从又持斧而尹从又持杖，杖斧皆所以田猎攻战之具"。(陈梦家:《殷虚卜辞综述》，科学出版社 1956 年版，第 517 页)。马如森:《殷墟甲骨文实用字典》，第 34 页 0079 号：君，从尹从口"象手执杖，口示发令之意"。

④ 在仰韶文化庙底沟和大地湾晚期类型以及早期秦和西周遗址中都有发现，时代约当距今5500 年到距今 3000 年以降。(李水城:《权杖头——古丝绸之路早期文化交流的见证》，《中国社科院古代文明研究中心通讯》2004 年第 4 期。)

⑤ 段渝:《政治结构与文化模式——巴蜀古代文明研究》，学林出版社 1999 年版，第 90—94 页。

附 图

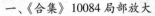

一、《合集》10084 局部放大　　　　　　　二、《合集》28169

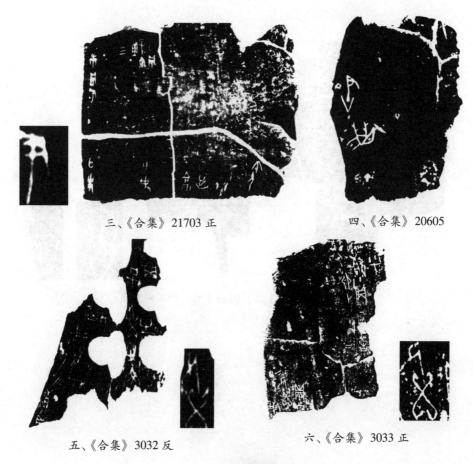

三、《合集》21703 正　　　　　　　　　四、《合集》20605

五、《合集》3032 反　　　　　　　　　六、《合集》3033 正

七、《合集》32791

八、《合集》3521 正，同一字的两种不同写法

甲骨文"书（書）"字质疑

　　甲骨文有"書"形之字，高明先生在他的《古文字类编》中释作书；[①]甲骨文又有"書"形之字，也有人认为"从卜辞同形异文例，亦可释此字为书"。[②]我以为两说皆可商。

　　一、先说"書"形之字。为方便比较起见，把常见的几家对"書"字的隶释情况列表如下：

原著者及书名	原书卷页	原书引例	原书解说	备注
孙海波《甲骨文编》	卷二·一一，页47，0114号字	《存》下724	《存》下724，从口从聿，《说文》所无。	胡厚宣《甲骨续存》简称《存》或《续存》；《续存》下是摹本。
岛邦男《殷墟卜辞综类》	第453页	……卜出贞……往書……（《存》下724）	原书書字下隶作書，并注有《集释》第3169页说。	《集释》（李孝定《甲骨文字集释》）第3169页，说见下行。
李孝定《甲骨文字集释》	第3169页，字头書	書《前》5.33.1	李孝定按：契文象以手持箸拨火之形。箸之下端与火焰形相交作。	《前》5.33.1（《龟》1.22.1）=《合集》7867（附图一）
徐中舒《甲骨文字典》	第320页，字头下注：二期，京1227	卜出贞……書（《存》二724）	从聿从口，《说文》所无。义不明。	
于省吾《甲骨文字诂林》	第3127页，3096号字	引饶宗颐《通考》	姚孝遂按：字从'聿'从'口'，乃由'聿'所孳乳，隶当作'书'。在卜辞为人名。	饶宗颐《贞卜人物通考》，简称《通考》

（续表）

原著者及书名	原书卷页	原书引例	原书解说	备注
饶宗颐《贞卜人物通考》	第864页	……卜出贞：王𤔲。庚……贞：……（《零拾》90，《续存》下724重）	原书按：𦘕从聿从口，《集韵》十一没：𠿒，声也。又六术：𠿒、嘧、呼，鸣也。即此字，当是祭祀时祈叫呼告之意。	李旦秋《铁云藏龟零拾》，简称《零拾》
姚孝遂等《殷墟甲骨刻辞类纂》	第1192页，字头有𤔲	《合集》3272：……卜贞……𦘕子……呼……射		《合集》3272：□□卜，贞□𦘕子□呼□射（附图二）

从上徐中舒先生主编的《甲骨文字典》第320页，𤔲字头下注"二期，《京》1227"，可知《京》1227有𤔲形字。今查《合集材料来源表》和《合集原著录表》的《京》1227片即《合集》8705片，但该片既非二期，也非"𤔲"形之字，而是"𦥑（𦥑、𦥑，盡的异体或简体，附图三）"字。疑这里有误。至于《甲骨文字典》第320页所引《存》二724，我们按饶宗颐《贞卜人物通考》第864页的"……卜出贞：王𤔲。庚……贞：……（《零拾》90，《续存》下724重）"的说法，《零拾》90和《续存》下724重，当然残辞也相同，辞中都应有𤔲字。可我们查《合集材料来源表》和《合集原著录表》，发现《合集》23710片即《续存》下724片和《零拾》90，这就是说《续存》下724片与《合集》23710片重。可是这片怎么也看不出有"𤔲"形的字（附图四）。由上查考来看，各家所引《续存》下724（摹本）残辞中有"𤔲"形字似有误。实际上也就只《合集》3272的残辞"□□卜，贞□𤔲子□呼□射"（附图二）中"𤔲子"这一见而已。

"𦘕（𤔲）"字除前举有释作"𦘕"的外，都认作是"从聿从口"。《甲骨文合集释文》和姚孝遂等《殷墟甲骨刻辞摹释总集》、《殷墟甲骨刻辞类纂》也都把"𤔲子"一词，隶释作"𦘕子"。由我们在另文中论及"尹"的异构有作"𤔲"形（附图五）推之，此不多见的"𤔲子"很有可能是"君子"的"君"字的异体或专用字，而不是"𦘕子"；"君子"一词在《诗》、

《书》、《易》、《礼》、《春秋》等先秦典籍中累见，金文中也见提及。③

二、关于"✤"字，迄今释读者不多见，除前举马如森《殷墟甲骨文实用字典》外，就笔者所见，主要在下列书中有隶释，为便浏览比较，也做成下表：

原著者及书名	原书卷页	原书引例	原书解说	备注
于省吾《甲骨文字诂林》	第 1109 页，1144 号字	考古所："書：也可能是聿日，与今日相对。"（《屯南》1011）	原书按："《说文》：'書，日之出入，与夜为界。从畫省，从日。'此从'聿'，从'日'。《合集》22942辞云：'……卜大……✤于父丁……今書……'当为'昼夜'之'昼'。"	書，今简作昼。
姚孝遂等《殷墟甲骨刻辞类纂》	第 433 页有✤字项	①《合集》22942：……卜大……✤于父丁……今書……'②《屯南》2392：……✤……		《合集》22942（附图六）；《屯南》2392（附图七）
《甲骨文合集》释文	22942 片释文	□□卜，大，✤于父丁，□今畫。		

上列三家都释甲骨文字✤为畫，高明的《古文字类编》379 页中有"畫（✤）"项，收有铜器铭文和《说文》籀文字形而无甲骨文，可能高先生尚未见到甲骨文中也有此形之"畫（✤）"。

追其源，"畫（昼✤）"并非晚周金文中才出现，而是甲文中早已有了，原本与夜对应指"日之出入，与夜为界"的白天，在卜辞中用的本义，即指与夜相对应的时段白昼。虽然古文字有"同形字"（字体外形相同，音义迥异）现象，如甲骨文的"自己"的"自"和"鼻子"的"鼻"同形；"朝夕"之"夕"与"月亮"之"月"同形，等等，但它们都是同时代文字中同时使用的，这是古文字比较多见的。而"聿（✤）"字的本义，虽然按构形"象手执笔形"和《说文》讲"聿，所以书也"的解释，是书写的意思，但甲骨卜辞中迄今只有作地名用的例证，而未见作动词"書（书）写"之"书"用，或作名词"文书"之"书"用。因而我认为释 形之字为"畫（昼）"是正确的。那种认为"从卜辞同形异文例，亦可释此字为'書'"则不可取。因为在晚期古汉字中同形字就不多见了，"而且这种同形字极少在同时同地的文字里一起使用"。④由此看来，要说甲骨文就有"書（书）"字理由不足。作为"書（书）写之書（书）"或"文書（书）之書（书）"的"書（书）"字，盖后来造的一个与甲骨文"畫（ ，昼）"同形的会意字，也就是说后世造"書（书）"字者不知与甲文"畫（ ，昼）"形相同。有如战国楚铜铭文中的"忑"字，原是"从心下声"，跟后世造的会意字忐忑的"忑"同形异字相类。⑤

注 释

① 高明：《古文字类编》（中华书局 1980 年 11 月版；1982 年 3 月 2 次印刷），第 378 页字头"書"字下，第一栏收有甲骨文字 ，下面注明："二期，《存》下七二四"；第二栏收周中期金文《师旂鼎》、《格伯毁》、《颂鼎》及春秋《栾书缶》的"書"字；第三栏收战国时盟书、印文等简书及其他刻辞四例；第四栏也是最后一栏收有秦篆的"書"字。由此不难看出高先生确实是把甲骨文字 料为"書（今简作书）"字。

② 马如森：《殷墟甲骨文实用字典》，第 340 页 1074 号说："从聿从日，依卜辞文例隶定作'畫'。本义是白天与夜间相对的日纪时。《说文》：'畫，日之出入与夜为界。从畫省，从日。……'按，今日繁体字'書'，从卜辞同形异文例，亦可释此字为'書'。《说文》曰：'書，著也。从聿者声。'"

③ 如春秋早期铜器《晋姜鼎》有"用康柔绥怀近迩君子"（附图八）；又，春秋晚期《智君子鉴》有"智君子之弄鑑（鉴）"（附图九）。君子，主要指"有官位者"，即做官的人。

④ 裘锡圭：《文字学概要》，商务印书馆 1988 年版，第 213 页。

⑤ 裘锡圭：《文字学概要》，第 212 页；同时参见朱德熙：《寿县出土楚器铭文研究》，《历史研究》1954 年第 1 期，第 113 页。

附　图

一、《合集》7867

二、《合集》3272

三、《合集》8705

四、《合集》23710，放大也看不出有"𦉻"字

五、《合集》32791

六、《合集》22942

七、《屯南》2392 局部放大

智
君
子
鑑

八、《晋姜鼎》铭文摹本，
　　见《殷周金文集成》2826

九、《殷周金文集成》10289

也说甲骨文的𣥂（𣥂）及 𣥂（𣥂）、𣥂诸字

叶玉森氏曾将甲骨文的𣥂释作奴，[①]又有人将𣥂归入"企"字。[②]现在甲骨学者多将𣥂、𣥂（𣥂）、𣥂视作同一字，甚至有人认为"止"在"上下左右无别"而坚信释作"此"。细省这些字在相关卜辞中的用法和意义，我以为还有可商。下面试作探讨。

一、止在人背后为此（𣥂、𣥂）

先说𣥂字，清晰可见𣥂字的卜辞主要有下列诸例，如：

（1）王其又母戊一𣥂𣥂受又（佑）。

　　重牛王𣥂受又。（《合集》27040，附图一）

（2）□中（仲）己□王𣥂受［又］。（《合集》27389，附图二）

（3）于弗𣥂王迺𣥂。

　　兹夕王𣥂受又。（《合集》31188，附图三）

（4）二宰王𣥂受又。

　　三宰王𣥂受又。

　　五宰王𣥂受又。

　　十宰王𣥂受又。（《合集》31190，附图四）

（5）其寻□𣥂王□𣥂受［又］。（《英藏》2269，附图五）

（6）……彭，𣥂王受［又］。（《合集》30831，附图六）

（7）……虫……犬……𣥂受又。（《合集》319301，附图七）

（8）重大宰𣥂有雨。（《合集》28244，附图八）

（9）其求年于河🔣有雨。

于🔣求年🔣雨。（《合集》28258，附图九）

（10）求年🔣又大［雨］。（《合集》28282，附图十）

（11）［其］🔣🔣又雨。（《合集》30789，附图十一）

（12）其🔣🔣又雨。（《合集》32300，附图十二）

（13）高妣燎叀羊有大雨。

叀牛🔣有大雨。（《合集》27499，附图十三）

（14）……牛……🔣又大雨。（《合集》30318，附图十四）

（15）丁亥卜，求年于大示即日此有大雨。（《屯南》2359，字迹欠清）

上举卜辞内容基本分两类：一类是为商王祈求福佑；另一类是求雨的占卜。从辞例不难看出🔣、🔣为同字异构，[③]上举诸例的🔣字写法基本一致，大都作🔣、🔣形，一般是止在人（🔣）左；止在人（🔣）右边偶见（《合集》30318，见附图十四）。不论左右，止在侧身立人（🔣）背后是通例，金文也是如此。只有这种构形当释此字。《说文》曰：“此，止也。从止从匕。匕相比次也。”已有人对许说提出质疑。陈初生说：“‘此’字甲骨文作🔣、🔣等形，以脚趾与一侧身人形会脚步到此停止之意。金文作🔣，小篆沿作🔣。”[④]我以为陈说有其正确性，即🔣字是从止从人形。甲骨文字匕与人多无别，不过此（🔣、🔣）字所从之人非一般人形，而是以侧身立人拱手形，示意这事到止已毕，有结束之义（详另文《匕（🔣）字蠡测》），所谓到此为止。这便是陈说的“会脚步到此停止之意”。造字者特以人拱手示毕，背朝脚趾（左或右脚趾）之形来会意不再继续。迄今所见金文、甲骨文此（🔣、🔣）字都是人背向脚趾形。[⑤]

“此”字在上举诸辞中与“兹”近。[⑥]从前学界多从陈邦福说，以为在甲骨卜辞中用作柴祭的柴字：[⑦]其实字在诸多卜辞中就释“此”，用作指代词，与卜辞的兹（🔣）义近。比如卜辞有：

（16）其求年于岳，兹有大雨。（《合集》28255，附图十五）

将之与前举第（9）、（10）例比较，“兹”和“此”的用法完全相类，如互换于各辞中诠释卜辞也文从字顺，这就足以说明“此”不必借作祭名

"柴"，而同样可以当作指代词用。

二、𝄞和𝄞非此字

我说甲骨文的𝄞和𝄞，过去都释作"此"也是值得商榷的是基于下面的考虑。先看"止在人形下"的𝄞。求雨卜辞有：

（17）叀犬𝄞雨。

二犬𝄞雨。

三犬𝄞雨。

三犬𝄞（？）雨。（《合集》31191，附图十六）

上举辞中四见𝄞形，与之相似的字形卜辞还有：

（18）贞使人于𝄞（《合集》5524，附图十七）

显然，这个𝄞是地名。从（17）、（18）两例（附图十六、十七）所见"上从人下从止"看，两字基本相同，只是一为左止一为右止。以甲骨文累见的𝄞字也多有作𝄞形例之，下从的止可左脚止也可右脚止，两形都是同一字，故知𝄞与𝄞亦当同一字的不同写法无疑。

我说𝄞与𝄞释作"此"则可商。当然也不可与甲文"企"字相混。甲文的"企"字下所从的止作𝄞或𝄞形，脚趾头不向上，都写作𝄞或𝄞形，像人踮着脚趾尖有所企盼，即《说文》所谓"举踵也"。人在企望时一定是脚后跟抬起（即"举踵也"），脚前掌及趾一定是着地。所以"企"字的"止"作𝄞或𝄞形，𝄞与𝄞不应释作"企"。人在向前行进时定要抬腿，而这时的脚掌及趾一般都是向前向上，故表示行进的脚趾都写作趾头向上的𝄞或𝄞。比如甲骨文的征、步、涉、追、逐、前、往、出等，所从的止无一不是这样。

"止在人形下"的𝄞，我以为是象人（以脚止表示）从侧面迫近另一人身边形。

"止在侧立人前面"的𝄞形字，不多见，完整卜辞更缺。我所见唯有《合集》18981（附图十八）及《合集》22330（附图十九）两例是𝄞字。由前论可知，⿰字既不像人踮着脚尖有所企盼，即不是《说文》所谓"举踵"；也不是侧身人背向脚趾"⿰、⿰（此）"。⿰字像人迫近另一人之形（以一足止表示走近另一人跟前），故我以为⿰是"促"的本字。《说文·人部》："促，迫也。从人，足声。"有急迫、迫近、紧密之义。要知道从足的字古有从止之例证，《说文·人部》企字下许云："古文企字从足。"段注曰："足、止同物。"后世"促"字的立人作为偏旁固定在左，应是隶变后的事。⿰形是从正面迫近，⿰则是从侧面迫近，都是迫近人身形，与《说文·人部》"促"义近，故释"促"为是。以"促"诠释第（17）辞"叀犬⿰雨／二犬⿰雨／三犬⿰雨／三犬⿰（?）雨"，大意是卜问用多少犬作牺牲才能促其降雨，这里作动词用，也文从字顺。

注 释

① 李孝定：《甲骨文字集释》，第 835 页摘叶玉森说。

② 见李孝定：《甲骨文字集释》，第 2615 页企之下录《前》5. 27. 7（《合集》18981）；马如森：《殷墟甲骨文实用字典》，第 186 页 0588 号字引《合集》189810，但他又把同类型的⿰放入"此"字（同书第 42 页 0105 号字）。

③ 另外《合集》33511 有一辞作"贞王其田乙眉⿰（⿰）"，末一字也是止在右边，可能也与⿰、⿰是同一字。

④ 参见《甲骨文字诂林》第 7 页姚孝遂按后及第 836 页摘引陈初生《商周古文字读本》第 315 页文。

⑤ 也有人将前举《合集》31930，甲 1503（附图七）辞中的"此"摹作人面向止的"⿰"形（如：岛邦男：《殷墟卜辞综类》，汲古书院 1977 年版，第 80 页；马如森：《殷墟甲骨文实用字典》，0105 号）是不对的，徐中舒《甲骨文字典》第 145 页摹录此字是正确的。

⑥ 近读陈年福《甲骨文词义论稿》，已否定这类卜辞中的"此"为柴祭，而主张为指示代词（上海古籍出版社 2007 年版，第 255—260 页），非笔之独见也。

⑦ 陈邦福说："⿰当释此，柴之省。《说文·示部》云：'柴烧柴燎祭天地。'……段注：'柴与祡同此声，收烧柴祭曰祡。《释天》：'祭天曰燔柴。'《祭法》曰：'燔柴于泰坛，祭天也。'《孝经》曰：'封乎泰山，考绩紫燎。'《郊特牲》曰：'天子适四方先柴。'注：'所到必先燔柴有事于上帝。'是卜辞炊柴之礼。"

附　图

一、《合集》27040 整片及单字放大　　二、《合集》27389　　三、《合集》31188

四、《合集》31190　　五、《英藏》2269　　六、《合集》30831　　七、《合集》31930

八、《合集》28244　　　　九、《合集》28258 及　　　　十、《合集》28282 及单字放大
　　　　　　　　　　　　　　单字放大

十一、《合集》30789 及　　　十二、《合集》32300　　　十三、《合集》27499 及
　　单字放大　　　　　　　　　　　　　　　　　　　　　单字放大

十四、《合集》30318 及单字放大

十五、《合集》28255，"兹又大雨"

十六、《合集》31191 相关部位及单字放大

十七、《合集》5524 相关部位放大

十八、《合集》18981

十九、《合集》22330

匕（𠤎）字蠡测

　　甲骨文匕字有𠤎、𠤎、𠤎（左右向无别）诸形，字在卜辞中有下面一些主要用法：1. 常见用以称母辈以上的女祖先，匕即妣，如小乙配偶称妣庚，武丁配偶有妣辛、妣癸、妣戊，祖辈之配一般称祖妣，远祖的配偶称高祖妣。大概秦汉以后已普遍用以指死后的母亲，故许慎《说文》曰："妣，殁母也，从女比声。"2. 从甲骨文有"匕侯"（《合集》20069）、"伐匕于𤲬"（《合集》28068）等不多的残辞，可知还有少数用作国族之称。3. 则是狩猎卜辞中所见"匕犬"、"匕兕"、"匕擒"的匕的用法。4. 还有疾病卜辞的"疾匕"，这个匕应是疕的借字，指的是"头疡"（见另文）。5. 除此而外就是用匕作偏旁，一般指雌性动物，如雌性的牛写作"牝"（𤘽），雌性的猪作"豝"（𫝀），雌性的羊作"牝"（𦏸）等。

　　虽然诸家释甲文𠤎（或𠤎、𠤎，左右向无别）形字为"匕"已成共识，但对其构形与在狩猎卜辞中的意义还有不同看法，有待进一步探讨诠释。

一

　　先看"匕"字的构形。旧说"𠤎"（或𠤎、𠤎，左右向无别）象取食的"匙"或"牝器"形，对此，赵诚就提出"这是尚待进一步研究的问题"，他说："𠤎，构形不明。有人以为象匕（与后世之匙类似）之形。但出土之匕与𠤎字形体不合。而商代人又把有些匕字写成象人（𠤎）的形状，从反面证明匕字在商代人的心目中并不是匕（匙）的象形，而是象人站立拱手侧面之形。"①

　　我同意"象人站立拱手侧面之形"的看法，并试作补充申说。

据我看，甲骨文的 ⟨形⟩、⟨形⟩、⟨形⟩ 诸形中，⟨形⟩（匕）形确象一人拱手侧立形，是一个象形兼会意的形意字，也是最原始的标准构形。在我国古代，可能一件重要事情结束时，人们都有拱手示意的习俗，即拱手致意告毕的意思。⟨形⟩（匕）盖完毕（今简作"毕"）之"毕"的本字。毕的完毕、结束、终极、尽、竟等义是甲骨文"匕"的直接传承，所以先秦文献中"毕"字多有这些意义。《尚书·大诰》："予曷敢不于前宁人攸受休毕。"孔颖达疏云："毕，终也。"《左传·庄公二十九年》"凡土功，龙见而毕务……日至而毕"，宋玉《高唐赋》"言辞已毕"，《郊特牲》所言"国人毕作"等的"毕"字，注家皆谓"尽也"或"竟也"。总之，毕的终极、完毕、尽也之义当缘于甲文的 ⟨形⟩（匕）。甲骨文用匕（妣）代表殁了的女祖先，盖因人死是生命的结束，所以"殁母为匕（妣）"，母以上之祖母，都是生命终结了的人，故可上推称祖妣、高祖妣。初创的匕都是人侧身躬立形，两者形近，故甲骨文"匕"也有写作人形的。后人不知事物终尽、完结的"毕"原来就是"匕"字，又才借用"毕"以代之。⟨形⟩（匕）、毕一声之转，典籍也时有通用[②]也是一证。而这或是西周后的事，是周人参考商甲骨文的 ⟨形⟩（⟨形⟩，擒）加田而成狩猎捕获鸟兽用的长柄网具的"畢（毕）"，这便是我们在西周甲骨中见到的 ⟨形⟩、⟨形⟩（见《合补·附殷外》第 1376 页，36A、37A，附图十二）。后来不少古文字学者以"毕"的形义为捕猎之长柄网而逆推甲文 ⟨形⟩字为"毕"的初字。事实证明：狩猎捕获鸟兽用的长柄网具的"畢（毕）"之初字既不是甲文 ⟨形⟩，也不是后来可作毕、竟、结束解的"毕"的初字；[③]甲骨文的匕（⟨形⟩）才是完毕的初字，后来毕的终结、完毕之义也是本源于匕。

二

我们推导知"匕"的原始形义后，再回头来探讨狩猎卜辞中"匕"的意义。遍检甲骨卜辞，记载狩猎活动用"匕"的主要有：

　　（1）其匕犬。（《屯南》808，附图一）

　　（2）……其匕犬……（《屯南》3696，附图二）

（3）癸卯卜，戊，王其匕犬，𠨃……（《合集》27909，《粹》1148，附图五）

（4）其匕犬，辰亡𢦏。（《合集》97917，附图十一）

（5）王其田，叀犬师匕擒亡𢦏。

　　王其田，叀岁，犬师匕擒亡𢦏。（《合集》27915，附图四）

（6）……大……王其匕擒。（《屯南》1070，附图三）

（7）叀匕兕。（《合集》28411，《宁沪》1.283，附图六）

（8）乙丑卜，王叀壬匕犬。（《合集》28598，《南明》734，附图七）

（9）于辛田擒？王匕擒。（《合集》29354，《甲》673，附图八）

（10）叀𠨃匕擒。（《合集》33397，附图九）

另外，《殷墟甲骨刻辞类纂》还收录有《小屯南地甲骨》的2290、2298两片。但经查阅原片，《屯南》这两片卜辞字迹难以辨认，看不出有“匕擒”字样。不过，从上引十条卜辞看，确有“匕犬”、“匕兕”、“匕擒”的词语。

这里先看学者对田猎卜辞中“匕×”的诠释。据笔者所知，当前对田猎卜辞中“匕×”主要有这样几种说法：1.“假借作比”说，认为有频繁、连续不断的意思。④赵诚从其说。⑤依此说则上举卜辞的“匕擒”是说田猎中不断有所擒获。持此说者没有提及“匕犬”、“匕兕”，照此推测，“匕犬”、“匕兕”就是田猎中连续不断猎获野犬与犀牛了。2.姚孝遂不同意假为“比”，认为是狩猎的方法，但具体指是什么样的方法，却又语焉不详。⑥3.还有认为，“匕即矢镞”，指射猎，也是“狩猎方法”。此说引《左传·昭公二十六年》鲁齐战于鼻“……射之……，匕八人者三寸”，杜预注：“匕、矢镞也。”⑦依此则上举卜辞讲的是田猎中用箭镞射杀野物的意思。但狩猎卜辞中已有“射擒”（如：《合集》27942、27970、28317、28350；《英藏》2294等），再将“匕”释作“用箭镞射杀猎获”显然不合适。

我认为，以上诸释均不能令人满意。我们已见卜辞有各种各样的擒获：如前已举及的“射擒”外；田猎时追赶野物有所擒获的“逐擒”（如：《合集》28325、28355、28790—28792等）；放牧过程中猎获的“𤘪（牧）擒”（《合集》28351）；也有田猎陷阱所得的“陷擒”（如《合集》10655、10656、33371、33404：《屯南》663、664、665等）；结束田猎撤退时有所擒获称"退（⬚）擒"（《合集》28369）；还有田狩时具体擒有某种动物的"擒兕"、"擒鹿"、"擒麋"、"擒狐"以及擒获的地方、方位的"擒"（参见岛邦男《综类》第 404—405 页；姚孝遂等《类纂》第 1086—1087 页）；还有田狩时具体记某个人擒获的"⬚（⬚）擒"（《合集》33384）、"王擒"（《合集》28016、28835、29407、33375；《屯南》815、815、2191、36666；《英藏》2292 等）等，举不胜举。总之，由上举各种各样的"擒"中不难看出，并不都是狩猎方法。那么"匕犬"、"匕兕"、"匕擒"究竟是何义呢？

前已考知：匕即完毕的本字，有完结、终结、最终、最后等义。将之诠释前引卜辞真可谓言从字顺！所谓"匕犬"、"匕兕"、"匕擒"之类，其意思应当是田猎时最终有所擒获，"匕犬"、"匕兕"则具体指最后擒获了野狗、犀牛的意思。

注 释

① 赵诚：《甲骨文虚词探索》，《古文字研究》第十五辑，中华书局 1986 年版，第 279 页；《甲骨文简明词典》，第 44、170、280、289 页。

② 王筠在《说文解字释例》中就认为"畢"、"匕"古典文献中通用；又见《甲骨文字诂林·按语》，第 7 页。"畢"、"匕"古属帮母字。

③ 事实上，如将甲文⬚字释为"毕"都难以通读相关的田猎卜辞。《小雅·大东》"有捄天毕"，毛传："毕所以掩兔也。"《国语·齐语》"田狩毕弋"，韦昭注："掩雉兔之网也。"《礼记·月令》"罗网毕翳"，郑玄注："网小而柄长谓之毕。"等等。按：古文献及历来注家都一致认为"毕"是捕雉兔的长柄之网，而甲文⬚字有⬚虎、⬚兕、⬚犬、⬚鹿、⬚麋、⬚狐等大而凶猛之野生动物，甚至还有⬚羌人的用例，"小而柄长的毕"哪能适用呢？所以释毕就难以通释上面这些累见不鲜的卜辞。事实证明多数学者释⬚为擒是正确的。

又，"毕"作为西方星宿名"毕星"，应是更后的事，是天文学家观察到毕星象有柄之网名之。

④ 屈万里：《殷墟文字甲编考释》，第 107 页，参见《甲骨文字诂林》，第 7 页。

⑤ 赵诚：《甲骨文虚词探索》，第 279 页。

⑥《甲骨文字诂林·按语》，第 7 页。

⑦ 孟世凯：《甲骨学辞典》，上海人民出版社 2009 年版，第 41 页。

附 图

一、《屯南》808　　　　二、《屯南》3696　　　　三、《屯南》1070

四、《合集》27915　　　　　　五、《合集》27909

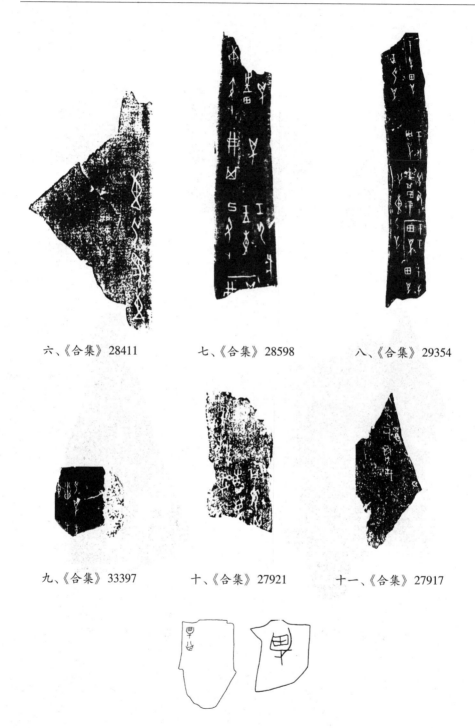

六、《合集》28411　　七、《合集》28598　　八、《合集》29354

九、《合集》33397　　十、《合集》27921　　十一、《合集》27917

十二、《合补·附殷外》甲骨

附说 "疾⟨ (匕) "

《合集》2123（附图一）有卜辞言：

　　贞疾匕隹（惟）父甲害。

　　贞有（㞢）疾匕不隹（惟）父甲〔害〕。

又《合集》5480反（附图二）也有同文卜辞：

　　疾匕隹（惟）父乙害。

　　不隹（惟）父乙害。

上两例辞中"疾"后一字，《摹总》释作"妣（匕）"。李宗焜君谓：释"疾妣"颇不词。他认为卜辞中"疾某惟某某害"的疾后之某应指患疾病的某部位，如疾首、疾耳、疾鼻等的首、耳、鼻，都指人体患病的一定具体部位。《说文》："人，象臂胫之形。"徐灏笺注："⟨象侧立之形，侧立故见其一臂一胫。"人既象侧立之形，当然是一个具体完整的人，则"疾人"当是指整个人有疾，也即"人"是泛指全身，"也许是全身不舒服"[①]。又有将⟨释为"人"的，认为"疾人"可能指患疬疫（文献有时也称疬疾）的人，"即指流疫之众患者"，等等。

我以为释"人"或"妣"均不妥。这儿的"⟨"就释"匕，读为疕"。金文有"𤻘"字（附图三）。高田忠周释疕曰："从广从匕甚显然者，唯《说文》广部有疕无疕，此亦逸文也。"[②]今案：《说文·广部》的"疕"即此字，许曰："疕、头疡也，从广匕声。"段注："卑履切。"《周礼·天官》：医师"凡邦之有疾病疕疡者造焉，则使医分而治之"。注云："疕、头疡，亦谓秃也。"贾公彦《疏》云："疕、头疡，谓头上有疮含脓血者。"《博雅》又谓："疕，痂也。"《字汇》则谓："疮上甲。"甲骨文的"疾匕"盖指头皮生的脓疮或疥疮之类。

注　释

① 李宗焜:《从甲骨文看商代的疾病与医疗》,《中央研究院历史语言研究所集刊》第七十
　　二本第二分册, 2001 年, 第 361 页。

② 转引自周法高主编:《金文诂林》, 香港中文大学 1974 年版, 1030 号字, 卷七, 第
　　668 页。

附　图

一、《合集》2123 有关部位放大

二、《合集》5480 反

昆疕王鐘

三、《昆疕王钟》(《殷周金文集成》46,卷一,第25页)

说 𐍂𐍂 （朒）

《合集》20957（《乙》32）有辞曰：

(1) 己亥卜，庚又（有）雨，其𐍂𐍂允雨。

(2) □于辛雨，庚𐍂𐍂□雨辛启（晴）。

(3) □𥊁（晡）日（晡日正午后的时段）大启（晴）昃亦大雨自
北□昃。（见附图一）

上举（1）、（2）辞中的"𐍂𐍂"，孙海波认为与"多"字同（《甲骨文
编》第 297 页）。姚孝遂亦说"此乃多字之异构"（《甲骨文字诂林·按语》
第 1124 页），因而姚氏主编的《殷墟甲骨刻辞摹释总集》第 459 页在摹释
《合集》20957 时都释作"多"。但是，同样是他主编的《殷墟甲骨刻辞类
纂》的释文中又没有将"𐍂𐍂"释为"多"，而是照摹原形（如上册第 441、
453 页等），似乎表明姚氏觉得这里释"多"又不妥。释作"多"在上举辞
句中显然难以通读。有人隶释作"夗夗"，以为是指夜半。①

我以为𐍂𐍂当即《说文》的朒字之所本。《说文》曰："朒，朔而月见东
方谓之缩朒。从月肉声。"段注指出："各本篆作朒，解作内声。今正。女六
切。"可是迄今还有新的再版《说文》作"朒"的。②考《玉篇》作"朒"。
《唐韵》、《集韵》并作女六切，音衄。谢希逸（即谢庄）的《月赋》言：
"朒朓警阙，朏魄示冲。"李善注引《说文》亦作朒。③由上可见，段说不误。

在古文字中（特别是甲骨、金文、篆书），"月"与"肉"形近易混，
而《说文》在传写过程中，将"肉"误作"内"，也是很容易的。𐍂𐍂的甲
骨文字本作并列双月形，后来一边保存月形，另一边写作肉，伪变作"从月
从肉"的"朒"，到《说文》以后"肉"又伪变为"内"，于是更误写为
"从月内声"的"朒"，去原字形更远了。

《说文》朒字"从月肉声"为何成了专指月初月亮出现在东方的记时名词呢？我们从卜辞中才找到它的源头。ⅅⅅ字在上举卜辞中，显然是作记时名词用的。《说文》曰："朒，朔而月见东方谓之缩朒。"这里还需要再说明一下"缩朒"，它指的是什么时候呢？我们知道，《说文》曰："朔，月一日始苏也。"《释名·释天》又谓："朔，月初之名也。朔，苏也；月死复苏生也。"依此可知，"朔"即指月亮在初一开始复苏初生时的月相；用现代的说法，指的是阴历每月初一，月亮运行到太阳与地球之间，跟太阳同时出没，在地球上看不到月光的一种月相，简言之，"朔"是月相之名。再说"朒"，据徐灏《说文段注笺》："朒之言缩也。""言其行迟也。"可知过去的文字学家都认为"缩"与"朒"同义。其实，朒即朒。原本甲骨文的ⅅⅅ字，其义是指夏历月初，月亮出现在东方的时候，以此诠释前引卜辞可谓文顺意达。

注 释

① 陈年福：《甲骨文词义论稿》，第58页。按：该书所举《合集》20964片（见附图二）"ⅅⅅ既"二字不全，是否"ⅅⅅ既"二字难说。

② 如1997年岳麓书社所出汤可敬撰《说文解字今释》。

③《文选》李善注："《说文》曰：朒，朔而月见东方，缩朒然；朓，晦而月见西方也；朏，月未成光；魄，月始生魄然也。"（下引《尚书五行传》及郑注略）

附 图

一、《合集》20957（ⅅⅅ在龟背甲的肋甲）

二、《合集》20964（𝌆𝌆在龟背甲的脊甲）

说貍 (🐾)

卜辞有帚名🐾（见附图一、二），此字自罗振玉《殷商贞卜文字考》认为"丷象鼠穴形，加✦者为窜字"后，叶玉森从字形推测而释为鼠。[①]吴其昌认为叶说近似，故亦释为鼠。[②]郭沫若在《卜辞通纂》435 片考释中亦释作鼠。后来从其说者众矣，如姚孝遂在《诂林》按语中也说"释鼠可从"，故由他主编的《摹总》等书中均隶释为鼠。

我认为从字形看，与尖嘴、小圆耳、细长尾的老鼠相去甚远，除去嘴前小点外，此字更近虎和猫形。记得郭沫若也曾在《通纂》417—419 片释其为貍（今简作"狸"）。郭说："雨下从一兽形如猫，绝为霾字无疑。""霾者，野猫也。"但郭氏此说一直未引起学界的注意。

我以为从动物形态学上看，应是貍之一种的"果子貍"（附图三）。果子貍又称花面貍、白鼻猫、白额灵猫，在动物分类学上属于哺乳纲食肉目灵猫科，其形似狐而小，吻短略尖，较肥胖，四肢短而细。但人们一见又觉得像猫，故《广韵》和段注《说文》又都谓貍即"野猫"。民间传闻黄鼠狼逃跑放臭屁，野猫发怒吐香沫。现代动物学研究成果告诉我们：果子貍遇敌时，也会由肛门腺放出恶臭气味以逃避掠食者的捕食；但果子貍在极度紧张、兴奋或愤怒时，有时会放出一股与花生油颇为类似的香气，也因为如此，这种貍又有"乌脚香"的别名。故造貍字作🐾形，嘴处的小点示意喷出香沫。另一值得注意的是：甲文天气卜辞的雾霾的"霾"所从的"貍"，如《合集》4426、13469、13470 所见"霾"下所从的"貍"（附图四）等就极似🐾形；其形似狐似猫非虎。由更可证释貍为是，以此为妇名者，盖该妇口中常含食香郁之物，故以美名之，若释鼠并作妇名，则亦非雅称也。

注 释

① 叶玉森：《殷墟书契前编集释》，上海大东书局 1933 年石印本。
② 吴其昌：《殷墟书契解诂》，台北艺文印书馆 1959 年影印本。

附 图

一、《合集》14020 及相关字　　　　　二、《合集》13960 及相关字

三、狸猫中的白鼻猫——果子狸侧面和正侧面图

四、甲骨文"霾"字例（《合集》13468、13469）

试说甲骨文"𣏚"与祖丁

《合集》22159（《京人》2979，《书道》9）有辞曰：

庚申卜，酌自上甲一牛至示癸一牛，自大乙九示一牢𣏚示一牛。
（附图一）

辞中的"𣏚"字，孙海波《甲骨文编》收入《附录》。李孝定《甲骨文字集释》收入《待考》。《摹总》隶写作从木从施的"椸"，也有的直接隶释作"施"。①张政烺先生释作"它"，认为"𣏚（它）示"指直系先王以外的旁系先王。②徐中舒师主编的《甲骨文字典》亦主张此说。③我认为这里的"𣏚"及相关卜辞的释读还有探讨空间。

先将全辞试作分析："酌"是祭名。这条卜辞中除"示癸"是大乙之父的庙号中的"示"字外，后面的两个"示"都是指先王神主。"自上甲一牛至示癸一牛"，是说从上甲起到示癸（中省报乙、报丙、报丁、示壬）的六位直系祖先的神主举行酌祭时都用一头牛作牺牲。"自大乙九示一牢𣏚示一牛"，辞中的"九示"的"示"指大乙、大丁、大甲、大庚、大戊、中丁、祖乙、祖辛、祖丁九位神主。"𣏚示"的示是否也指祖先的神主呢？我以为这里的"示"也是祖先的神主；"𣏚"应是这位神主的生前名号。"自大乙九示一牢𣏚示一牛"的意思是说祭祀从大乙（成汤）往下数至第九位先祖都用一牢作祭品；因为对其中名𣏚的先祖神还要特别加用一头牛祭祀，故特举其名。

那么名𣏚的先祖应是谁呢？先看《合集》32385片的刻辞：

□未卜，𡘺自上甲、大乙、大丁、大甲、大庚、大戊、中丁、祖乙、祖辛、祖丁十示率牡。（附图二）

这十示除上甲外，从大乙至祖丁也正好九位。又《合集》14881：

乙丑［卜］求自大乙至丁祖九示。（即《掇二》166，附图三）

《合集》20065 还有一辞称：

□酉……九示自大乙至丁祖／其从侯专。（附图四）

上两例辞中的"丁祖"应是"祖丁"的倒误。"九示自大乙至丁祖"是"自大乙至祖丁九示"的倒装语句。另按：原《合集》20065 释文将"其从侯专"四字与"丁祖"连读同属一辞不妥，应属另辞。

再请看商王世系表：商先王从大乙往下的元子直系第九位（九示）恰好是祖丁。由上我们可以推定，自大乙九示的最后一位定是祖丁无疑。在一期卜辞中，一般情况本应（《合集》14881，附图三）是"自大乙至丁祖九示"或"九示自大乙至丁祖"（《合集》20065，附图四）；起自大乙止至祖丁，起止都要明言先祖名号。前揭《合集》22159 片也是一期卜辞，所说的"自大乙九示一牢𤔲示一牛"，九示后也应有名号。只是这里特别另提为"𤔲示"，在用牲上除同享一牢外，并特别再加一牛。这其实是说，自大乙至𤔲九示一牢，𤔲还多用一牛（作牺牲）。祖丁显得地位特殊，在甲骨卜辞中还有明显的反映。只要稍加注意便会发现，在现有卜辞中，有关各位先王的占卜记录，涉及能确定为祖辛之子祖丁的卜辞数量之多是首屈一指的，可以说是其他先祖所不及的。再看他的配偶，从卜辞可推知有五位，也是先公先王中很特别的。总之卜辞显示祖丁在先王中较特别，这大概也是在九示中还要指名特加一牛作牺牲的原因吧。我说"𤔲"指祖丁还有一推测如下：

据《竹书纪年》记载，祖丁名"新"。[④]而𤔲字右边的"虫（它）"形又很容易与甲骨文的"斤"相混，是以"𤔲"很可能伪为"析"，古文字因篆隶传抄伪变是难免的。"析"、"新"古为双声之字（即一声之转）。[⑤]疑文献说祖丁名"新"盖因甲骨文祖丁名"𤔲"，即𤔲隶变为"析"，"析"又转为"新"之故。

注 释

① 参见孙海波：《甲骨文编》附录下三五，第 967 页；李孝定：《甲骨文字集释》第十四卷《待考》，第 4702 页；姚孝遂等《殷墟甲骨刻辞摹释总集》隶写作从木从施的"橵"；直接隶释作"施"的如郑继娥《甲骨文祭祀卜辞语言研究》，巴蜀书社 2007 年版，第 110 页。《甲骨文字诂林》中似未见收录此字。

② 张政烺：《释它示——论卜辞中没有蚕神》，《古文字研究》第一辑，中华书局 1979 年版。

③ 徐中舒主编：《甲骨文字典》，第 715 页。

④ 见《今本竹书纪年》，对此书的真伪存在争论，笔者认为此书并非全是子虚乌有的编造，以所记的殷商王名号看，多为文献和甲骨文所证实，所以笔者方有此大胆假说。

⑤ "析"与"新"为一声之转。古文献多言"析薪"，如《诗·齐风·南山》："析薪如之何？匪斧不克；取妻如之何？匪媒不得。"《小雅·小弁》："伐木掎矣，析薪扡矣。"《左传·昭公七年》："古人有言曰：其父析薪，其子弗克负荷。"薪、新古声韵全同，可互通。《史记·匈奴列传》北地有地名薪，如"来自薪望之地"。《汉书·匈奴传》"薪"作"新"。是"析薪"可作"析新"。

附 图

一、《合集》22159　　　　　　　二、《合集》32385

三、《合集》14881

四、《合集》20065

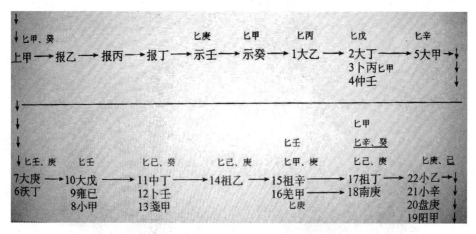

五、商王国上甲至小乙世系表

（采自拙著：《甲骨文医学资料释文考辨与研究》

附录，人民卫生出版社2008年版）

说蒿（🝔、🝔）

有关🝔（🝔）字见于下列卜辞：

（1）贞🝔祸元沚。

（2）贞🝔弗其祸元沚。

（3）贞🝔祸元沚。

（4）贞🝔弗其祸元沚。

（5）贞🝔祸元沚。

（6）贞🝔弗其祸元沚。二告（《合集》4855，附图一）

（7）乙亥卜，贞令多马亚🝔冓🝔省陕𥻗，至于🝔侯比🝔川比🝔
侯。九月。（《合集》5708 正，附图二）

（8）贞令□🝔冓〔🝔省陕〕𥻗〔至于〕🝔侯比🝔川……（《合
集》4366，附图三）

上引卜辞不难看出"🝔（🝔）"字"从木（或屮）从鬲"；[①]鬲，依《说文》和《汉书·郊祀志》讲为"鼎属"而"其空足者"，与考古出土的鬲形一致。"🝔"字造形象鬲中有草木形，表现的是以鬲煎煮草木状。李孝定《甲骨文字集释》隶释作"𣙇"，谓"从鬲从木（屮），《说文》所无"。李实认为此字"从木鬲声"，即《说文》和《释名》的"槅，大车枙也"。[②]也有释作🝔，读为沛，推测为🝔水之源有涌泉或温泉者，盖为辉县之百泉；又说"当释为糜"。[③]

我以为诸家所释可商。须知，甲骨文中作偏旁的"木"或"屮"多可互相通用，故"🝔（🝔）"可隶释作"蒿"。《尔雅·释草》曰："蒿，山蒜。"郝懿行《义疏》："蒜之生于山者名蒿。"《说文》也有蒿字，谓"夫藘上也。从中，咼声。""夫蘺"是一种野蒜菜，"上"指野蒜上开花前长的苔。徐锴《说文解字系传》："草木将生华，先抽茎苔，今谓莱苔是也。"蘺与蒿、咼音同历，原指生在山上的野蒜，或抽苔的山野蒜。甲骨卜辞所讲的"蒿"为国族之称，其地有河名曰"蒿川"。盖因该国族聚居之地多产山蒜而得名。蒿与咼互通，卜辞作为古国族名的蒿盖夏"有咼氏"故地，或其后裔在故地者。

夏"有咼氏"，据传是偃姓皋陶之后初封的地方。"有咼氏"所在地，据《左传·襄公四年》讲的寒浞杀后相，后相臣"靡奔有咼氏"，杜注：国名，平原咼县。江永《春秋地理考实》引《汇纂》说山东济南府德平县（今德平属德州地区）东一里有故咼城，又云："德州北古咼津。"我以为此盖卜辞言"蒿川"地，其地盖因产山蒜而得名，疑皋陶之后初封于此以为号。

注 释

① 有误摹作咼中中形下方左右有小点的叕形，细省甲骨拓片实无小点，只有叕、叕二形。

② 李实：《甲骨文字考释·释楇》，甘肃人民出版社 1990 年版。

③ 陈汉平：《古文字释丛》，《考古与文物》1985 年第 1 期，第 103 页。又见陈汉平：《屠龙绝绪》，黑龙江教育出版社 1989 年版，第 69—70 页。

另附言：前文第（7）、（8）例应为同一事而卜的同文辞。以完整的第（7）辞云"令多马亚󰀀萃󰀀省陕桌，至于󰀀侯比󰀀川比󰀀侯"推测，辞中的"陕、󰀀侯、󰀀侯"所在地域，在今山东西北部及河北、河南临近地区都可寻其史影。陕，郑杰祥认为即"夷"，也即后世讲的夷门，在今河南开封东（见郑杰祥：《商代地理概论》，第 209 页）。我以为"陕"与"夷"通是正确的，但疑"夷"是《后汉书·郡国志》所说的东郡聊城的夷仪聚，地在今山东聊城西北十五里许。皆地应是商王国东部要地，王朝在此设有屯积物资的仓廪。󰀀，徐师《甲骨文字典》依唐兰释"仓"可从，即卜辞所载"󰀀侯虎"的封地。旧以为地近周，其代表者是岛邦男。他说："󰀀侯曾进言"挞伐"󰀀方与周"，"可知其封地与周接近"。又说："󰀀侯曾使于周，所以知其封地当近于周。"（岛邦男：《殷墟卜辞研究》，台湾鼎文书局 1975 年版，第二篇第三章第一节《󰀀侯》）我以为其说不可据，这种依据商王派遣"谁使于某"、令"谁征伐某"得出"谁的封地就近于某"是很成问题的逻辑推论。这儿顺便一提，还有依据"地名在同版甲骨上就一定相近"之类也是不可尽信的。从文献记载看，夏、商、周中央王朝下的受封诸侯，虽有各自的封地，但其首脑也多有在中央兼职的，《殷本纪》就说纣王"以西伯昌、九侯、鄂侯为三公"。商王有权派遣他认为可信的任何臣属为其效劳，不一定派其封地相近的人。随周武王伐纣的各路方国就不都是相互临近的，有的与商相距就很远，其间还隔着多个国族。至于地名同见一版，应看内容及其相互的联系。所以旧以这种推理释地是不尽可靠的。商仓侯盖因仓颉故地而名。山东寿光传有仓颉墓，其地可能亦商的仓侯封地。⿰夫侯，依岛氏释作舞侯。甲骨文"無（无）"、"舞"二字同，故可通，疑即《春秋·僖公四年》说的齐之境"北至于無隶"，据江永《春秋地理考实》，清乾隆时的直隶"盐山县即古无棣也。县南有无棣沟"，当今河北沧州市无棣县境。以上各地都在今河北东边及山东西北一隅，相互间的直线距离也就几十至百多公里。前举卜辞第（7）例"贞令多马亚⿰知⿰冓⿰舛省陕稟，至于⿱口侯比⿰山川比⿰夫侯"中的"多马亚"是官职，"⿰知⿰"是其私名。他辞有"贞令⿰知⿰⿰⿰舛从有取"（《合集》9050，《掇一》97），可知"⿰舛"也是私名，可能两人都担任"多马亚"。将"令多马亚⿰知⿰冓⿰舛"与"令⿰知⿰⿰⿰舛"比较，辞例相同。"冓"、"⿱山"用法相同，义当近。"⿱山"是与、合、及的意思。"至"，到也；"于"，介词，示所在也。"至于⿱口侯……"是到⿱口侯的所在地的意思。"比"是使与同行的意思。全辞大意当是说的，商王遣⿰知⿰和⿰舛两个官员去省视陕地的仓廪到了⿱口侯地方，再循着薹川往⿰夫侯地方。

附 图

一、《合集》4855

二、《合集》5708　　　　　　　　　　　　三、《合集》4366

从甲骨文🏹和🏹、🏹推及古代的飞去来器

一

《殷花》446 有一辞作：

乙卜，入🏹，丁贞又□。（附图一）

辞中的🏹字，原编者释称："新出之字，暂不识。"我们从原图版比较看，原书摹录略有出入，成了箭尾向上竖立在"𠆢"形之下的"🏹"形，如是则很像是"从疒从矢"的变体，或许是"族"的异构。但与放大的原拓印片对照，"🏹"确象一支箭尾系有绳索之形（附图一右下单字），疑即"矰"的本字。《说文·矢部》曰："矰，隹射矢也。从矢，曾声。"《玉篇》谓："结缴于矢也。"《周礼·夏官》："矰矢用诸弋射。"注曰："矰，高也。可以弋飞鸟。"《史记·老子韩非列传》"飞者可以为矰。"许说："矰，隹射矢也。"用我们现在的话讲，"矰"就是射鸟时系着细丝绳的箭。汉画像有《弋射图》描绘一人张弓射鸟，弓上的弹丸即带有绳索，弹射出可以收回（见后附图）。《弋射图》上是带绳的弹丸，文字史料讲的是带绳之箭。虽略有不同，但由此可见，中国古代确实使用过射出可以收回的武器。从文献看，在古代不仅用它来狩猎，还大规模用于战争。据《吴越春秋》载，吴师就有"中军素羽之矰"、"左军朱羽之矰"、"右军鸟羽之矰"三军。这是说吴国左中右三军均装备有隹射矢——射出的箭可收回的军队。

二

甲骨文中有一残辞：

……又▨（麐）……（《合集》21149，附图二）

其中的"▨"，旧说"是'索'之异构"，或释作束。[1]甲骨文也有近似的"▨"形（《合集》17027反，附图三）之字，旧释作夷。《说文》："夷，平也。从大从弓。"但甲骨文"▨"字不是"从大从弓"。又夷字甲骨文作▨或▨，学者谓象人高坐形（坐必曲膝）或象人曲膝形（坐必曲膝，两说近似）已为学者所认同。关于甲文"▨"和"▨"两字，我以为都象箭杆上绕缠有绳索形，这一点除罗振玉早已论及外（见后说），徐师在他主编的《甲骨文字典》中也认为▨象箭杆上绕缠有绳索形，而且还正确地认为▨及《佚》705的"弗▨"的▨都是"矢上绕纯形，盖为缯之初文"。[2]所以我们可以确定：上辞各字不当释"夷"，而应是《说文》的"缯，雉射矢也"。从上引卜辞残文看，虽然《合集》17027反辞过残难测其义，可《合集》21149（附图二）足以看出是用"雉射矢"猎取▨（麐）的记录。《佚》705的"弗▨"也当是卜问是否用"雉射矢"捕猎的残辞。前举▨字盖亦▨和▨的异构，亦当释作"缯"。

甲骨文多见"雉"字，治契者都认同此字有从矢、从至、从▨或下加土等多形。我认为其中"从▨从鸟（隹）"的"雊（▨）"形很值得注意。"雊"为何有从"▨"呢？罗振玉曾说："《说文解字》雉古从鸟从弟，以卜辞考之，古文乃从▨，盖象以绳系矢而射，所谓缯缴者也。"（《殷虚书契考释》（中），第32页）罗说"象以绳系矢而射，所谓缯缴者也"，非常正确。《说文解字》"雉"古文从"弟"，应是"▨"的伪变。甲骨文中"雉（或雊）"除在战争卜辞中指陈列武装队伍外，[3]在田猎卜辞中，既有用从矢的"雉"，也有不少用从"夷"（即▨，非夷）从鸟（隹）的"雊"，下列卜辞就是其证，如：

(1) ……之日……于衷……雊十又一。（《合集》8659，附图四）

(2) ……京……王田至□臣获豕五雊二。在三月。（《合集》24446，附图五）

(3) 辛未，王卜贞田曹往来亡灾。王占曰吉。获□十、雊（▨）十又一。（《合集》37364，附图六）

(4) 乙亥，王卜贞，田衷往来亡灾。王占曰吉。获象七、雊卅。

（《合集》37365，附图七）

(5) 东又雉□。（《屯南》1103）

(6) 叀戈田牧雉弗每亡戈，泳王。

癸酉卜，王其田牧雉叀乙雨。（《屯南》4033）

(7) 壬戌，王卜贞，田叀往来亡灾。王占曰吉。获鹿五、象一、雉六。（《英藏》2539）

(8) □□，王卜贞，田梌往［来］［亡］灾。王占曰吉。兹卸。获鸟二百五十、象一、雉二。（《英藏》2542）

上引甲骨为田猎卜辞，其中的"雉"都"从𠂤从鸟"作"𪇆"，隶写作"雉"。我以为用"雉"应是一个表示用带有绳索的箭射鸟的形意字。还有《屯南》、《英藏》也有田猎卜辞"雉"都"从𠂤从鸟"作"𪇆"，隶写作"雉"，如上列第 (5) 辞是说东边有用雉射获得某猎物，"雉"作动词，□所缺者盖鸟兽名。(6) 辞是卜问商王田牧（地名）用雉射猎物时的天气情况。这两例三辞中的"雉"字用法相同，都指猎物的方法；(7)、(8) 例也都是指以绳系矢而射获的飞鸟。由上，我以为卜辞中凡言"获雉"的"雉"用"从𠂤从鸟"作"𪇆"者都是雉射获猎物的；用从"矢"的"雉"盖指一般用箭射得的。

三

系有绳索射出去可收回的矰属武器，可能人类很早就发明了，初用于狩猎，后又用于战争。前面提及《吴越春秋》载，吴师有"中军素羽之矰"、"左军朱羽之矰"、"右军鸟羽之矰"，就是其例。用系有绳索的武器，固然抛射出去可以收回，用以获鸟兽还行，不会浪费箭支；但用在战争中，两军混战还是不很方便，发射出去不一定能收回，且还有可能被敌人挣断反为敌方所得，因而古代许多民族又都发明了抛射出可以收回来的另一种工具——"飞去来器"，又名回旋镖、自归器、飞去飞来器等，顾名思义就是飞出去以后会再飞回来。推测它应出现在有绳索矰属武器之后。从现有考古材料看，中国先民使用"飞去来器"的时代约在八九千年前新石器时代。1979 年在江苏海安县青墩新石器文化遗址，考古工作者就发掘到了飞去来器 6 件之多。这里的"飞去来器"全都用鹿角制成，分叉不是两个，而是三个。飞去来器的三端都磨成扁平的刃，一面拱起，作曲线状，另一面磨得平平的，完全呈现着今天飞机机翼的形状。这批鹿角制成的"飞去来器"，其中有四件还整齐地叠在一起，作为随葬品埋在一座成年男子的墓穴中，墓中还有箭镞多枚。可以想象，这位新石器时代的人一定是狩猎高手，他不仅善用弓箭，而且有使用飞去来器的绝技。④

从考古与民族材料可知，古代飞去来器是用坚硬的曲木或骨角制成的一种巧妙武器，世界其他古代民族也使用过，它的形状有"V"字型、香蕉型、钟型、三叶型（三个分叉）、"十"字型、多叶型，以及其他各种造型。"飞去来器（boomerang）"是澳洲土著人的传统狩猎工具。当熟练的猎手向猎物发出"飞去来器"以后，如果没有击中目标，飞去来器会神奇般地返回发出者的手中。与飞去来器相似的东西，在非洲和欧洲的岩画和遗迹中都有记载。这些岩画和遗迹的历史可以追溯到纪元前。在亚述的壁画中，士兵所使用的武器中也有类似飞去来器的物品。

因为后来世界各地有越来越多的人使用弓箭和枪等工具，飞去来器的存在渐渐被人们淡忘。但是，考古实物的呈现和汉画像《弋射图》（附图八）描绘的张弓射出有绳索可以收回的弹丸，以及甲骨文字及文献记载，确实反映了古代中国也曾确有过带绳索可收回的箭镞和不带绳索的"飞去来器"。

注 释

① 参见于省吾主编：《甲骨文字诂林》，第 3230 页姚孝遂按语；马如森：《殷墟甲骨文实用字典》，第 0473 号。

② 参见徐中舒主编：《甲骨文字典》，第 393、585 页。

③ 卜辞多见"雉众"、"不雉众"、"雉王众"（如《合补》8979、8982 等）。雉，陈也（《尔雅·释诂上》）；治理也（《方言》卷六）。"雉众"即陈列众人队伍。又，雉可读作夷。《文选·甘泉赋》："列新雉于林薄。"服虔注："雉、夷声相近。"古可通用。《周礼·薙氏》郑注"夏日至而夷之"，《月令》注引作"夏日至而雉之"。夷，有死、伤之意，雉众犹言伤众。

④ 参见南京博物院：《江苏海安青墩遗址》，《考古学报》1983 年第 2 期，第 147—190 页。

附 图

一、《殷花》446 局部

二、《合集》21149

三、《合集》17627 反

四、《合集》8659

五、《合集》24446

六、《合集》37364 相关部位　　　　　　　　七、《合集》37365

八、四川大学博物馆藏汉画像《弋射图》图片

关于 "乙丑卜妇亡𠂤（▉）" 的 "𠂤（▉）" 的辨析

《甲骨文合集》22322、22323、22324 及 22267+22270（后附图片）等版当为 "成套卜辞"，所卜内容基本相同，都是有关妇女生育与疾病的占卜内容。它们与别的典型成套卜辞不同的是，各版刻辞位置没有那么一致；即使是同一事的正反设问占卜，也不都在各版龟甲的同一对应部位。

上举四版甲骨都有同文刻辞：

乙丑卜，妇（帚）亡𠂤（▉）

辞中的 "𠂤（▉）"，原片的字迹都清晰可见，只是各版卜辞中的写法形体略异（见后附相关单字放大图），也因此导致各家释读有所不同，在此我们暂用 "𠂤（▉）" 表示该字。这个字的正确摹写与释读很重要，关系到对整条辞义和整版所卜内容的理解，对商代生育、疾病以及我国古代医学的研究都有重大意义。因而有必要辨释这个字，同时弄清该辞的对应卜辞是哪一条，是很有意义的。

先看《摹总》、《类纂》、《合集释文》与岛邦男《殷墟卜辞综类》几部主要大书的摹录和释文的异同。为简便又好相互对照，我们作如下表格：

书名与片号	《摹总》	《类纂》第314、1154页	《合集释文》	原片字形
《合集》22322（《乙》8712）	乙丑卜亡𠂤	乙丑卜亡𠂤	乙丑卜亡𠂤	𠂤（▉）
《合集》22323（《乙》8893）	乙丑卜妇亡𠂤	乙丑卜妇亡获	乙丑卜妇亡𠂤	𠂤（▉）

（续表）

书名与片号	《摹总》	《类纂》第 314、1154 页	《合集释文》	原片字形
《合集》22324（《乙》8898）	乙丑卜妇亡⚊	乙丑卜妇亡⚊	乙丑卜妇亡⚊	⚊（⚊）
《合集》2267 + 22270（《乙》）	乙丑卜妇亡……	乙丑卜妇亡……	乙丑卜妇亡	⚊（⚊缺下部）

上表可见：《合集释文》与《摹总》、《类纂》对同文各辞的末一字，大多未隶释而是摹录原形为"⚊"。唯对《合集》22324（《乙》8898）一辞，《合集释文》摹作"⚊"形，而在《类纂·帚其他》（第 1154 页）下隶释为"乙丑卜妇亡获"。请注意，我们与原片字形比较，《合集释文》对该辞末一字摹作"⚊"形是近同原片字形的，其余的摹释显然都是不妥的。该字不管怎么看，只要与原片字形比较，下面也不是倒止形。①

甲骨卜辞中有"⚊"一词，"⚊"字上从⚊下面似侧止⚊形（《合集》22282、22283、22284、22285、22287、22288 等，见附图）；《合集释文》与《摹总》、《类纂》三书大都摹写成"⚊"，②与前揭"乙丑卜妇亡□"的"亡"后一字同形。我们与原片字形对比，显然也不对，它们不应是同一字；倒是岛邦男《综类》摹作"⚊"（第 75、373 页）与原片字形基本相近，应是正确的，此形之字有可能是"後"的简体或异构（甲文也有简作⚊的）。查姚孝遂参加并写按语的《甲骨文字诂林》也是释"後"的，③可同一人主编的《类纂》、《摹总》中又为何不予隶释，都只摹了原形呢？

再看下表岛邦男《综类》的摹录。我们和原片字形对比看，同一片的《乙》8712 在第 438 页作"⚊"形，而在第 211 页则是作"⚊"；同一片的《乙》8898 在第 438 页作"⚊"形，而在第 211 页则是作"⚊"形。虽然同书同文卜辞两处同一字的摹录存在细节上（上部）的不一，但总的来看他摹作⚊或⚊、⚊、⚊还是较为接近原形的，尤其是字的下部。岛氏在他的《综类》（第 75 页）里不仅把"⚊"的"⚊"与该字区别开了，还特别将该字归入"祟（⚊，⚊）"项，可谓独具慧眼。

书名与片号	岛氏《综类·祟其他》，第438页	岛氏《综类·祟（衤，祟）其他》，第211页	原片字形
《合集》22322（《乙》8712）	[字]	[字]	[字]（[字]）
《合集》22323（《乙》8893）	[字]	第211页未收录	[字]（[字]）
《合集》22324（《乙》8898）	[字]	[字]	[字]（[字]）
《合集》2267+22270（《乙》4419）	[字]	第211页未收录	[字]（[字]缺下部）

其实遍检现有甲骨文字，还没有《摹总》、《类纂》、《合集释文》所摹录的"[字]"形字，这三部书都误摹了；《类纂》单列一"[字]"项（第314页）更是不对了。

那么前面揭示的卜辞"乙丑卜，妇（帚）亡□"的末一字应该是什么字呢？从原片写作[字]、[字]、[字]、[字]诸形考之，与甲骨文累见的"祟（祟）"字写法最为接近；特别是《合集》22324（《乙》8898）片的"祟"字，更与常见的大多数"祟（祟）"的甲骨文写法极近，唯一有点不类的是该字的顶部为连笔，如果将该字顶部连笔的"[字]"上面断开，则与甲骨文常见的"祟（祟）"字形体无异了。所以，我以为岛邦男在《综类》归入"祟（衤，祟）类"，无疑是对的。卜辞"乙丑卜，妇（帚）亡□"的末一字作[字]、[字]、[字]、[字]诸形体应释作"祟（祟）"，是子组妇女卜辞"祟（祟）"字的一种写法。

《说文》曰："祟，神祸也。"即鬼神作祟降灾祸的意思。此言"亡祟"即无有祟祸，或没有鬼神作祟降灾的意思。"乙丑卜，妇（帚）無（亡）祟"与同版的"又（有）畢（[字]）"是对贞卜辞。《摹总》与《合集释文》显然没有注意到这两辞的对应关系。从《合集》22322、22323片的刻写位置看，难看出是对应关系，但由《合集》22324版严格的左右对贞可知，它们都是一组对应的一事多卜的刻辞，是从正反两个方面卜问某妇有亡（无）灾祸的记录。大家都知道，卜辞中为同一事从正反两方面贞卜时，一般的刻辞多是左右排列有序（上下相间刻辞也有序可循），但也有不少例外；尤其是子组（午组亦有此类情况）卜辞，不仅字迹、语句、用词等多有不规范现象，版式排列也多不规范。可贵的是《合集》22324 版保存了左右对贞排列的关系。

对应的"又♁"，我认为即"有毕"。"毕"本是一种小网而有长柄的擒鸟工具，有捕获之义，在卜辞中除作人名或国族名外，一般作擒获解。但"毕"字在古汉语中还有"疾也"、"绝命也"等义。《淮南子·览冥训》有"体便轻毕"，高诱注曰："毕，疾也。"《文选》中所收曹植《七启》有："田光伏剑于北燕，公叔毕命于西秦。"良注曰："公叔书传所不载，或云荆柯字公叔，刺秦王，不中而死，故云毕命。"毕命，谓绝命也。银雀山汉墓所出《孙膑兵法·擒庞涓》的"擒"也是指庞涓丧命。此辞中的"毕"，应有病害或灾祸的意思。所谓"又（有）毕（♁）"即与有灾祸同义。由此更可见"乙丑卜，妇亡祟"与"又（有）毕（♁）"两辞是有关联的，是从正反两面卜问某妇人有无祸祟的记录。

注 释

① 近查上海辞书出版社新出的沈建华、曹锦炎《甲骨文校释总结》，号称经过逐片核对，也没有校释出该字的原形，而仍摹作"⚡"形。又原用于省吾主编的《甲骨文字诂林》第 824 页 0832 号收有此形之字，姚孝遂按语云："此乃'⚡'之省，当并入 0833 号。"而 0833 号即"前後"之"後"字。

② 唯见《类纂》第 576 页将《合集》22288 正确摹作"⚡✝⚡"，但在同页下栏的释文又作"⚡束祟"。

③ 赵诚在《甲骨文虚词探索》中即解释"⚡✝"为"向後刺"。姚孝遂按语也说："字当从于先生说释'後'。于卜辞均可通读。或省作'⚡'，乃其异构。"彭按：释"後"可从，但谓"或省作'⚡'，乃其异构"则不对，因为经我们细省原片与考察，现有甲文中并无"⚡"形之字。

附图

一、《合集》22322 及相关单字放大

二、《合集》22323 及相关单字放大

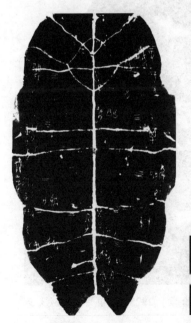

三、《合集》22324 及相关单字放大

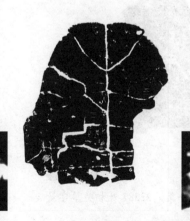

四、《合集》22270 及相关单字放大

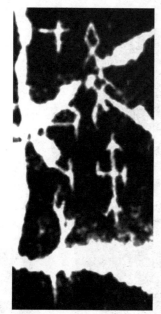

五、《合集》22283 及相关单字放大

六、《合集》22285 及相关单字放大

七、《合集》22287 及相关单字放大

八、《合集》22288 及相关单字放大

"鬳" 形辨疑

——"鬳" 非酱字说

一

数十年来，治契者多把《前》6.60.2（《合集》31813）片的"鬳"（附图二）认作"鬳、鬳"字。20世纪20年代末陈邦福据该片的"鬳"认作"从皿从爿"并释作"酱"。[①]80多年来，虽然对释"酱"有不以为然者（也有附和者），但都认为此形为"从皿从爿"。比如：

李孝定在《甲骨文字集释》摹录《前》6.60.2片原形字为"鬳"，隶释为"鬳"，并曰："从皿从爿。《说文》所无。"（第1772页）

岛邦男在《殷墟卜辞综类》也摹录该片为"鬳"形（第388页）。虽然他们注意到下面是三竖画，但仍认为是"从皿从爿"。请注意，岛氏只用了《前》6.60.2这一条材料！

1985年第1期《考古与文物》发表陈汉平的《古文字释丛》，其中也认为有"鬳"形字，并释为"酱"，声称："字旧不释，而不知早在半个多世纪前已有陈邦福释酱了"。

于省吾主编的《甲骨文字诂林》收录同片甲文原形摹作"鬳"，隶作"鬳"。姚孝遂从陈邦福释作"酱"。《甲骨文字诂林》姚按："当释牆。《说文·酉部》云：'牆，醢也。从肉、酉；酒以和酱，爿声。古文作牆，籀文作牆。'今以卜辞爿、爿爿证卜辞鬳字，知鬳为酱之初字矣。"（《甲骨文字诂林》第三册，第2665页）

后来姚孝遂等主编的《殷墟甲骨刻辞摹释总集》、《殷墟甲骨刻辞类纂》也都摹作"从皿从爿"的"鬳"，还"认出"了《合集》22507（《甲

2418，附图一）片有"𤔪"形。

《合集释文》对这两片所见字形均未隶释，摹录 31813（《前》6.60.2）片原形作"𤔪"，摹录 22507 片原形作"𤔪"。据此看《合集释文》摹录 22507 片相关字与他书同，而摹录 31813 片（《前》6.60.2）相关字是上从"亡"下面非皿形，与众略有不同。

徐师中舒主编的《甲骨文字典》也收录有"𤔪"字，谓："盖即𣦺、𣦻之异构，是进奉之义。"（第 539、772 页）

近年又见陈年福据《合集》22507 片，认为有𤔪字也释作调味品的"酱"字。[②]

由上可见，以往诸家摹释之误盖源于陈邦福，80 多年来，其形虽有岛氏及《合集释文》略有所异，但基本上是以讹传讹，释义为"酱"者也有不少学者跟从。

<h2 style="text-align:center">二</h2>

先看《合集》22507（《甲》2418，附图一），这是初学者习刻之字，其字也并非"从丬从皿"的"𤔪"。我们将原片局部放大细审之，发现丬下皿上有"⼯"作"𤔪"形，其字的右边还有一反写的"𠂤（戉）"。[③]从《合集》22507（《甲》2418）的局部看，完全可看作一个合组成的"𤔪"字（附图一右下局部放大），因此看作是"从皿从丬"的独体"𤔪"形字颇值得怀疑，何况习刻难以为据。值得注意的是，岛氏在"𤔪"形字项下只用了《前》6.60.2 而没有用《甲》2418（附图一）。要知道，岛氏编纂《殷墟卜辞综类》时已用《甲》材料。此处并没用，说明也没有把《甲》2418（附图一）的"𤔪（𤔪）"看作"从皿从丬"的独体字。也说不定"𤔪"还是一个不为学者所注意的怪字呢。

再看《前》6.60.2 片的"𤔪"。细省该字，也很难说是从"皿"，过去很多摹录都欠妥。不管摹作𤔪还是𤔪都是不够准确的，检视甲骨、金文中"皿"和从"皿"的字形，除少数"皿"形省写作"𖠚"外（甲骨文

中多有），其不省者，"皿"形下一般都是两竖画，都有封底的一横。④我们看
🔲字下面，不但没有封底一横笔，而且🔲下是三竖画，类似甲文🔲（《合
集》23572）、🔲（《合集》25224）、🔲（《合集》31000）及西周早期金文中
作"🔲（《作册大方鼎》，附图三一）、🔲"（《嬨作父庚鼎》，附图三二）字
三脚写法相类。⑤

由上比较可见，🔲字并不从"皿"而应是从"鼎"。如果我们排比下面
的从爿从鼎的甲文字更不难看出其演变之迹：

🔲 → 🔲　　🔲 → 🔲

《合集》15883　《合集》23572　《合集》25224　《合集》31813

我们看到金文用作偏旁的"皿"有时可作"鼎"，如金文中多见的从齊
（今作齐）从鼎之"🔲"字，《仲🔲父鬲》就写作从齊皿的"🔲"字（附
图三三）。如果《合集》22507（《甲》2418，附图一）确实是"🔲"或
"🔲"字的话，依金文偏旁的"皿"可与"鼎"通例推之，它应是"🔲"
（参见附图十二~二二）或"🔲（🔲）"字的异体（参见附图二~七）。

三

我以为，严格说来，甲骨文并无"从皿从爿"的"🔲"独体字形。
《前》6. 60. 2片的"🔲"（《合集》15883，附图二）应该是"从鼎从爿"
的"🔲（🔲）"；《合集》22507（《甲》2418）所见"🔲（🔲）"如果不看
右边的反向"戌（🔲）"，左边的"皿"上"爿"下有"🔲"形，"🔲"
即"肉"，因此🔲（🔲）的左边应是由爿、肉、皿构成的"🔲"。如上文所
论，金文作偏旁的"皿"可与"鼎"通，则"🔲"即是"🔲"或"🔲"的
异构。其字原本从爿、肉、鼎，爿为形兼声（爿大者即床，小者为几案），
象放置祭品的几案具，依《篇海》声为疾羊切，即同将声；这个字会意为以
鼎烹煮牲肉放置几案奉祭神祇（鼎烹牲肉先必以刀具割解之，故金文或从
刀、肉写作🔲、🔲），当隶释为"🔲"，"🔲"、"将"音同。徐师字典虽误
录有"🔲"，但指出"即🔲、🔲之异构"（《甲骨文字典》，第539页）是很

正确的。同书卷七收录⿱⿱、⿱⿱等20个形体都释作⿱鼎（附图三四）。徐师字典
解字说："从鼎从⿱（肉）从⿱（匕），或从⿱（爿），爿亦声，繁省不一。
匕肉于鼎，有进奉之义。即《诗·小雅》'或肆或将'，《诗·周颂》'我将
我亨'之将之本字。郑笺云：'将犹奉也。'"（《甲骨文字典》，第772页）
以大量卜辞例证之，徐师说是正确的，卜辞中有大量例证。[6]

注释

① 见陈邦福：《殷契辨疑》，1929年石印本，第14页。

② 陈年福：《甲骨文词义论稿》，第125页。

③ 甲骨文"戊"反向作"⿱"形也见于《合集》18880片合书的"⿱（小戊）"之"戊"
　（见附图一附《合集》18880及合文放大）。

④ 参见孙海波：《甲骨文编》卷五，第226—230页；容庚：《金文编》，中华书局1999年
　版，卷五，第337—348页。

⑤《合集》23572、25224的鼎脚与金文《作册大方鼎》（《殷周金文集成》2759）《嬗作
　父庚鼎》（《殷周金文集成》2587）的鼎脚写法相同。同时参见《金文编》，卷七，第
　489页"鼎"字的各种形体（附图三五）。

⑥ 例辞：

　A. 从⿱例

　……生⿱（⿱）……（《合集》31813，附图二）

　……禀……左⿱（⿱）。（《合集》15883，附图三）

　……好……⿱子……（《合集》2710，附图四）

　乙丑［卜］，大，贞……⿱。（《合集》23572，附图五）

　弜⿱（⿱）。（《屯南》1474，附图六）

　……⿱（⿱）。（《合集》25224，附图七）

　B. 从⿱例

　贞……⿱……（《合集》1588）

　……⿱……乎……（《合集》15882，附图八）

　辛酉卜，其⿱妣庚其⿱。

　……其⿱妣庚在［⿱或⿱?］。（《合集》27529，附图九）

　□未卜，□，贞岁□□⿱（⿱）。（《合集》25223，附图十）

　C. 从⿱例

　贞勿令⿱奇。（《合集》15881，附图十一）

……𣂉（鼎）……（《合集》15879，附图十二）

……𣂉（鼎）……（《合集》15878，附图十三）

……𣂉（鼎）……（《合集》15877，附图十四）

戊寅卜，贞鼎……（《合集》15871 正，附图十五）

……日𣂉（鼎）。（《合集》15872，附图十六）

……乎……出日𣂉（鼎）。（《合集》15873，附图十七）

……唐……𣂉……（《合集》15874，附图十八）

□□［卜］，争，［贞］……𣂉（鼎）。（《合集》15875，附图十九）

……鼎。十二月。（《合集》15876，附图二〇）

□午卜，祖丁鼎叀……受又□。（《屯南》4571，附图二一）

父甲鼎……（《屯南》4572，附图二二）

□□卜，亘，贞乎子央有祟告我迺鼎。（《苏德》113）

D. 从𣂉的鼎例

其作𣂉（鼎）在二必王受佑。

叀𣂉（鼎）用兄（祝）又正王受佑。

弜𣂉（鼎）用兄（祝）。（《屯南》2345，附图二三）

甲子卜，祭祖乙又𣂉（鼎）王受又。

弜又𣂉（鼎）。（《合集》27226，附图二四）

𣂉（鼎）叀酥桒用。

弜用。（《合集》30693，附图二五）

……祭于……鼎。（《合集》30994，附图二六）

丙辰卜，大，［贞］其鼎兇三。（《合集》30995，附图二七）

旦其施鼎迺各日又正。（《合集》31116，附图二八）

于祖丁用鼎。大吉。

其鼎兇祖丁。

其二兇。

其鼎兇文丁。

其二兇。（《合集》32603，附图二九）

父丁鼎三兇。

其五兇。（《合集》32718，附图三〇）

附 图

一、《合集》22507（《甲》2418）及局部放大　　　　　一附、《合集》18880

　　二、《合集》31813　　　　　三、《合集》15883　　　　　四、《合集》2710

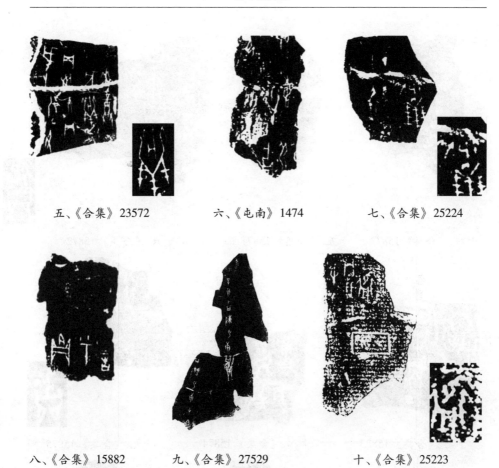

五、《合集》23572　　　　六、《屯南》1474　　　　七、《合集》25224

八、《合集》15882　　　九、《合集》27529　　　十、《合集》25223

十一、《合集》15881　　十二、《合集》15879　　十三、《合集》15878

十四、《合集》15877　　十五、《合集》15871 正　　　十六、《合集》15872

十七、《合集》15873　　十八、《合集》15874　　　十九、《合集》15875

二〇、《合集》15876　　二一、《屯南》4571　　　二二、《屯南》4572

二三、《屯南》2345 及相关单字放大　　　　二四、《合集》27226 及相关单字放大

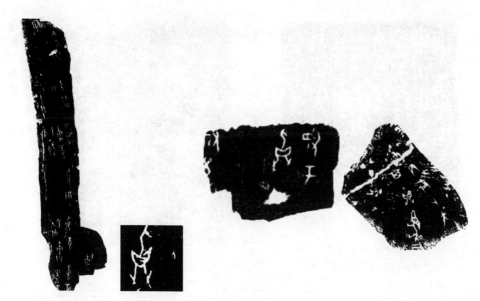

二五、《合集》30693 及相关单字放大　　　二六、《合集》30994　　　二七、《合集》30995

二八、《合集》31116　　　二九、《合集》32603　　　三〇、《合集》32718

三一、《作册大方鼎》　　　　　　三二、《孈作父庚鼎》

三三、《仲𣪘父鬲》铭

三四、《甲骨文字典》卷七，第 772—773 页

三五·1

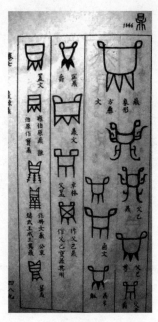

三五·2

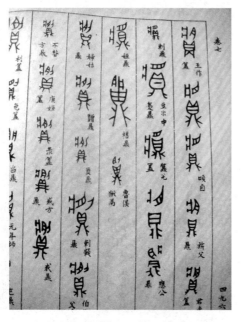

三五·3

三五·4

三五、1、2、3、4见容庚《金文编》中华书局 1985 年版

说 ⬩、⬩（⬩）

一、甲骨文中的 ⬩

卜辞有：

(1) 乙卯卜，王贞令逦取⬩。一月。

乙卯［卜］，王贞，勿隹西（案：疑为逦字缺刻下部）取⬩？

乎逦出目？（《英藏》1781，《合集》40815 同，附图三）

(2) 壬戌卜…⬩……（《合集》18550，附图四）

(3) 己卯卜，子见⬩以玉丁？用。

以一毖见丁？用。（《殷花》202 有"子其献丁卤以"）

癸巳卜，子■，叀日璧启丁？用。（《殷花》37，附图一）

(4) 己卯，子见⬩以璧玉于丁？用。一

己卯，子见⬩以⿻（罘）冒璧丁？用。一 二 三

己卯，子见⬩以⿻于丁？用。一

己卯，子见⬩以玉丁？永用。一

己卯卜，丁永，子（《殷花》490，附图二）

(5) 丁丑，岁妣庚一牝（母牛），子往漓，卸□。

戊寅卜，舟嚨告⬩，弗楼，永？（《殷花》255，附图五）

上举诸辞中的第（2）例《摹总》释作"壬戌……卣……日"，误。⬩与⬩同，字从卣从日；日在左上或在右上方为一字异构。"⬩（或⬩）"字旧不识，今《殷花》编者隶写作"啮"，说："啮，本作⬩与⬩（《殷花》490）或字为同字异构，甲骨文的'日'字作偏旁，有时写作'口'。"

《殷花》255 写作"▢"，《殷花》编者"疑为▢的或体"。今按：其说可从。▢为盛酒的器皿，其腹内有两小点，示意盛有酒液，卣旁加日，当指酒一类物品受日光照。

甲骨文的"卣"有▢、▢、▢、▢等形。学者释作"卣"已成定说，然徐师说得最为精确："此卣字，为古时盛酒的葫芦，底部不稳，故盛以盘，作▢（《前》6. 41. 5），金文作▢（《昌壶》），铜器中有瓠壶，就像葫芦形，这是真正的卣。此器最近山西省曾经发现。"徐师还指出：许多金文书籍，把提梁壶称为卣，是沿袭宋人之误，"应当纠正，凡有提梁的，都应称壶，与卣有别"。《盂鼎》的"锡女鬯一卣"，卣作▢，与甲骨文形同。《尚书·洛诰》有"秬鬯二卣"。《诗·大雅·江汉》记周宣王奖赏征淮夷得胜回朝的召伯虎有"釐尔圭瓒，秬鬯一卣"，《毛传》谓："卣，器也。"《尔雅·释器》又有："卣，中尊也。"可知，卣确是一种盛物之器，可以盛酒浆。"卣"字不见于《说文》，其实古文字的"卣"与"卤"实为一字。《甲骨文字典》也指出："《说文》有卤字无卣字，卤字实即卣字，其篆文卤之▢乃金文▲、土之伪（《舀鼎》、《昌壶》卤作▢，《虢叔旅钟》作▢）。《说文》：'卤，草木实垂卤卤然。象形。'所说非其本义。"卣，古文献中也与脩通用。[①]

二、"▢（或▢）"字推释

从日从卣形的"▢（或▢）"字疑即"酱"的本字，古籍也称"醢醢"。故郑玄注《周礼·天官·膳夫》"酱用百二十瓮"谓："酱，谓醯醢也。"孙诒让《正义》引江永也云：酱者，醯醢之总名。

这里需说一下"醢"与"醯"。《说文·酉部》："醢，肉酱也。"其制作，据《周礼·天官·醢人》"醢人掌四豆之实"，郑玄注："作醢及臡者，必脼干其肉乃后莝之，杂以粱曲及盐，渍以美酒，涂置瓶中，百日则成矣。"颜师古说是"以豆合面而为之"（《急士就篇》卷二，颜注）。醯则是酸味的酱，据《论语·公冶长》"或乞醯焉"邢昺疏："醯，醋也。"也称"醯酱"。贾公彦《仪礼·聘礼》"醯醢百瓮"疏云："醯是酿谷为之，酒之类。"[②]再回头看《说文》："醢，肉酱也。""酱，醢也，从肉、酉，酒以和酱也。"《说文》对"酉"的解释是："酉，就也，八月黍成，可为酎酒。"又曰："酒，就也。"是酉与酒互通。段氏在"醢"、"酱"及相关的"酉"、"酒"字下又注称：先秦"醢无不用肉也"；"为酒多用黍也"；"以水泉于酉月为之"。这告诉我们，先秦的醢是分别用各种肉料，加入适量的谷物粉末和曲（酵母类），与酒混合制成的；适量的谷物粉末（当时应当主要是黍粉）是为了促进发酵，而酒不仅有防腐和控制发酵的作用，还可调配味道改善口感。总之，醢醯都是要装入容器经过发酵制作的调味品，古人将醢醯总名之曰酱。众所周知，发酵的过程必须保持一定的温热度，而取得适当温热度的最简便易行的方法就是日照。我们再看甲骨文"从日从卤"形的"𘓦"或"𘓦"字，正是古人制作酱的缩影，是一个象形兼会意的字。

三、古今制酱法反证

贾思勰《齐民要术》中的"肉酱法"讲，制作中除将选好的各种肉品，如牛、羊、獐、鹿、兔肉等，均可作为酱原料，与鞠末、盐、酒及蒸过的谷物按一定比例拌好，再"内瓮子中，泥封，日曝。寒月作之，宜埋之于黍穰积中。二七日开看，酱出无麹气，便熟矣"。由上可见，我国古代首创的酿造酱类的方法，远在甲骨文时代就在用了，而且是很科学的。用现代科学观念讲，即是利用微生物发酵产生的蛋白酶，把豆麦或肉类等食品中含有的大量蛋白质分解成氨基酸等水解产物，经这样的过程就酿成了醢醯（酱）。从上又可知，制作酱类除了用谷物等类基本原料外，就是要使之发酵，而发酵必不可少的条件则是保持一定的温度。这个温度自然主要靠太阳光照晒——"日曝"。中国传统的酿造酱法，都是利用日光提供发酵的温度，所以明人《正字通》中也还有"麦面米豆皆可罨黄加盐曝之成酱"；直到近现代不少酿造酱品的作坊，都还利用太阳光照的办法使之发酵（附图六）；即便现代化的大型酿造工厂，在酿制酱品的过程中也还利用"日曝"，比如广东佛山市的海天酱油公司就建有全球最大的玻璃晒池群，充分利用日光。数千年的制酱历史经验证明："日曝"是得到酱品稳定风味不可或缺的条件。所以现代制作酱品还用天然日光以保证酱品风味的稳定。[③]当然，在古代更是离不开"日曝"。所以"𘓦、𘓦（𘓦）"诸形应是将拌好的原料盛在卤中，放在太阳下曝之的写照，因此"⊙、⊙（⊙）"诸形盖酱的本字。

四、回头看

回头看，考古工作者曾在郑州商城出土过一件陶缸，里面发现粘有白色水锈状沉淀物。安阳郭家庄一座殷墓出土的铜卣，也发现过含植物纤维状杂质的白色透明液体。过去多估计是酒类，现在反思之，可能是醓醢等酱类的残留物。先秦时代作为调味品的各种酱是人们日常生活不可缺少的。孔子说"不得其酱不食"（《论语·乡党》），燕享、赏赐及祭祀也都少不了。《周礼》一书就多处言及醓醢等酱类，其数量都在数十乃至百多瓮不等（《天官·膳夫》、《醢人》）。不难得知，酱是先秦王室贵族日常生活与祭礼等活动中大量使用之物。从文献看"酱"字出现虽比较早，但也不是初创字，醓、醢、酱可能是西周后才造出的字。秦汉以前，"酱"是"醓"和"醢"的总称。故有可能⊙、⊙（⊙）诸形才是酱之初字。[④]

再看酱字在前揭主要卜辞中的用义，我看除《合集》18550片因残难以知是否指调味品的酱外，其余四例中的"⊙（⊙）"都是指酱品。比如第（1）例。顺便说一下，辞中"令"与"隹"后一字，《合集释文》都释为"凶"，而《摹总》与《类纂》都把"令"后之字释作"迺"，"隹"后字释"西"。我以为可能都是"迺"字下部缺刻或字迹不清。不管释"凶"或"迺"还是"西"，都应作人名。辞后的"乎迺出目"当另属句，但亦与前句有联系。"乙卯卜，王贞令迺取⊙。/乙卯〔卜〕，王贞，勿隹迺取⊙"为左右对应句。此辞是卜问是否令迺去收取酱品。"乎迺出目"的"目"是国族名，此句承接前句，大意是叫迺到目族去（收取酱品）。前揭（3）、（4）例即《殷花》37、490两例基本上相同。句中的"子"是主语；"见"是"献"的借字，意为献纳、赠予。受赠者名"丁"，他辞多见，如《殷花》3有："〔丙〕卜，丁不征楼？/丁延楼？/丁不征楼？"同类卜问又见《殷花》183："丁征楼？/□丁楼？"从他辞还有"丁命子曰：往……"（《殷花》475）来看，丁的地位可能高于子。由于丁的地位比子高，故子才有向丁献纳璧、玉（《殷花》37、180、490等）、盐卤[⑤]的反复占卜。由此看来，前揭子向丁献纳酱类也就不为怪了。第（5）例辞中的"𠂤口"疑当分读为"𠂤（酱）"、"口（丁）"二字，丁与前举"丁不征楼？／丁延楼？／丁不征楼？"等"丁"同，这里为受𠂤者。

注　释

① 徐中舒：《怎样研究中国古文字》，《古文字研究》第十五辑，第 5 页；徐中舒：《甲骨文字典》，第 758—759 页；《周礼·春官·邲人》与《周礼·冬官·考工记》："庙用脩。"注引郑曰："脩。读曰卣。"

② 《说文·瓦部》"瓨（缸）"字段玉裁注。

③ 参见互联网百度百科海天酱油公司介绍；又参阅了互联网转帖的《光明日报》2008 年 9 月 7 日《酱油酿造过程·酱缸里的秘密》。图片也从网上转载。

④ 陈邦福最先注意甲骨文中有"酱"，陈年福据《合集》22507，把𤏳释作调味品的"酱"字（《甲骨文词义论稿》，第 125 页）。其实𤏳应如徐师字典说为是，𤏳盖即𦒃、𦒃之异构，是进奉之义（徐中舒主编：《甲骨文字典》，第 539、772 页）。

⑤ 《殷花》202 有"子其献丁卤以"（附图七摹本），应是"子以卤献于丁"的习惯倒装语句。用前举辞多见的"子见𠂤（醢酱类）以玉丁"比较亦非正句，正句应是"子以玉𠂤献于丁"，大意可能是说，子这个人用玉器盛𠂤（醢酱类）献给丁。

⑥ 《殷花》3 释文说，第六册，1557 页。

附　图

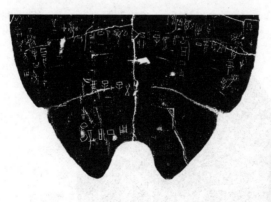

一、《殷花》37 右后甲部位相关单字放大

二、《殷花》490 与右后甲部位相关单字放大

三、《英藏》1781 (《合集》40815,《库》220)　　　　四、《合集》18550

五、《殷花》255 局部与前右甲部位相关单字放大

六、如今还用烈日作酿造的自然发酵（《光明日报》2008 年 9 月 7 日报道）

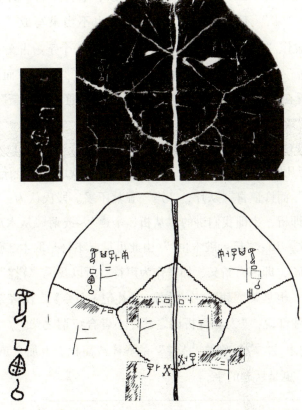

七、《殷花》202 上部拓本（上）与摹本（下）

说　▦

《殷花》181 有辞：

己卜，丁各，叀▦□舞，丁永。（见附图）

上辞中之"▦"字，原编者隶写作"薪"并谓："薪，本作▦，义未明。"今细省原片字形，编者原隶写作从亲、禾、斤三字的组合不妥。原▦字所从的"木"不当作"禾"，"辛"也不当隶写成"亲"。依原形"▦"字当隶作"栟"，应是"从析，辛声"的一个字。古文字偏旁往往不固定；今"新"字是将"栟"字的"木"位移于"辛"下而成"亲"，又将"斤"放置在"亲"右的。所以"栟"就是今通用之"新"的甲骨文字的写法，或谓其为"新"的本字。

《说文》曰："新，取木也。从斤，亲声。"段氏注曰："取木者，新之本义。引申之为凡始基之称。"所谓"取木"也就是砍取树木。徐灏笺云："斫木见白新也。"而许慎言"从斤，亲声"显然不妥。段氏认为："从斤木，辛声。"从斤木即析，也即我们讲的"从析，辛声"，或谓"从木从斤从辛，辛亦声"。《说文》曰："析，破木也。"由此可见，不管是取木、斫木还是破木都必"见白新"，即都有新义，加辛作为声符。所以我说"▦"实为新旧之"新"的本字，也是柴"薪"字的本字。《礼记·月令》"伐薪为炭"及"收秩薪柴"，郑注都说："大者可析谓之薪，小者合束谓之柴。"① "▦"字表示用斧砍伐树木，"▥"则是"▦"的异体或简化。上加"草（屮屮、艹）头"的"薪"更是后起的字。

注释

① 《诗·小雅·无羊》："以薪以蒸。"《周礼·天官·甸师》郑注："木大曰薪，小曰蒸。"

附　图

《殷花》181 局部及前左甲部位相关单字放大

说 𣃚

——兼及甲骨与金文的折、析

《甲骨文合集》9594（《前》4. 43. 5）有辞：

> 贞勿令𣃚归。（附图一）

辞中的"𣃚"形之字。以往的学者，如叶玉森、唐兰、金祥恒和徐师中舒先生主编的《甲骨文字典》，以及近年有人据香港中文大学甲骨金文电子数据库而作的《新编甲骨文字形总表》等，都认为是一个由"卜"与"𣏟"构成的独体字。但近有陈炜湛先生认为，从前都是"因不明刻辞犯兆而误摹误释"，结果使"𣃚"形"混迹于'甲骨文'字中长逾七十年"。[①]

我以为此字"从卜从𣏟"不误，陈先生说可商。我们不妨从另一个甲骨文字说起。《甲骨文合集》118（《乙》4750）有辞：

> 戊申卜，宾，令吴……𣂪злой。（附图二）

辞中"𣂪"形字从"𣂪"，作为偏旁𣂪与𣏟、𣏟可互用，只是繁与简的不同，这在甲骨文中多有例证（见本书《说𣪊（毅）、𣪊（𣪊）》一文）。故徐师中舒先生主编的《甲骨文字典》认为"𣂪"与"𣃚"同是对的，只是未进一步解读。

旧有将上举辞中的"𣂪"认作"从𣂪从木"，放大细省之又似"从𣂪从卜"，下面的一小横和右上似歧枝者盖为骨纹。不过粗略看去，"𣂪"字右边又似从木。若然，则此应是后世通常见到的"析"字，释作"从斤木"的"析"是可以的。按《说文》所解，"析，破木也"。古人破木用斧斤，《诗·齐风·南山》曰："析薪如之何？非斧不克。"析薪就是将木柴剖析、劈开的意思。所以，析也有分离、分开之义。"𣃚"、"𣂪"作为用斧斤从树干上砍去分枝的形象，既可以用多分枝树木的"木"表示，也可以简化为一歧枝的

"Ⴤ"形。用斧斤（"Ƒ"）所要砍斫的都是树枝，而非砍伐整棵树木，或把整棵树从中砍断；砍去树的分枝，则是使树的歧枝从主干上分开来，故也应释"析"。与此形相类之字，唐兰曾在《古文字学导论》中以为与"Ꝏ"同而释为"折"是欠妥的。因为折是断的意思，《说文》将"折"字归入草部："ꝏ，断也。从斤断艸。"又说"篆文折从手"。"ꝏ"与今通行之"折"字同。今"折"从"扌（俗称提手）"，实为"ꝏ"字的偏旁"屮"在篆隶变化中与手（篆文手作"Ⴤ"形）形近，两者易混所致。甲骨文中尚未见"从屮从Ⴤ"的"Ꝏ"形字。杀鸡焉用牛刀，断草用不着动斧斤，一般用"Ꝏ"形的小铲即可，故甲文中有"Ꝏ"（《合集》18428，附图十三）字。又甲文的刍牧字作"Ꝏ"，象以手断取草形。甲骨文中，除《合集》20594（《京人》3131，附图四）被《甲骨文编》误摹作"Ꝏ"（卷一·一一，0050号字）形外，姚氏《摹总》摹作"Ꝏ"；岛氏《综类》摹作"Ꝏ"；徐中舒先生主编的《甲骨文字典》摹作"Ꝏ"（卷一，第57页）。综观上举诸家多少有臆测之嫌。我们放大原片细审之，还是从"Ⴤ"从"Ꝏ"。因骨断残缺，不便作别的推测（将《合集》20594与《合集》18415两片的"析"字比较十分相似）。其实，恐怕只有"从Ꝏ从Ꝏ"的"Ꝏ"字而无"从屮从Ꝏ"的"Ꝏ"形字。请注意"屮"与"Ꝏ"是不同的，从"Ꝏ"的"Ꝏ"才是用斧斤将树砍断的"折"字。

　　总之，断木为折，破木为析。迄今甲骨文中似无"从屮从Ꝏ"的"Ꝏ"形字。甲骨文"折（Ꝏ）"字的严格形体在金文中才被破例，查金文中的写法，不仅有从"屮"从斤的，还有从"Ꝏ"从斤的，与此同时"斤"旁的写法也与甲骨文迥异（附图九）。[②]

　　甲文"折"字也有作"Ꝏ"形的（见《合集》15004，附图十四），但均从"Ꝏ"，不见从"屮"形。甲骨文中还有"从Ꝏ从Ꝏ"的Ꝏ（如附图三、五~九）。上举的Ꝏ从其内容看，都与"四方风"名中的东方风名或神名有关。此"从木从斤"之字都释作"析"。今所见的《山海经·大荒东经》所记则作"折"。一般都认为是"折析形近易伪"，或据古字书"析，破木也，一曰折也"（《说文》），"析、折，分也"（《广雅》），以为其义也相通。但从甲骨文看，作为"四方风"名中的东方风神名，本来应当是从木从斤的

㪿（析）。

"㪿"或"㪿"应该与《说文》讲的"析"字义同，是用斤将树枝与主树干分开来，就是一种分析开来的意思。故"㪿"字释作"析"是对的。

西周早期铜器有《作册折尊》（《殷周金文集成》6002）、《作册觥》（《殷周金文集成》9303）、《折方彝》（《殷周金文集成》9895）等，这些器铭中也有"从止从斤"之"㪿"字（见附图十~十二）。"周代金文的斤和从斤之字，仍沿袭契文而有所伪变。""周初器《臣卿鼎》的新字从斤作㪿。这是从甲骨文的㪿或㪿形，向周代金文的斤字作㪿或㪿的过渡期所表现的递嬗迹象。"③金文"斤"字与卜辞作"㪿"略易，但都是斤字已为古文字学家所公认。以前都把金文这个"㪿"字释作"折"了，现在看来似应改释为"析"。

综上可见，㪿、㪿二字只是繁简不同，与《说文》所解"析，破木也"之㪿字也同义，可释作"析"。

从甲骨文中的用法看，㪿、㪿都用作人名，甲骨卜辞中之人名、地名与国族名多一致。其人盖与古西戎国析支有关。《尚书·禹贡》："织皮昆仑、析支、渠搜，西戎即叙。"应劭说，析支在雍州。析支，《史记·五帝本纪》作"鲜支"。《后汉书·西羌传》又作"赐支"，汉属西羌之一种，黄河弯曲东北流经其地，故也称河曲羌。唐时为党项羌地。其地约当今青海省西宁西南的贵德至甘肃省的积石一带。

注 释

① 陈炜湛：《读契杂记》，《2004 年安阳殷商文明国际学研讨会论文集》，社会科学文献出版社 2004 年版，第 6—10 页。

② 金文《作册折觥》、《作册折尊》（附图十、十一），从"止"的所谓"折"当释"析"。

③ 于省吾主编：《甲骨文字释林》，第 341—342 页。

附　图

一、《合集》9594　　　　　　二、《合集》118 及相关单字放大

三、《合集》14294 及相关单字放大　　　四、《合集》20594 及相关单字放大

五、《合集》14295 局部及相关单字放大

六、《合集》18415　　　　七、《英藏》1288　　　　八、《合集》18414

九、《金文编》卷一，第 38 页　　　　　十、《作册折觥》

十一、《作册折尊》　　　　　　　　十二、《折方彝》

十三、《合集》18428　　　　十四、《合集》15004 及相关字放大

也说甲骨文中的酒字

——附说 𝄇 与 𝄇 的形义

不少学者认为甲骨文中只有两个"酒"字：一个为《合集》9560
（《甲》2121，附图七）的"𝄇"，另一为《合集》28231（《京人》1932，
附图八）的"𝄇"，①而对卜辞中的"酌（𝄇、𝄇、𝄇、𝄇等）"形字释作
"酒"者则多有怀疑，于是有了释醨、酎、楢、酌、饮或肜等说；②除对𝄇、
𝄇似有肯定外，不少学者只把从酉之𝄇、𝄇、𝄇、𝄇等形隶写作"酌"。至
于解读，至今众说纷纭，还是需要探讨的问题。

我以为不能完全从单个字去孤立地看，简单地认为"从水从酉"的是
"酒"，"从彡（或三点）从酉"都不是酒，而是需要结合卜辞实例加以具体
考察比勘。

一、从酉、酒说起

《说文》："酉，就也。八月黍成，可为酎酒。象古文酉之形。"其实"酉
（𝄇、𝄇）"为盛酒之器，是一个象形字，因为酒总是装在容器中，故可以
该器指代酒；"酉"成了酒的代称，也成为"酒"的初字。

以酉为酒，金文与古文献都有很多实例，金文如：《征人鼎》所说"丙午，
天君饗复酉在斤"、《大盂鼎》所讲"酘酉无敢酖（酗）"和"率肆于酉"、
《遹簋》说的"王飨酉"、《三年瘅壶》说的"王在旬陵飨逆酉"、《噩侯鼎》
所说"王宴咸酉"、《毛公鼎》所说"毋敢湎于酉"、《国差𦉜》讲的"用实旨
酉"、《沈儿镈》讲的"饮酉"，等等。③上举这些铭文中的"酉"都是酒字。魏
《三体石经》的古文《尚书·无逸》周公言"酗于酒德哉"中的"酒"也作

"酉"。由上显见，酉即酒的古体，从西周早期至汉魏时都是互用的。倒推至西周前的商代卜辞，我们也可见到酒字写作酉的实例。请看下例：

（1）［丙］辰卜，翌丁巳先用四牢羌于酉用。（《合集》32148，附图九）

（2）戊卜，以酉𩰿神。

戊卜，其𩰿神。（《殷花》53，附图十）

（3）癸未，王卜，贞酉乡日自上甲至于多后衣亡害自畎，在四月。王二祀。（《合集》37836，附图十一）

（4）癸未，王卜，贞旬亡畎？王占曰：吉。在［十］月又二甲申，𩰿酉祭上甲。（《合集》37840，附图十二）

（5）酉燎于上甲。（《合集》32359，附图十三）

第（1）例属四期卜辞，徐师中舒先生在《甲骨文字典》第1601页已指出为"荐酒之祭"，"酉"读为"酒"。

第（2）例卜辞以五期划分当属一期。我们曾在《说𩰿》的文中讲过，"𩰿字，很可能是甲骨文的鬱鬯合义双音素的字；意为盛有用香草酿的酒"，即一种特制的香酒；"酉𩰿"与他辞言"酒鬯"义同，辞中的"神"是神灵名。"酒鬯"见于下面卜辞：

丙卜（午？），翌甲寅𩰿鬯御于大甲，羌百羌卯十牢。（《合集》32042，《粹》190，附图十四）

上引辞中的"鬯"字旧都误作人名"𢆶"、"𢆶"，细省之实为鬯。[④]依《说文》："鬯，以秬酿鬱艸，芬芳攸服以降神也。从凵。凵，器也。中象米，匕所以扱之。"从甲骨金文看，鬯字其实就象一个盛酒的杯具之形；卜辞言"酒鬯"，尤言盛有香酒的酒具，亦即一种特别的香酒，"酏鬯"即"酒鬯"，已为学界所认同。上辞的大意是，丙午日卜问，往后的第九天甲寅日盛上特制的香酒御祭大甲是否可以。由此亦可见卜辞凡言"酏鬯"即"酒鬯"，"酉𩰿"也与之义近。

第（3）、（4）例辞属五期卜辞，是五种祀典（彡、翌、祭、𩰿、劦）中的"彡祀"和"祭祀"卜辞。

第（5）例为四期卜辞，将此片甲骨与《合集》14695正片对照，其行款为右下左行读是正确的。

这里的第（3）、（4）、（5）例辞中的"酉"字，有人认为是"借用为彭（𢒀或𣨏）"，或是彭之漏刻了旁边的三（或四）点画。我以为这种看法是不妥当的。既然金文及古文献都只见"酒"作"酉"，那么我们所见的甲骨卜辞，除了用作地支第十位的"酉"字外，另外的"酉"字就应释读为酒食之"酒"。更值得注意的是，"酒"字写作"酉"例出现在商末的四、五期卜辞中，更与西周金文"酒"字多作"酉"相衔接。所以我说这些例中的"酉"都应释"酒"。

二、卜辞中应读"酒"的其他字例

我们既找到卜辞中以"酉"为"酒"的例证，就可与其他同类卜辞比较，先看与前举第（3）例同类的卜辞，如：

(6) □□，［王］卜，贞𢒀彡日［自］［上］［甲］［至］［于］［多］后衣亡害［自］　［畎］，［在］□月。隹王□［祀］。（《合集》37850，附图十五）

(7) □亥，王卜，贞𢒀彡日自［上甲］［至］［于］多后衣亡害自□吉，在三月。隹王廿［祀］。（《合集》37864，附图十六）

(8) □□，王卜，贞𢒀彡日自［上甲］［至］［于］多后衣亡害自□吉，在三月。隹王廿［祀］。（《合集》37865，附图十七）

(9) ……贞甲申𢒀彡自……亡尤…… （《英藏》2594）

(10) ……𢒀彡日自上甲。（《屯南》2511）

(11) 癸巳卜，争，贞翌甲午𢙺彡自上甲至于多后衣。（《合补》69正，附图十八）

　　……

前举第（3）例与这里的第（6）～（11）等辞比较，都是五种祀典（彡、翌、祭、壹、𠭰）中的"彡祀"卜辞。第（3）例"彡"前一字为"酉（𦈢）"，第(6)～（11）例各辞"彡"前一字作"𢒀"形。依前所论，"酉（𦈢）"读为"酒"，当然后者的"𢒀"形也应释读为"酒"字无疑。

再看与前举第（4）例同类卜辞，如：

(12) □□［卜］，［贞］王旬［亡］畎？在十月……𢒀肜祭上甲。

（《合集》35407，附图十九）

（13）癸卯卜，贞王旬亡畎？在正月甲辰，彡肖祭上甲。（《合集》
35408，《续》1.5.6，附图二〇）

（14）癸未卜，贞王旬亡畎？在十月又一甲申，肖彡祭上甲。（《合
集》35411，附图二一）

（15）囗囗卜，贞王［旬］［亡］畎，在十月二……酒肖祭上甲。
（《合集》35413，附图二二）

……

将前举第（4）例与这里的第（12）~（15）例对照，也都是五种祀典
（彡、翌、祭、壹、劦）中的祭祀卜辞。两相比较，明显是同类卜辞，特别
是辞末，前者第（4）例作"肖酉祭上甲"，后者第（12）~（15）例为
"肖彡祭上甲"或"彡肖祭上甲"。辞中的"肖"字，在这类卜辞中为祭名，
具体含义尚无一致看法。有认为祭典卜辞中伴随出现的"肖"字与"祭"祀
的意义相近。董作宾在讲"彡、翌、祭、壹、劦"五种祀典时说过："祭有
酒肉；壹用黍稷，酒食所以享祖妣者也。"⑤这就是说，五种祀典中的"祭典"
是要用酒。所以，这类卜辞中的"彭（酒、彭）"与前面第（4）例
"酉（酉）"为同字，也应释读为"酒"字。

再看前第（5）例的"酉燎于……"也有许多可与之比较的卜辞例
证，如：

（16）贞翌丁未酒燎于丁十山辛卯十勿牛。（《合集》39，附图二三）

（17）丙午，贞酒燎于父丁十牢十牛。（《合集》32691，附图二四；
同文又见 32692）

（18）丙寅，贞丁卯酒燎于父丁三牢卯……（《屯南》935）

（19）丙寅，贞于庚［午］酒燎于兔。

丁卯，贞于庚午酒燎于兔。

己巳，贞于庚午酒燎于兔。（《屯南》1062）

（20）丙寅，贞叀丁卯酒于兔。

丙寅，贞于庚午酒于兔。

丁卯，贞于庚午酒燎于兔。

己丑，贞庚午𣲘燎于𤉣。（《合集》33273，附图二五）

（21）甲寅，贞辛亥𣲘燎于㼱三牛。（《合集》34173，附图二六）

（22）己亥，贞𣲘燎于𤉣。（《合集》34176，附图二七）

……

还可举出一些，这里就从略了。前已论及"酉"既为酒，"酉燎"即酒燎（也即"𦀾燎"）。

有认为"𦀾（酓）燎"的"𦀾（酓）"假为"槱"，"𦀾（酓）燎"即《周礼·春官·大宗伯》"以槱燎祀司中、司命、观师、雨师"的"槱燎"。[⑥]《周礼》所谓"槱燎"之"槱"字，若据《诗·大雅·棫朴》"薪之槱之"、《毛传》"槱，积也"，如果说"槱燎"和《大宗伯》讲的烟祀、实柴祀都是同一类祀法，说的是祭祀时将牺牲玉帛放在柴薪上烧而使生烟，上天神闻到烟味就算享用了，这可能是西周后才有的，在商代可能还没形成这样的祭祀仪式。商代的"𦀾（酓）燎"，我推测只是将酒液浇在燃烧的积薪上使明火灭而烟生。因为"燎"本义就是聚柴烧之的意思，甲骨文的构形就是聚积薪柴用火烧之形，商人累用聚薪燎以祭神灵，所以甲骨文的"𣲘燎"（或"酉燎"）就是"槱燎"并不全对。应该说《周礼》的"槱燎"由商人的"𣲘燎"（或"酉燎"）发展而来，或许文献上后来的"槱"是酒"𣲘"（或"酉"）之误。

综观前面"酉"即"酒"之初字及同类卜辞中"酉"、"酓（𣲘、𦀾、𦀾）"通用的卜辞例，我们看到"酓（𣲘、𦀾、𦀾）"字释酒的卜辞，除第（1）例"先用四牢羌于酉（酒）用"外，可归纳出下列特点：

其一，从前举第（2）例"酉（酒）𤔲𤊻"与前面论及的"丙卜（午？），翌甲寅𣲘㽞御于大甲，羌百羌卯十牢"（《合集》32042，《粹》190，附图十四）之"𣲘㽞御于大甲"看，释"酒"的辞是"酓（酒）+神名"。

其二，从前举第（3）、（4）、（5）至（11）例看，释酒的辞是"酓（酒）+祭名+神名"。这可分"祭名与神名"间加介词和不加介词两种情况。加介词，如例（3）、（9）、（10）、（11）；不加介词，如例（4）至（8）辞。

由上特点与类似卜辞比较，我以为还可进一步推定：不少"乡𦀾"或"𣲘乡"先公、先王的卜辞中的"酓（𦀾）"都可直释为"酒"，如：

(23) 癸酉卜，王在丰贞 ［旬］亡畎？在六月甲申，工典其彡彡。
（《合集》24387，附图二八）

(24) 癸卯，王卜，旬亡畎？王占曰：吉。在五［月］甲辰，工
［典］其彡［彡］。（《合集》35422，附图二九）

(25) 癸丑卜，徝，贞王旬亡畎，在二月甲寅，工典其彡彡。
［癸］［亥］卜，贞王［旬］［亡］畎，［在］□月……彡彡。
（《合集》35891，附图三〇）

……

这里举及的第（23）～（25）等例中的"彡（彡）"形都应释读为
"酒"字。

(26) 丙申，贞丁酉漕升岁于大［甲］五牢。兹用。（《合集》
32480，《粹》188，附图三一）

(27) 来辛酉彡（酒）王亥。（《合集》942，《粹》76，附图三二）

(28) 壬午卜，扶，彡（酒）阳甲。（《合集》19907，《缀合》33，附图
三三。按：此辞赵诚误"彡（酒）"为"酉"，旁边缺"彡"。）

上举例中的"彡"成"彡"也都释"酒"。有人说，"彡（漕、彡、
彡、彡）"字"甲骨文用作祭名，是用酒来祭"（赵诚《甲骨文简明词典》，
第 242 页）。既然如此，直接释读为"酒"又有何不可呢？

三、彡与漕再探讨

本文开首提到不少学者肯定下面卜辞中的彡、漕是"酒"字，我以为
还可以再讨论。先看有关彡字的卜辞：

(29) 甲子卜，宾，贞卓彡在疾，不比王古。
贞其比王古。
壬午卜，宾，贞卸卓于日（?）。
贞［于］帝卸卓。三月。（《合集》9560，《甲》2121，附图七）

按：《摹总》、《类纂》与《甲骨文字释林》误将"甲子"释为"戊子"。
此骨上共有九条刻辞，这里只引了相关的两组四条刻辞，其余从略。这四条

刻辞从其在骨版之位置和卜辞的时间及内在联系看，可知是为🔲的事而正反设问的对贞卜辞，只是时间相隔近两旬。

这里要说的是辞中的🔲与🔲字。先讨论🔲字。🔲字从🔲在水中形，水形中的🔲即西字，西是古代主要的盛酒之器，也是酒的初字。🔲，象盛有水酒之器在流水中形。

依"🔲"、"🔲"、"🔲"、"🔲"之例（见本书《甲骨文中的一形多音节字探补》文），我以为"🔲"当读为"沉酒"，原本是祭祀中将整罐酒沉在水中以享鬼神，可简读为"沉酒"。以整坛整罐的酒供给鬼神饮用，对被祀的鬼神来说不存在过量问题，但对现实中的活人来讲，整坛整罐地饮酒就不行了，所以后来把饮酒过量、好酒贪杯、酗酒、沉湎酒色者也称为"沉酗于酒"。总之，我们看到古文献中如：

《尚书·胤征》讲羲和"沉乱于酒"。

《尚书·微子》微子说："我用沉酗于酒。"

《尚书·泰誓上》讲商王受"沉湎冒色"。

《淮南子·要略》："康乐沉湎。"

以上等等"沉湎嗜酒"一类词语的源头所在应是🔲字，而🔲字应该就是将整坛整罐酒沉在水中以享鬼神。

《合集》9560 这版甲骨上有关🔲的第一组卜辞大意是：甲子这天，贞人宾从正反两方面卜问🔲沉湎于酒得了病能否从王效力。大概🔲长时间沉酗于酒，另一辞是七日后的丙申日又为其禳除因酗酒所得之病的占卜记录；其辞也可能或有别义有待探讨。[⑦]

再看🔲字，原片卜辞为：

（30）不受禾。

　　　在🔲盂田受禾。

　　　弜受禾。

　　　在下🔲南田受禾。

　　　弗受禾。（《合集》28231，附图八）

此片上下应该还有卜辞，因原骨折断而仅余此五条。🔲字在卜辞中为地名。如果我们仔细考察从水旁的甲骨文字，就会发现一般都写作"🔲"（左右向无别）

形，极少有带点的 $\lessgtr$（或 $\lessgtr$ 形）或由两个"$\mathcal{S}$"构成的"$\mathcal{SS}$"形。 $\ldots$，原来人们可能称"酉（酒）水"或"水酉（酒）"，也就是说"$\ldots$"可能是"酉（酒）水"或"水酉（酒）"的合文。因为"酉"本是"酒"的初字，故可称酒水，也可能是酒水的合文。大概是盂地附近的一条河名"酉水"（或酒水）。

注　释

① 参见孙海波：《甲骨文编》，卷一四·二二；于省吾：《甲骨文字释林》第318页；徐中舒主编：《甲骨文字典》，第1601页，"酒"字下也只举了这两个字；还有高明《古文字类编》、赵诚《甲骨文简明词典》，以及马如森在《纪念殷墟甲骨文发现一百周年国际学术研讨会论文集》第209页的《酒、酓辨》等。但马如森的《殷墟甲骨文实用字典》还收有 $\ldots$ 、 $\ldots$ 等形的"酒"字。

② 李孝定：《甲骨文字集释》，第14卷，第4395—4400页；于省吾主编：《甲骨文字诂林》，第2702—2707页；徐中舒主编：《甲骨文字典》，卷八，第986页；等等。

③ 金文以"酉"为"酒"例：

器名	铭文例摘录	著录书号	备注
《征人鼎》	"丙午，天君饗复酉在斤"	《殷周金文集成》2070	又名《天君鼎》，西周早期（附图一）
《大盂鼎》	"畟酉无敢酖（酞）"、"率肄于酉"	《殷周金文集成》2837	西周早期（附图三）
《遹簋》	"王飨酉"	《殷周金文集成》4207	西周中期
《三年瘐壶》	"王在句陵飨逆酉"	《殷周金文集成》9726—9727	西周中期
《毛公鼎》	"毋敢湎于酉"	《殷周金文集成》2841.2	西周晚期（附图四）
《噩侯鼎》	"王宴咸酉"	《殷周金文集成》2810	西周晚期，《殷周金文集成释文》将"酉"误作"饮"。（附图二）
《国差罉》	"用实旨酉"	《殷周金文集成》10361	春秋（附图五）
《沇儿镈》	"饮酉"	《殷周金文集成》203	春秋晚期，《沇儿镈》也称《沇儿钟》（附图六）

④ 对此辞的释读从郭沫若开始都将辞中的 $\ldots$ 误作 $\ldots$，这应是两个不同的字；前者应是匕、卽的同字异构，后者应是 $\ldots$ 的异构，两者最大的不同是 $\ldots$ 字下为"+"形。

⑤ 常玉芝：《商代周祭制度》，中国社会科学出版社 1987 年版，第 188 页；董作宾：《殷历谱》上编，1945 年石印本，卷三，第 15—16 页。

⑥ 郭沫若：《殷契粹编》日本东京文求堂书店 1937 年影印本，第 6 片考释说。

⑦ 此辞大意亦可能是，为🔣禳除疾病而用沉酒于河的祭祀。"疾"字在此辞中非指疾病，依岛邦男盖为地名（岛邦男：《殷墟卜辞研究》第二篇第一章第一节，表），则"贞🔣🔣在疾，不比王古"辞义就是说"🔣在疾地行沉酒的祭祀，不能随王伴驾作事"。

附　图

征人鼎

一、《征人鼎》

噩侯鼎

二、《噩侯鼎》

大盂鼎

三、《大盂鼎》

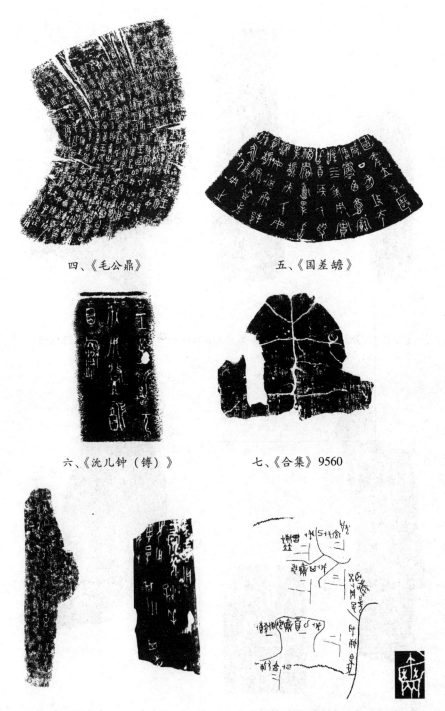

四、《毛公鼎》　　　　　　　　五、《国差蟾》

六、《沇儿钟（镈）》　　　七、《合集》9560

八、《合集》28231　　九、《合集》32148　　十、《殷花》53 相关刻辞所在部位摹本图

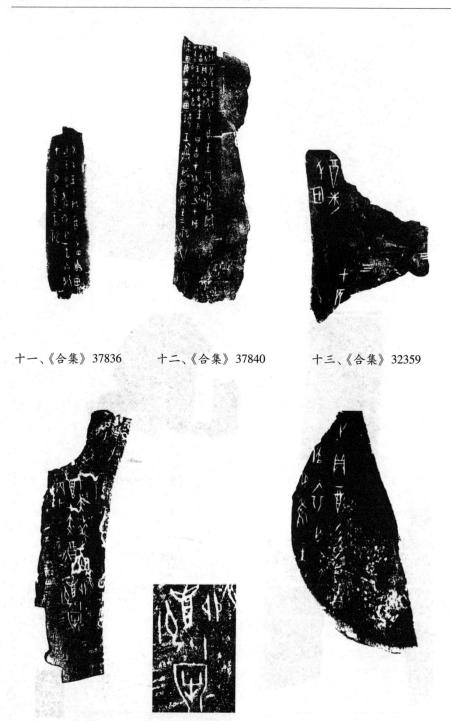

十一、《合集》37836　　　　十二、《合集》37840　　　　十三、《合集》32359

十四、《合集》32042 与相关字放大　　　　　　　十五、《合集》37850

十六、《合集》37864　　　　十七、《合集》37865　　　　十八、《合补》69 正

十九、《合集》35407　　　　二〇、《合集》35408　　　　二一、《合集》35411

二二、《合集》35413　二三、《合集》39　　　　　　二四、《合集》32691

二五、《合集》33273 有字部分　　　二六、《合集》34173 有字部分

二七、《合集》34176　　　　　二八、《合集》24387　　　　　二九、《合集》35422

三〇、《合集》35891　　　　　三一、《合集》35891　　　　　三二、《合集》942

三三、《合集》19907

再说甲骨文的 𤴎（𤴏）字

《合集》808 正（见后附图）有辞：

贞□弗𤴎（𤴏）。

贞□其𤴎（𤴏）。

这是有关疾病卜辞中的重要而有特色的材料。辞中的"𤴎（𤴏）"字，《甲骨文编》认为是"不𤴏"的合文，[①]更有不少学者将之同于"疾"字不予区分，径释作"疾"。[②]笔者在拙著《甲骨文医学资料释文考辨与研究》中释作"痞"，欠佳，今以为是一读两音节之字，当释"疾痞"或"痞疾"为好。现补说如下。

从字的构形看，甲骨文"𤴎（𤴏）"字从疾从不。"不"、"否"古音同在一部，可相互通用。"不"、"否"通用之例于古文献中累见，如《尚书·无逸》："否则侮厥父母曰：'昔之人无闻知。'""否"，据《经传释词》，"《汉石经》'否'作'不'"。《汉帛书》亦作"不"。而《经传》中用"不"的地方，在《汉帛书》中又见用"否"，诸如《易·否·六二》："包承，小人吉，大人否。亨。"《易·否·上九》："先否后喜。"《易·遯·九四》："小遯，君子，小人否。"以上等等所见"否"字，《汉帛书》中就作"不"。总之"不"、"否"古通用，由是可知"𤴎（𤴏）"字所从的"不"也可以是"否"。所以我认为甲骨文"𤴎（𤴏）"可看作是从"疾"从"否"。而"𤴎（𤴏）"是"痞"与"疾"省笔合书的独体字，当释读为"疾痞"或"痞疾"。

何为"痞"？《说文·疒部》曰："痞，痛也。从疒，否声。"徐道符曰："病结也。"《玉篇》与《广韵》都说是腹内结病。故"痞疾"、"疾痞"盖腹中结块又痛的一种病。前文揭示的对称正反设问卜辞中的"𤴎（𤴏）"盖是"痞疾"或"疾痞"的专字。卜辞当释作"贞□弗疾痞/贞□其疾痞"。我们从大量疾病卜辞中可以看到,卜辞言"疾某"或"某疾"的"某"一般有两种情况:一是说疾患的具体部位;二是某部位所表现出的疾患。前者如"疾首"、"疾自"、"疾舌"等;后者有如他辞"王弗疾 🜲"(《合集》34072,《粹》157)、"王弗疾朕颠"(《合集》20975,《乙》9067)的"疾朕颠"、"疾 🜲(喘咳)",是指疾病表现的症状。[3]辞中所缺者当是人名,"其疾痞"的"其"为副词,表示疑问语气。该辞大意是反复卜问某人腹内是否要生结块(病)。

注 释

① 孙海波:《甲骨文编》合文二五,2296 号字。

② 如徐中舒主编:《甲骨文字典》,第 838 页;《甲骨文合集》释文;姚孝遂主编《摹总》、《类纂》等。

③ 彭邦炯:《甲骨文医学资料释文考辨与研究》,第 132—133 页 730、736 片《考辨》与第 194、206 页《诸疾探讨》。

附 图

《合集》808 正及相关卜辞所在(后左右甲上部)

"▨" 在疾病卜辞中的用意

卜辞有：

（1）贞王其疾▨（痼）。（《合集》376 正，附图一）

（2）贞王▨（痼）异其疾不蚘（瘳）。

贞弗□▨蚘（瘳）。（《合集》4611 正，附图二）

（3）贞王□隹（惟）其疾▨（痼）。（《合集》13700，附图三）

上面辞中的"▨"有多种形体，最常见的有"▨"、"▨"、"▨"等形，它们的共同特点是"▨"中有点。郭沫若曾释为"黑"，以为"象卜骨以火灼处呈黑色"。唐兰则释"卣"。陈梦家又认为"象致墨于卜骨之形"，疑是"墨"字。饶宗颐则认为"▨字从米在口中，为《玉篇》口部之囷字，音莫兮切，每用作疾病名"，即"昏迷字，卜辞'不▨'犹不迷也"。又说："'贞卸▨于且乙'，谓于祖乙卸眛疾，让以弭灾也。"①李宗焜在他的《从甲骨文看商代的疾病与医疗》（见前）一文中引用了钟柏生说，似不置可否，大概认为可备一说。

钟柏生认为"口"、"▨"等表示骨形，其中或骨臼上面的点，则示意骨病。"▨字为骨病的一种"，认为即"骴病"。《说文》："骴，骴病也，从尢从骨，骨亦声。"骴也即《广韵》的瘠字。钟先生认为："以瘠字解说含有▨字的卜辞大都可通。""在疾病卜辞中出现的这个字即后世讲的膝关节的病，为关节炎痛的反映。"钟先生也注意到此字在卜辞中有多种用法。如用作侵扰，则就是文献中的"猾"。"瘠"与"猾"音近可通。《虞夏书》："蛮缺猾夏。"郑康成云："猾夏，侵扰中国也。"此解可用以诠释卜辞"方出不隹▨我"一类战争卜辞中的▨。读作"骨"，也可解为祭祀用牲。有《周礼·天官·内饔》："凡宗庙之祭掌割亨之事……凡掌共差，脩、刑、臐、骨。鱐以待共膳。"郑注:"骨,牲体也。"此释可用以诠释如言"▨犬一羊一……"等用牲之卜辞。[2]

今按:钟先生之解,在有的场合可通。但解作"鴯,剽病也",虽于音可通,然于形,特别是骨上诸点之形则很难说。我以为"▨"、"▨"在疾后当释作"瘑"。《吴越春秋·夫差内传》言:"犹治救瘑疥。"宋人徐天佑注称:"瘑,疽疮也。"梁人顾野王《玉篇·疒部》也谓:"瘑,疽疮也。"《说文》无"瘑"字而有"疽,痈也"。《说文》也有"痈"字,解作"肿也"。疽与痈互训,所以,医学上把疽疮也称痈疽(karbunkel),其发病原因与疖同,中医谓"气雍否(闭塞不通)"而溃烂所致。疖小且是个别的,痈疽范围较大,有如众疖聚生于一处;多生于项、背及臀部,小如栗子,大如掌,疮口多,疾病异常,需早治,迟则有危险,发展为败血症会危及生命。《史记·项羽本纪》载楚项王亚父范增辞官去,"行未至彭城,疽发背而死(事又见《汉书·陈平传》)"。范增得的疽疮,《正义》引崔浩云:"疽,附骨痈也。"据隋太医巢元方著《诸病源候论》说:附骨痈肿候,"其状无头,但肿痛而阔,其皮薄痒,谓之附骨痈也"。所谓"附骨痈",大概在古人看来这种疾病"生于骨而发于表,毒性深而重",故有附骨痈之说;或许,夏商时的人把痈疽误以为是从骨头长出来的,故而用骨上加数小点以示之。

卜辞疾▨、▨(瘑)字虽然释者分歧很大,但对其外框写作"▨、▨、▨"等形为"骨"字却是比较一致的。我以为▨、▨(瘑)是一个以骨为声的会意字,其间之小点会意一定范围内有众疖聚生而疮口多,所以可释作"瘑",解作疽疮之疾可通。当然,这个字在卜辞中有多种用法,如用在侵扰类战争卜辞或祭祀用牲卜辞则可如钟先所说也是通的。

注 释

① 饶宗颐:《殷代贞卜人物通考》上卷,香港大学出版社 1959 年版,第 132—133 页。

② 参见钟柏生:《说"异"兼释与"异"并见诸词》,《中央研究院历史语言研究所集刊》第五十六本第三分册,1985 年。

附 图

一、《合集》376 正下半部及卜辞所在后右甲右上边处部位

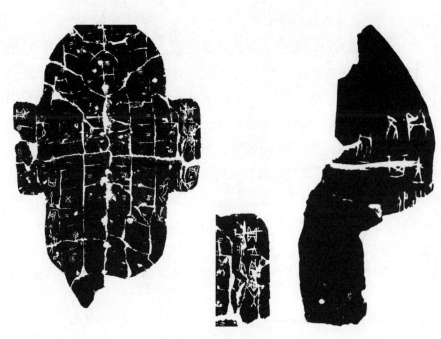

二、《合集》4611 正及卜辞所在前右甲右边部位　　　　三、《合集》13700

说甲骨文的 𡘒 字

　　《合集》12819（《甲》3069）中有"𡘒"形之字（见附图一），[①]是以往学者所误认的一个合体字。孙海波的《甲骨文编》摹作"𡘒"，放入该书《合文》二二，第 2243 号，释作"六牡"。姚孝遂等《摹总》、《类纂》也摹作"𡘒"，只是在摹写时将该字上面的"六"与下面羊形的距离拉得有点远，隶释作"六牂"。然从原拓印片放大细省之，孙海波与姚孝遂等作为合文是对的，但都忽略了"六"下"牂"字的左边的刻画。"六"下面不是从牛从土的"牡"，也不只是从羊从土的"牂"，从放大图片不难看出："羊"形的左边确有"𠃌"形，其整体应由"∩（六）"、"𠃌"、"𦫌（羊）"、"⊥（土）"四字组合成一个复合字体的"𡘒"形。请注意："𡘒"字左边的"𠃌"这种形体应该是"匕"，它与《合集》20069 片的其中的匕（附图三）、《合集》34537 中的"牝"字所从之匕（附图四）、《合集》22130（附图五）、24564（附图六）中的从羊从匕的匕旁都极近似。所以我认为"𡘒"应当释读为"六牂牝"，其义为六个雄羊（牂）六个雌羊（牝）"，与《合集》19987 所见的𦍡（附图二）相类似，只不过"𡘒"是将𠃌（匕）、⊥（土）分书"𦫌（羊）"的左右。

①《合集》12819 释文漏释右上角残辞"……求……乙……𡘒"。

附　图

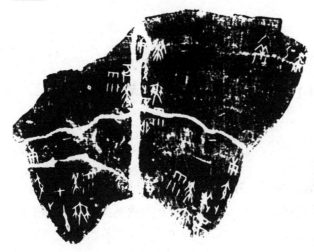

一、《合集》12819 及相关单字放大

三、《合集》20069

四、《合集》34537

五、《合集》22130

二、《合集》19987 及相关单字放大

六、《合集》24564

说《合集》11166 的
"丄(▨)"与"✦(▨)"

　　《合集》11166（《京人》3067，附图一）片刻有残辞，据笔者所见，除《摹总》与《合集释文》有隶释外，旧未见有释者。但这两家的释读都值得商榷。先将两家的释文录如下：

　　　《合集释文》：……又丄……莫……牛。

　　　《摹总》：……有ΙΙ……莫……牛……

　　残辞的第一个字，释"又"或"有"都没错，这里的"又"即"侑"，我们暂隶写作"又"。"又"字后的原刻是"▨"，因为欠清晰，两家据各人的观察理解，摹录原形不尽相同。《合集释文》摹作"丄"，《摹总》摹作"ΙΙ"。[①]依笔者的观察，"又"后的"▨"，盖为右"示"左"壬"并列的"示壬"合文。其他辞中也有先祖合文"示壬"两字，不仅合文的并排顺序一致，其"示"字也有类似的写法，例如：

　　　（1）其又彡示壬、示癸叀牛又正。（《合集》27087，附图二）

　　　（2）求年妣庚、示壬。（《合集》27500，附图三）

　　上两例的"示壬"都是左右并列的合文。再如：

　　　（3）壬辰卜，夕又……示壬……牢（《合集》33309，附图四）

　　此片中"示壬"二字虽然是上下分开直书的，但"示"字写法更与《合集》11166 片的"示"字接近。"示"字的类似写法还不少，如《合集》22062 正反、22072、32392 等。总之，诸如上举，"示"字与本文前所列《合集》11166 字形就十分相似，两相比较足以说明为"示壬"合文不错。

　　《合集》11166 片还有一"✦（▨）"形字更值得研究。

　　考《摹总》与《合集释文》两家，都将"✦（▨）"字释为"……

莫……牛"，从两家使用省略号可知，显然不是看作一个合文，而是分属两行释读的。细省原片清晰可见："牛（〔字〕）"字左下边的斜画，应属有意共用左边"〔字〕（〔字〕）"形字中下的右斜画。比较卜辞中各种类型的合文写法，这里应是左右并列的一个"共用笔画"（或叫"借笔"）的合文，所以这个字不能作为两行卜辞来分开释读。

那么"〔字〕（〔字〕）"字左边所从的"〔字〕（〔字〕）"是否释作"莫"即"莫牛"合文呢？笔者以为也需要进一步比较研究。考甲骨与金文的"莫"字，一般作"〔字〕"形，"〔字〕"下为"〔字〕"形（见附表）；"〔字〕（〔字〕）"字左边"〔字〕"的"〔字〕"下为空心，类似"〇"形，略有不同。但有相关复合字如"〔字〕"、"〔字〕"等所从"莫（〔字〕）"字中都有"〇"形的。②其实，〔字〕、〔字〕只是同一字的不同写法，与〔字〕、〔字〕、〔字〕在卜辞中每多互用（附表 2《甲骨文熯（莫）字的几种主要写法举例》）。徐中舒先生曾正确指出："从〔字〕从〔字〕（火）的〔字〕字，象投人牲于火上之形。为熯之原字。""〔字〕象正面人形，与大交等正面人形不同者，殆象以木�其头颈而缚之也。或省火而作〔字〕，同。天旱则焚人牲求雨，故天旱亦称熯。《说文》：熯，干皃。从火，漢（今作汉）省声。"又说："〔字〕象两臂交缚之人形，为献祭之人牲，〔字〕象焚〔字〕以祭之形。皆为熯之原字，盖甲骨文偏旁每可增省。〔字〕本从〔字〕（火），可隶定为〔字〕，从〔字〕渐伪为土……熯（〔字〕）堇初为一字，而古从〔字〕之字《说文》篆文悉变从堇。又从〔字〕得声之字或入真韵，且〔字〕隶作堇，如谨、瑾、董、馑、僅、勤等字；或入元韵，〔字〕隶作莫，如暵、嘆、歎、難、漢等字。真元相近，故音得转。《说文》：'堇，黏土也。从土从黄省，〔字〕〔字〕皆古文堇。'按甲骨文黄字作〔字〕、〔字〕等形，与〔字〕迥异。金文从〔字〕、〔字〕，形虽近黄，实〔字〕之形讹，故《说文》谓堇从黄省不确。"③如此说来释作"莫牛"可从。"莫牛"，卜辞也有作"〔字〕牛"，于省吾释为"黑牛"，④分书的"〔字〕牛"即"莫牛"，如：

（4）叀〔字〕（〔字〕）牛。（《合集》29508，附图五）

（5）叀〔字〕（〔字〕）牛……（《合集》1142，附图六）

卜辞中又有作"〔字〕牛"的，如：

（6）其用〔字〕（〔字〕）牛。（《合集》30716，《粹》551，附图七）

"〔字〕牛"，郭沫若释为"堇牛"，说："堇也是色，殆假为缙，赤色也。堇牛即是骍牛矣。"⑤其实正如前引徐师所说，🔣象两臂交缚之人牲投于火上之形。"🔣象正面人形，与大交等正面人形不同者，殆象以木枷其头颈而缚之也。或省火而作🔣，同。天旱焚人牲求雨，故天旱亦称爆。"总之，"🔣"为献祭之人牲，象焚"🔣"以祭之形，皆为"爆"之原字，盖甲骨文偏旁每可增省也。故甲骨文的"🔣牛"也应释作"堇牛"，即象焚"🔣"以祭之形。

但是，卜辞中多见祭牲用黄牛（如《合集》14313 正、14214、14315）。"黄牛"二字除分书外，也有如《合集》11167（附表）的上下合文，但未见上面加"🔣"或"🔣"的。如卜辞中累见的"黄牛"、"黄尹"，或作为国族地名的"黄"（《屯南》2182）以及铸"黄吕"（《合集》29687）等的"黄"字，一般都写成🔣、🔣形。

细省金文的"黄"字，有写作"🔣"形的，如《（七年）趞曹鼎》的"黄（🔣）"（附图八），与这个合体"🔣"的左边字形并不完全一致。前者上头作"🔣"，后者上头作口形"🔣"，从这篇金文中的"载市同黄"句上下文义看，确实是作"黄"字用不作"堇（堇）"用。无怪乎徐先生强调："金文从🔣、🔣，形虽近黄，实🔣之形讹，故《说文》谓堇从黄省不确。"⑥如此说来，"🔣"字只可能是"堇牛"的合文。依徐先生前面指出的"堇"与"堇"的隶变关系可知，应是郭说的赤色牛。盖《合集》11166 的"……又示壬……堇牛……"的残辞是关于又（侑）祭先祖示壬用赤色牛的占卜记录。

注 释

① 胡厚宣主编的《甲骨文合集释文》与姚孝遂主编的《殷墟甲骨刻辞摹释总集》、《殷墟甲骨刻辞类纂》是两家最有代表性和权威性的释文，看来都对"🔣"形左边没有异议，一致摹释作"壬"。别家尚未见有关摹释可查阅。

② 一般说"堇（🔣）"的"🔣"下作"🔣"，而"🔣"左边所从"🔣"中的"🔣"没有竖画。不过用"堇"组成的合体字，如"🔣"（《合集》28011、《甲》3913）、"🔣"（《合集》24198）等所从的"🔣"字中部的"🔣"就没有竖画。

③ 徐中舒主编：《甲骨文字典》，第 1112、1464 页。

④ "🔣牛"，于省吾在《甲骨文字释林·释黑》中释为"黑牛"。

⑤ 参见郭沫若：《殷契粹编》，第 551 片《考释》文。

⑥ 同③，第 1464 页。

附　表

1. 甲骨文黄字的几种主要写法举例：

原形（隶释）	所见举例
（黄）	《合集》29507：叀 （黄）牛。（按：同内容又见《合集》31178、36992—36999 等，黄字写法基本一样。） 《合集》14313 正、14214、14315
（黄牛）	《合集》11167：……（黄牛）。
（黄牛）	《屯南》2363：叀幽牛。/叀 （黄）牛。
（黄牛）	《合集》36350：乙卯其 （黄牛）正王受又又。
（黄牛）	《合集》31706：…… （黄牛）。

2. 甲骨文堇（熯）字的几种主要写法举例：

（）	《合集》10170（《佚》764）：……降我 （）。
（）	《合集》10171：戊申卜，争，贞帝其降我 （）。/戊申卜，争，贞帝不我降 （）。
（）	《合集》10172：辛卯卜，㱿，贞帝其 （）我。
（）	《合集》10179：辛卯卜，内，贞…… （）我。
（）	《合集》1142：叀 （）牛……（附图六）
（）	《合集》10164（《林》1. 25. 13）：[辛]丑卜，贞不雨帝隹 （）。
（）	《合集》10167：贞帝不降大 （），九月。（附图八）
（）	《合集》10168（《前》3. 24. 4）：庚戌卜，贞帝其降 （）。
（）	《合集》10174：己酉卜，亘，贞帝不我 （）。/贞[帝]不 我。
（）	《合集》28011：（《甲》3913）：乙酉小臣喜 （）。
（熯）	《合集》10195（《京》2300）："丁亥 丁叀 亦……"
（熯）	《合集》30716（《粹》551）：其用 （）牛。（按：熯牛与熯羊同，熯是用牲之法。）

3. 金文黄字及从黄的字例的几种主要写法举例:

字	出处
黄	《师毊(器)父鼎》第 330 页 2727 号、《毛公(厝)鼎》"朱市蒽黄"(见《殷周金文集成释文》第 426—432 页 2841 号等)
黄	《师馀簋》(见《殷周金文集成释文》第 392 页 4277 号)
黄(黄)	《师酉簋》"赐女赤市朱黄"(见《殷周金文集成释文》第 407—412 页 4288—4291 号)
黄	《(七年)趞曹鼎》"载市同黄"(见《殷周金文集成释文》第 358 页 2783 号)
黄	《五年召伯虎簋》(见《殷周金文集成释文》第 413 页 4292 号)

4. 金文堇(菫)字的几种主要写法举例:

字	出处
菫(菫)	《菫伯鼎》"菫(菫)伯作旅尊赞彝"(见《殷周金文集成释文》第 167 页 2155 号)
菫(菫)	《菫伯鼎》"菫(菫)伯作尊赞彝"(见《殷周金文集成释文》第 167 页 2156 号)
菫(菫,菫)	《菫(菫)鼎》"菫(菫)菫饴"(见《殷周金文集成释文》第 320 页 2703 号"匽侯令号)
菫	《毛公厝鼎》(见《殷周金文集成释文》第 426—432 页第 2841 号)

附 图

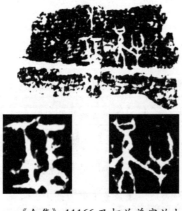

一、《合集》11166 及相关单字放大

二、《合集》27087

三、《合集》27500 及相关单字放大　　四、《合集》33309 及相关字"示壬"放大

五、《合集》29508　　　　　　　六、《合集》1142 正及相关单字放大

七、《合集》10167 及相关单字放大　　　八、《合集》30716 及相关单字放大

甲骨文〇、〇、〇、〇、〇等之形变与夷羊

　　甲骨文中的"羊"字除常见的〇外，还有〇、〇、〇、〇、〇等多形，据《甲骨文编》所收，总计约 80 多。《甲骨文编》的第 181 页 0510 号的"羊"字下收有〇（《前》3.23.6，《合集》29537）、〇（《后》1.21.10，《合集》22229）、〇（《河》377，《合集》20468）、〇（《河》387，《合集》27871）等 30 余字；同书第 161 页 0470 号"菁"字项下收录有〇、〇、〇等 7 个字形；0472 号"䔖"字项下收录有〇、〇、〇等 40 余个字形。三项比勘，有个别误认的，如 0470 号"菁"字项下收录《甲》3610 即是"岳"之误，而"菁"、"䔖"两项实为同类字；"羊"字项下所收《录》387（《合集》27871）的〇形字也是"菁"、"䔖"的同字异构。1981年连劭名先生曾指出："〇、〇、〇等字，在祖庚祖甲时省去了下面的'目'而写作〇，《甲骨文编》把它收在羊字下面，是不正确的。"即指此。①

　　从前有学者犯了《甲骨文编》的类似错误，或以为"〇"、"〇"与常见羊（〇）字无别，与〇、〇、〇、〇也没有关系。笔者曾请教过几位甲骨文研究者，欲探求〇、〇与〇是否有别。有学者疑此羊（〇）形加一小横之〇（〇）字，是"一羊"之合文。其实也值得商榷。因为甲骨文中不仅已有"一羊"、"二羊"……"十羊"等合文，②而且卜辞还有〇（〇）前加数字的，如：

　　（1）十五犬十五〇十豚？

　　　　 牛廿犬廿〇廿豚？

　　　　 卅犬卅〇卅豚？

　　　　 五十犬五十〇五十豚？（《合集》29537，附图一）

　　（2）……来庚寅酚血三〇于妣庚……（《合集》22229，附图二）

　　从 🐑（🐑）前加不同数字看，此字绝不会是"一羊"之合文，只应是羊的种类不同在字形上的反映。前已提到，甲骨文中不仅已有"一羊"、"二羊"等合文；更有值得注意的是，卜辞的句形、语法相同，在反复卜问用牲时却见到一用一横"🐑（🐑）"，另一用无小横的"🐑"，如《合集》22228写作"血三🐑"（附图三），而22229作"血三🐑"（请注意"羊"字构形不同，见附图二）；还有的是同一甲骨上，且出自同一书手同时所为，一写作"🐑（🐑）"，另一写作常见的"🐑"，如《合集》30022（附图七）。上举情况并非偶见，这应是有意区分不同种类用牲。

　　从《金文编》、《金文诂林》不难看出，金文中不见有🐑、🐑、🐑、🐑、🐑、🐑等从"目"的羊形。历来研究金文者，也都把盘角的"🐑"与加一横笔的"🐑"视作同一羊字的异构。[③]而从大量甲骨文看，这些从"目"形的🐑、🐑、🐑、🐑、🐑、🐑等与盘角者🐑及加一横笔之🐑、🐑形实属一字异构（或者说前者是繁体，后者是其简体）。

一

　　我们将众多同类字形反复推敲排比，便不难看出其繁简的内在联系与变化之迹。请看下图：

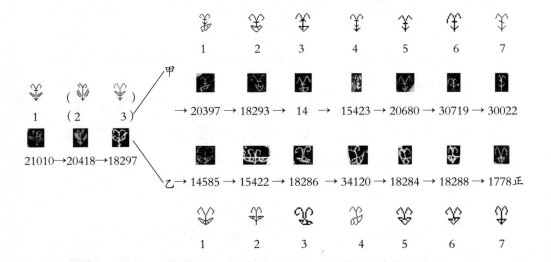

上表前列的 1 至 3 号形，是我们选取众多最繁复字体的代表。1 号形为最繁体，两盘角下两眼左右分离排开，盘角与眼间有一小横；2 号形省去一小横；3 号形不单省去一小横，左右两眼变为共用连笔，相对于前者又较简单。3 号形后，我们排比同类字的不同形体变化，可分为甲、乙两系。

甲系，从甲 1 号起，下面由双目简化为单目、类三角目、实心三角、V形，其简化演变之迹既明显而又有内在联系，即两角下的一横都保留了，最终以 6（🐑）、7（🐑）表示盘角类羊，而与普通羊（🐑）字相区别。

乙系，从 1 至 6 号，一直保留下面的目形，只是由双目而单目。到 7 号成了🐑形，而类似于常见的🐑，但又不同于一般的羊，而是一种盘角形的羊。

需要注意的是，乙系 7 号的"🐑"已与卜辞习见的羊（🐑）形十分相近，卜辞中泛指一般羊也时有两形混用的，如《合集》29451 与 29463（附图一附）辞例都相同，前作"叀🐑"，后面一片就写作"叀🐑"。但也只是"十分相近"，从卜辞的用词造句、内容等是不难看出各有所指而非同一。

总之，从字形的排比，不难看出其由繁到简的清晰变化脉络。这得以让我们直观地认识到它们是同一字的不同书体。大致说来，这两系从早期到晚期都有混合使用的，只是不同贞人集团的人，各有所习惯偏好，有时用甲系或乙系中某一形体较多。

二

为什么🐏、🐑、🐐、🐏、🐑等简作🐑，即一般🐑形中增一横画形？据笔者看，首先一点，它与🐏、🐑、🐐、🐏、🐑的形变有着紧密的内在联系，这一点从上列字形的衍变图明显可见。另一点与古人所处时代的思维意识有关。文字是将语言变成书写符号经过人脑加工的产物，是记录人们的语言和思想、传递信息的载体。盖古人造字，特别是象形兼会意的字，对偏旁的选用配搭十分注意双关意义。

众所周知，一，数之始也；始者，元也，初也。《老子》曰："道生一，一生二，二生三，三生万物。"老子的思想是他以前人类思想的成果总体现，具有古人类的共性。而文字又是人类思想的一种反映和载体。古人对"一"字的认识非同一般，所以老子又有"天得一以清，地得一以宁，神得一以灵，谷得一以盈，万物得一以生，侯王得一以为天下正"。《说文》所谓："惟初太始，道立于一，造分天地，化成万物。"可见，在古人（包括老子以往的人在内）看来，"一"是很神秘的，既吉祥又很神圣，是故在保留选用 ❦、❧、❀ 的简化形 ❥ 时，并适当加以改变即成常见 ❥ 形中加"一"的字形，示意这种羊的特别。

那么这应该指什么样的羊呢？《国语·周语上》有：

> 商之兴也，梼杌次于丕山；其亡也，夷羊在牧。

韦昭注："夷羊，神兽也。"《淮南子·本经》"夷羊在牧"，高诱注谓："夷羊，土神。"叶德辉《淮南子间诂》又谓："夷羊，大羊也。"《说文》将"夷羊"解作"骟羊"。依《说文·马部》"骟，犍马"、《说文·牛部》"犍，骟牛"以及段注、朱氏《说文通训定声》可知，"骟羊"乃指去势之羊。但《说文·羊部》"羝"下有"夷羊百斤左右为羝"之说，这也告诉我们"夷羊"体大而重，其说也并非无据。

段注曰："小徐释以殷纣时夷羊，非也。今依《急就篇》颜注正。剧羊易肥，故有重百斤左右者。"至今仍有认为"夷羊"谓阉割过的羊。④但笔者以为"小徐释以殷纣时夷羊"很值得重视。小徐释"夷羊"不仅有据，而且道出了此羊的神圣。这与周的内史过说，（商）"其亡也，夷羊在牧"，是与"明神之志者也"相一致的。

那么古人奉为神兽之夷羊又是什么羊呢？

我认为商代铜器上的羊形应是这种神羊之写照，请看文后附图中的商代铜器《四羊方尊》与《三羊罍》。⑤要知道这都是商代祭祀重器，其上特铸此羊形必然有庄严神圣与吉祥的寓意。从上面雕塑的羊头造形看，其角作盘状，角面有横纹，这也与《三代》14.20.1（见附图六四）所见羊形字一致。

从动物学上考察，野生羊种有羱羊，主要原产于西伯利亚南部、蒙古、青藏高原，体大如驴，毛粗短，角大而盘屈。由此特点看，古人视为神兽的夷羊很可能即羱羊，经人工圈养而成后来的绵羊。⑥

从甲骨文《合集》20045有"❧"（附图四）字看，商周时代已有人工圈养用作特殊祭祀之牲的夷羊，这种羊较常见羊个头大而体重，故又有"夷羊百斤左右为羧"一说。而未被人工圈养驯化的野生者，仍被视为神兽，出现在商都郊牧之地成了商纣将要亡国的征兆。

周金文中除用"✦"形的羊外，不少也作"✦"形，似乎表明原来个大体重的夷羊经过人工驯化已较普遍。可能也因金文书体习惯，原商代甲骨文的"✦、✦、✦"等消失，简化的"✦、✦、✦"诸字被金文保留，是以铜器铭文中多见肥笔的"✦、✦、✦"诸字。到甲文三期（廪辛、康丁）以后，除见写作"✦"形外，基本上以"✦（✦）"作为夷羊专称的标准简化字，泛指一般的羊则仍用原来的"✦"形。

总之，"✦、✦、✦、✦、✦、✦"诸字和众多汉字类似，它们在发展的历史长河中逐渐变化，特别在后世的篆隶变化中，遂被一般概念的羊字所取代，后人不知已有，又再创出从羊的羧、羱字。但初创时（相当长时期内）"✦、✦、✦、✦、✦、✦"是有所特指的。它们在初创和甲骨文时代是盘角的神兽夷羊的写照；夷羊原本是神圣而吉祥的，到商后期，也借为"吉祥"之"祥"。

顺便补充一下，甲骨文中之✦、✦（见《合集》22214，附图六；又《殷花》226、228等也多见✦字）与✦（《合集》20045，附图四）等字，依前所论，自然应解作雌性夷羊与雄性夷羊，或称雌羧、雄羧；而✦、✦、✦字甲骨金文（《三代吉金文存》15.12）都见，旧因与一般的羊不分，统释为羒、羝、宰（或牝、牡、牢）。我们既区别出为夷羊（羧），当然✦就应解作人工圈养的夷羊，✦、✦也应解为雌性夷羊与雄性夷羊。

注 释

① 连劭名：《甲骨文"首、✦"及相关的问题》，《北京大学学报》1981年第6期，第58—59页。

② 孙海波：《甲骨文编》，第614—615页。

③ 参见容庚：《金文编》，第261—262页；周法高主编：《金文诂林》卷四0496号。

④ 汤可敬：《说文解字今释》。

⑤ 选自《中国古青铜器选》，文物出版社1976年版，17和15图。

⑥ 参见《辞海》，上海中华书局1948年版，第1072页《羱羊》与第1052页《绵羊》条图；同时参阅本文后附现代绵羊图。

有关重要卜辞分类集中附录如下，供参考：

A 类

（1）癸亥卜贞旬一夕昃雨自东九日辛未大采各云自北雷延大风自西劓云率雨✿日……（《合集》21021，附图三四）

（2）……壬……有雨今曰小采…允大雨延✿（伐）▨日隹启。（《合集》20397，附图三五）

（3）……✿日大晴昃大雨自北……（《合集》20957，附图三〇）

按：这一类的 3 个例辞，虽然后两例较残，但明显可见三者为同事而占卜，辞中的"日"前一字虽写法迥然不同，但为同字异构是肯定无疑的。此字释读不一，唯可取者当以金祖同与饶宗颐所释"祥"（诸家不同释读，请参阅李孝定：《甲骨文字集释》，第 1157、1315—1320 页；于省吾：《甲骨文字诂林》，第 583—603 页等）。此"祥日"盖为某日之日称。

B 类

（1）丙子卜㱿贞勿✿酌河。（《合集》14585，附图三八；14586、14587 同文）

（2）贞勿✿告舌方于唐。（《合集》6140，附图四一）

（3）贞勿✿令……（《合集》18284，见附图三六）

（4）丁酉卜㱿贞王勿✿曰父乙。（《合集》1778 正，附图三九）

（5）贞勿✿令……（《合集》18285，附图三七）

（6）庚申卜㐖贞勿✿施于南庚宰用。（《合集》14 正，附图四二）

（7）……卜……勿✿……（《合集》18289，附图四七）

（8）……勿✿……（《合集》18290，附图四八）

（9）丁亥……勿✿……姬……（《合集》18291，附图四九）

（10）……勿✿……（《合集》18292，见附图五〇）

（11）庚寅卜勿✿（《合集》18293，附图五一）

（12）……亥卜，㱿贞勿✿于……（《合集》18294，附图五二）

（13）壬午卜，宾，贞祃不✿执多臣往羌。（《合集》627，附图五六）

（14）己丑卜，亘，贞帚好□不✿。（《合集》2737，附图五七）

（15）叀不✿执。（《合集》5831，附图五八）

（16）贞不▨（✿）之。（《合集》10302，附图五九）

（17）贞我……不✿……土。（《合集》14406，附图六〇）

（18）壬寅卜，㱿，贞子商不✿找基方。（《合集》6571，附图六一）

（19）贞弜✿吉用。（《合集》15422，附图四四）

（20）壬申卜……用（？）一卜弜✿辛卯……十月。（《合集》21401，附图五四）

（21）戊寅卜王贞……弜🐏卫泉……（《合集》21282，附图五五）

（22）……弗🐏……（《合集》18297，附图四〇）

上举 20 个例辞，都在盘角羊前加上了勿、弗、不、弜等词，在卜辞中勿、弗、不、弜以及毋等义近，这里都是否定词。此类的（20）、（21）两例的盘角双目羊形与 A 类（1）例的盘角双目羊形字比较，显然属同字。此字在这类辞中的释读，更是众说纷纭，除释"羊"外，有的释作"蔑"；有的认为是没有意义的语词；有的认为加不、弜、弗等否定词就是不犹豫之意；也有认为是一种加强否定语词，等等（诸家不同释读请参阅李孝定：《甲骨文字集释》，第 1157、1315—1320 页；于省吾：《甲骨文字诂林》，第 583—603 页等）。笔者以为还是释"祥"为是。古文献中多有"不祥"、"弗祥"等语。这些辞例都是"因有不祥之事所以祭祀鬼神"的占卜记录。

C 类

（1）……王贞……🐏令姚……丙午至于戊戌曰方其征……（《合集》20418，附图八）

（2）……辰卜王……大方……🐏印不执。（《合集》20468，附图十）

（3）……巳卜王……🐏竹。（《合集》4753，附图九）

（4）……🐏左……崇……比……而……曰不……（《合集》20649，附图四五）

（5）壬戌卜贞王生月敦🐏戈……（《合集》34120，附图四六）

上举卜辞都比较残，但不难看出这一类例辞中的盘角羊形字在上举辞中是作为人或国族之称。其中（1）、（4）、（5）例与 A 类盘角羊形字比较可知字形相似，与 B 类（12）、（13）例盘角羊形字亦同，这说明上列三类盘角羊形字虽然还有别的形体，但亦不难知其为同字异构，仍以释"羊"或"祥"。

D 类

（1）十五犬十五🐏十豚？

　　牛廿犬廿🐏廿豚？

　　卅犬卅🐏卅豚？

　　五十犬五十🐏五十豚？（《合集》29537，附图一）

（2）乙亥子卜来己酌🐏姚己。（《合集》21547，附图十二）

（3）……王子……🐏……（《合集》21400，附图十八）

（4）……🐏又……（《合集》20591，附图二五）

（5）壬子卜甲寅燎大甲🐏卯牛三。（《合集》22421 正，附图五三）

（6）姚庚宰🐏豕。（《合集》22226，附图二一）

（7）甲午卜王（王疑是叀之误刻）🐏三豕……兄丁。（《合集》20008，附图二三）

（8）丁丑卜侑兄丁🐏叀今日用。五月。（《合集》20007，附图二四）

（9）……叀狂🐏。（《合集》22101，附图五）

(10) 叀𢦔（𢦔）𦎫豕。（《合集》20679，附图十一）

(11) 叀𦎫。（《合集》29655，附图二二；又《合集》30075 等）

(12) 壬辰卜其侑妣癸叀𦎫王受佑。（《合集》27571，附图二六）

(13) 壬午卜叀𦎫于妣丁。（《合集》22070 甲，附图十三）

(14) 妣祝叀𦎫，吉。（《合集》27579，附图二八）

(15) 其侑小丁叀𦎫。（《合集》27330，附图二九）

(16) 癸未卜叀𦎫于下乙。

(17) 癸未卜叀𦎫于子庚。（《合集》22088，附图二〇）

(18) 叀白𦎫用。（《合集》30719，附图三三）

(19) 高妣燎叀𦎫有大雨。（《合集》27499，附图二七）

(20) 癸巳……叀𦎫……至……于…… （《合集》21755，附图十九）

(21) 求雨叀［黑］𦎫用有大雨。（《合集》30022，附图七）

(22) 叀𦎫有大［雨］。（《合集》30024，附图三一）

(23) 弜用［黑］𦎫亡雨。

(24) 叀白𦎫用于之有大雨。（《合集》30552，附图三二）

(25) 夕用五𦎫……（《殷花》113）

(26) ……勿𦎫……（《合集》15423，附图四三）

这一类数量较多，用作祭祀牺牲之一种，当是夷羊的简体专用字。

E 类

残辞意不明者，如：

(1) ……𦎫…… （《合集》20680，附图十四）

(2) ……𦎫……𦎫。（《合集》20523，附图十五）

(3) 𦎫（倒书）𦎫（旧误为𦎫）商。（《合集》21145，附图十六）

(4) ……𦎫……告…… （《合集》21512，附图十七）

(5) 丙寅卜贞……𦎫𦎫…… （《合集》21400，附图十八）

附　图

一、《合集》29537

一附、《合集》29451、29463

二、《合集》22229

三、《合集》22228

四、《合集》20045　　　　　　　　五、《合集》22101 相关部位

六、《合集》22214 相关部位

七、《合集》30022　　　　　八、《合集》20418　　　九、《合集》4753

十、《合集》20468　　　十一、《合集》20679　　　十二、《合集》21547

十三、《合集》22070　　　十四、《合集》20680　　　十五、《合集》20523

十六、《合集》21145　　　十七、《合集》21512　　　十八、《合集》21400

十九、《合集》21755、21756

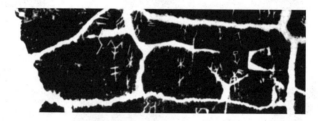

二〇、《合集》22088 相关部位

二一、《合集》22226　　　　　　　　二二、《合集》29655

二三、《合集》20008　　二四、《合集》20007　　二五、《合集》20591

二六、《合集》27571　　二七、《合集》27499　　二八、《合集》27579

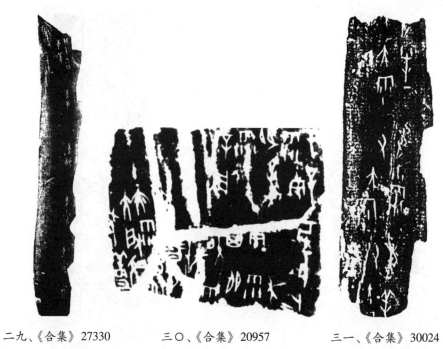

二九、《合集》27330　　　　三〇、《合集》20957　　　　三一、《合集》30024

三二、《合集》30552　　三三、《合集》30719　　　三四、《合集》21021

三五、《合集》20397　　　　三六、《合集》18284　　　　三七、《合集》18285

三八、《合集》14585 正　　　三九、《合集》1778 正　　　四〇、《合集》18297

四一、《合集》6140　　　　四二、《合集》14　　　　四三、《合集》15423

四四、《合集》15422　　　　　　　　　四五、《合集》20649 及右上相关字放大

四六、《合集》34120 相关部位　　　四七、《合集》18289　　四八、《合集》18290

四九、《合集》18291　　五〇、《合集》18292　　五一、《合集》18293　　　五二、《合集》18294

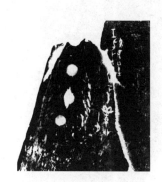

五三、《合集》22421 正　　　五四、《合集》21401 局部　　　五五、《合集》21282

五六、《合集》627　　　五七、《合集》2737 正　　五八、《合集》5831

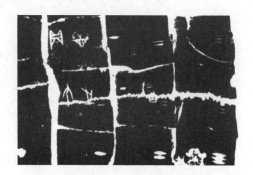

五九、《合集》10302 正甲相关部位　　　六〇、《合集》14406

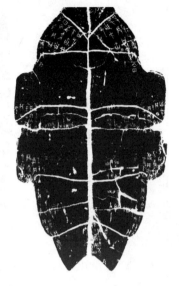

六一、《合集》6571 正及相关部位放大

六二、商代《四羊方尊》

六三、商代《三羊罍》

六四、《三代》14. 20. 1

六五、现代绵羊

⊓ (▨) 字蠡测

《合集》22078（《丙》614）片有辞为：

（1）辛未卜，重庚辰用牛于子庚于⊓用。（附图一）

辞中倒数第二字作"⊓"形，《甲骨文编》收入附录，无说。《摹总》亦未隶释。徐中舒先生主编的《甲骨文字典》说："从凵从冂，《说文》所无。疑为口部⊔之异体。"并引上例辞认为作为地名。[①]

今按："⊓"是由冂、凵两形构成的。首先想到的有甲骨卜辞的"三匚"（匚左右向无别）。所谓"三匚"即匚（报乙）、匚（报丙）、匚（报丁），其左向写的卜辞如：

（2）……上甲、匚、匚、匚、示……（《合集》19811反，附图二）

（3）乙未酚兹品上甲十、匚三、匚三、匚三、示壬三、示三……
　　　（《合集》32384，附图三）

（4）甲戌翌上甲、乙亥翌匚、丙子翌匚、[丁丑] 匚、壬午翌示壬、
　　　癸未翌示癸……（《合集》35406，附图四）

他们都是商人的先公名号，卜辞中也见简称为"三匚"，如：

（5）己卯卜，酉三匚至戋甲十示。（《合集》22421反、22422，附
　　　图五、六[③]）

（6）……祝三匚重羊。（《合集》27082，附图七）

（7）辛亥卜，毛上甲牛、三匚羊、二示牛
　　　辛亥，贞毛上甲、三匚羊、二示牛（《合集》32349，附图八）

"三匚"也写作"三"（《合集》27083）。匚字也可写作匚（《英藏》1928，作祭名用更多见匚形），而作为商人的先公名号更有写作凵的，如：

（8）□巳贞又（侑）三（三凵）母豕。（《合集》32393，附图九）

前举《合集》22078 原辞看，"𠃊"字不像是地名，在这条卜辞中应是某种神名。作为神名带"匸"的字除前面讲的"三匸"外，还有"ㄓ"。姚孝遂认为"ㄓ"是"匸示合文，指三匸二示"；二示即示壬、示癸，其说当属正确。③另外，"从匸"的甲骨文还有𢦏、𠤏等，虽有学者论及，但辞义仍难确定，这就略而不究了。而三匸（亖）的匸、回、匸三位，我们从上往下可看作上、中、下；上为匸乙，中为匸丙，下则为匸丁。虽然我们尚未见完整卜辞中有把"匸"字写作"冂"的，但残辞有"冂"形（《合集》5015，附图十，《福》14），《合集》22078 片的书者为简便计，把"三匸"中最上面的"匸乙"用"冂"表示是有可能的。又因卜辞中"匸"、"ㄱ"、"凵"相互通用，原辞"辛未卜，更庚辰用牛于子庚于𠃊用"的"𠃊"字，笔者推测盖指"匸乙"与"匸丁"而非地名。

注 释

① 参见孙海波：《甲骨文编》附录下，第 918 页；徐中舒主编：《甲骨文字典》卷二，第 115 页。

②《合集释文》22421、22422 片释"纠甲"；《摹总》22421、22422 片释"ㄩ甲"均不妥。我疑为"戈甲"的异构。

③ 于省吾主编：《甲骨文字诂林》，第 2193 页姚氏《按语》。

附 图

一、《合集》22078 全片及相关"𠃊"字放大

二、《合集》19811 反

三、《合集》32384　　　　　　　　四、《合集》35406

五、《合集》22421 反　　　　六、《合集》22422　　　　七、《合集》27082

八、《合集》32349　　　　　九、《合集》32393　　　　　十、《合集》5015

说🏹（扜）

《殷花》480 片有辞为：

　　甲戌卜，在🏹，子又令□，子🏹丁告于🏹？用。（附图一）

上面卜辞中的"🏹"字，《殷花》编者谓："新出之字，未识。"笔者以为，"🏹"实即"🏹"字，从弓从又，只是弓形右上比较长而已。在上举辞句中为人名，并非"新出之字"，《英藏》190 残辞中有"🏹"形字与之极近。又《合集》20041、20042 有"子🏹"（附图二、三）；"🏹"与"🏹"都是从弓从又，只是弓形朝向不同。甲骨文中"弓"字的左右朝向多无别，所以"🏹"与"🏹"应为一字异构。《合集》20041、20042 的"子🏹"与此《殷花》480 之"子🏹"盖为同一人。

《说文》曰："又，手也，象形，三指者，手之列多略不过三也。"甲骨金文中作为持物的手多作"🏹（或🏹）"形；"🏹（或🏹）"即"又"，作为偏旁在隶释中"又"也可作"扌"形，如甲文"🏹"（《合集》4890 等）从又从它，可隶释作"扡（拖）"；"🏹"（《合集》27302 等）从又从单，可隶释来"撣"；"🏹"（《合集》21050）从又从乃，可隶释作"扔"；[①]金文《叔（扶）卣》（附图四）、《扶鼎》（附图五）之"扶"字的手即作🏹或🏹，[②]《说文》也说："古文扶作🏹。"可见在古文字中用作持物的"手"与"又"多互作，由此可见"🏹"与"🏹"可隶作"扜"。《说文》曰："引，开弓也。从弓从丨。"《集韵》说"引的古文作扜"；"扜"实即"🏹"与"🏹"，都是从弓从手（又），象手持弓形。所以笔者认为，前引《殷花》480 片所见之🏹字也应释"引"。

注 释

① 徐中舒：《甲骨文字典》手部，卷一二，第 1297—1298 页；马如森：《殷墟甲骨文实用字

典》，第 228—269 页。

② 《扶卣》，《殷周金文集成》5167. 1—2 叫《霎叔父辛卣》，器盖同文；《扶鼎》，《殷周金文集成》称《扶作旅鼎》。

附 图

一、《殷花》480 前右甲相关刻辞所在部位及单字放大

二、《合集》20041　　　　　　　三、《合集》20042

1　　　　　　2

四、《扶卣》铭文（1 器身；2 器盖同文）

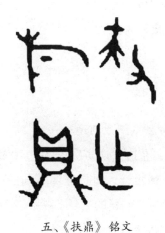

五、《扶鼎》铭文

试说《合集》34256 片残辞中的 ⿰亻卌

《合集》34256（《京津》3648，《善》15698，附图一）：

    （1）庚寅卜，［告］……

    （2）……紖尹⿰亻卌于河［西？］……

上揭这片甲骨的《合集》释文为：

    （1）庚寅卜，告……

    （2）……紖尹⿰亻卌于河东……

《摹总》、《类纂》释为

    庚寅卜，［告］ 紖尹⿰亻卜册于河逦……

今按：从该片刻辞看，左边"庚寅"与右边"紖尹"，左右两行上面未齐平，显然不属同一辞分刻两行，而是分属不同的两条刻辞，《合集释文》分读为两辞是对的，但第（2）辞的"河"后一字释作"东"不妥；《摹总》、《类纂》（第75页）将两行连读为一辞，"河"后一字释作"逦"更可商。我疑"何"后一字或为"西"。

在此主要想讨论的是"尹"后的"⿰亻卌"。《摹总》、《类纂》将"⿰亻卌"分为"⿰亻卜"、"册"二字，别人也有把"⿰亻卜"隶写成"凵匕"的。[①]其实《合集释文》摹作"⿰亻卌"是对的，惜无隶释，亦无解义。

"⿰亻卌"字显然由"人"、"廿"、"册"三字组成，盖为"册二十人"之合文。此条残辞"……紖尹⿰亻卌于河［西？］……"中的"紖尹"为职官名，残辞当读作"……紖尹册二十人于河［西？］……"

"册"在甲骨卜辞中除用其本义指简册外，也用以指国族或人名，如甲骨刻辞有"册入"（《合集》9357 等）；还有作祭名和祭祀动词的。于省吾先生已证明：作祭祀动词时"册"与"晋"通，指砍杀牺牲，[②]如卜辞有"册五十牢"（《合集》32181，附图二）、"册三匕"（《合集》710，附图三）。其实作为祭祀卜辞，册与䛜 也通，商承祚说："䛜 亦册字……以示瞢于神也。今瞢行而䛜废矣。"姚孝遂也认为："字从示从册，隶可作䛜，乃由册所孳乳，为祭祀之册专用；䛜 亦作册。""卜辞䛜 亦可用作瞢，为用牲之法。"③所以作为祭祀用牲之法的册、瞢、䛜 也互通用，如卜辞有"瞢千牛千人"（《合集》1027 正，附图五，前左右胛近中处作对称刻辞"瞢千牛千人"）；又有"瞢匕"（《合集》783，附图四）；"䛜十人又五"（《合集》27022，附图六；《合集》27023，附图七）；等等。"……紲尹册二十人于河［西?］……"辞中的"🐾"是个合体字，这个"册"也是砍杀之义，其辞大意是说，官员紲尹砍杀二十人于河［西?］作祭牲，或说官员紲尹祭祀河神时砍了二十个人牲。

注 释

① 如孟世凯：《甲骨学辞典》，第 512 页。

② 于省吾：《甲骨文字释林》，第 172 页。

③ 于省吾主编：《甲骨文字诂林》，第 2964 页：2936 号"䛜"字姚孝遂按语；2937 号"瞢"字下商承祚说。

附 图

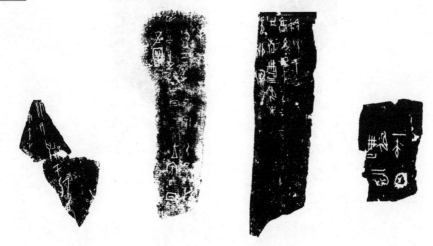

一、《合集》34256   二、《合集》32181   三、《合集》710   四、《合集》783

五、《合集》1027 正

（前左胛与前右胛近中处对称刻辞"夘千牝牛千人"）

六、《合集》27022　　　　　　七、《合集》27023

关于《合集》2935片卜辞🔲（𪘏）
及全辞的推测

《合集》2935（《佚》969）片有辞曰：

　　壬寅卜兄𪘏……（附图一）

上引卜辞"兄"后一奇字"𪘏"，旧有认为是"尨燎"合文者（《甲骨文编》第876页）；也有认为"字右从'它'，左不从'燎'，非'它燎'合文"（《诂林》第846页）。徐师《甲骨文字典》第135页认为"字形结构不明"，"字义不明"。

今按：可以肯定这是一个合文。细省原书图版，此辞后面似还有残缺。先说🔲字，上面为"止（𪜶）"，下面并列有"它"和"矢"（即"𪜶"下面右"它"左"矢"并列）。从止从它为尨字，从止从矢为𡥈（𠂤）字，两者共用上面的止（𪜶）。又在矢的尾部作"△"形，将矢尾部的"人"形包在其中作"🔺"形。🔺即"一百（🔺）"的下部，上面一横略斜，与✳的左下斜画共用（重合）而成"🔺"形（合文"🔺"的形变）。

甲骨文合文"一百（🔺）"下面的"白"，一般的是"△"形内作小三角状，常写作"🔺"形。但是，也有不少是"△"形中写成"人"形，如"一百"（《合集》18995，即《京津》1088）、"二百"（《合集》952反，即《乙》754反）、"三百"（《合集》5825，即《前》3. 31. 2；《合集》33371，即《后》41. 12）、"四百"（《合集》2486反，即《乙》5333反）、"五百"（《合集》93，即《乙》6896）、"八百"（《合集》6070，即《粹》1079）等下面的"白"都写成"人"在"△"形中（同时参见《甲骨文编》第17页）。

回头接着分析此🔲合文左边的🔲。在🔲形的中部，即"🔺"上，"↑"下

为 ✳（即燎）。只是燎字架木间的小点写成了连笔，✳的下半部与"⚬"的上边笔画也重叠而相连（即前说的与✳的左下斜画共用（重合）而成"⚬"形的横画"一"）。

由上分析，我疑 ᛞ 为"ᛏᛒ（ᛘ）燎百"四字的合书。全辞盖为：

"壬寅卜兄ᛏᛒ（ᛘ）燎百……"

这条辞里的"兄"可能是兄丁，如果该辞的"卜"字左边多出一小画是骨纹所致的话，那么"卜"与"兄"之间有一小圆圈形，很可能是"丁"字。因为甲骨文"丁"字除作方形外，作圆形的也不少见。"丁"在"兄"前，连读为"丁兄"。"丁兄"即"兄丁"之倒语，有如他辞把"祖丁"写作"丁祖"相类。[①]卜辞有"兄丁ᛏ王/贞［兄］丁［弗］ᛏ王；兄丁ᛏ亘/兄［丁］弗ᛏ亘"（《合集》6945，见附图二）。看来兄丁除是ᛏ王外，也可能是ᛏ亘等别的某些贵族，如这里的ᛒ（ᛘ）。ᛒ（ᛘ）字上面的止主要作 ᛞ（ᚴ）形，不作 ᚹ，与 ᚴ 不是一字异构。[②]但这里的 ᛒ（ᛘ）应如孙海波在《甲骨文编》第 243 页中所说为人名。

我以为此辞后还有残辞，可能为牺牲品名。由于兄丁要危害 ᛒ，故卜问是否燎祭时要用上百的牺牲。卜辞除多见燎牛、羊、牢等上百外，也有"燎百人"的记录（《合集》1039，见附图三）。

综前所述，前举卜辞记录的是：壬寅日卜问兄丁危害 ᛒ，是否燎祭时用百个牺牲。只是辞后有残缺，不知这里所用为何种牺牲品。

注 释

① 参见《合集》14881："乙丑［卜］求自大乙至丁祖九示"（即《拾掇》二 166）；《合集》20065："□酉……九示自大乙至丁祖"。这里的丁祖即祖丁。

② ᛒ（ᛘ）与从 ᛞ 的 ᛏ 相类。甲骨文中的 ᛏ 上面的止主要作 ᛞ 形，偶有作倒止的 ᚿ 形；ᛒ（ᛘ）也偶有写作倒止的 ᚿ 形。

附　图

一、《合集》2935

二、《合集》6945 及相关部位放大

三、《合集》1039

说"□（或□）"与
"□（或□）"、"□（或□）"

　　徐师《甲骨文字典》第 1397 页"引"字条曰："□从大持弓，象挽弓之形，或省作□，同。于省吾释引（见《古文字论集》）可从。……古文字从大从人每可互作，故《玉篇》训为'挽弓'之弘当即□字。《广韵·轸部》谓'引同□'，甚是。《说文》：'引，开弓也。从弓从∣。'"[1]我以为：把"□"、"□"当作同一字之繁简体并释为"引"可商。"□"、"□"二形为"人持弓"，就形看是对的。但把"□"作为"□"、"□"的简体看则不尽然。请注意，"□（或□，隶写作□）"为"人持弓"与"□（或□，隶写作□）"为"人持戈"，两者的造字思路应相同；那么□（或□，隶写作□）的"人持戈"与"手持戈"之□也应该是同一字繁与简的不同，从其造字思路方面考虑应与前同。可是□（□）字徐师《字典》释"伐"，□字徐师《字典》释"戒"，当成了□字之简体，应该没问题。[2]

　　从卜辞中□（□）与□（□，繁体，戒）的用例看，两者也有别。□（□）在卜辞中多见，作人名；□（□）在辞中作祭名（借作祓，祓乐，祭祀乐名）。由上逆推之，"□"与"□"的"手持弓"和"□"的"手持弓"能说是繁与简的不同？也就是说，□、□（或省作□，同）与□、□更难说是一字异构。

注　释

① 徐中舒主编：《甲骨文字典》，第 1397 页，"引"字下收录□（《粹》1172，《合集》20619）、□（《合集》20140）二形（附图一、二）。这里收录□（《粹》1172，《合集》20519），就是常说的贞人"扶"；而□（《合集》20140），我们从原片的残辞看，□虽是人名，但他不像是贞人，因而□与□可能是两位不同的人名。

② 戒字，学者释作"戒"，已为大家所认同。

	徐释	他释	
戦、戦 弜 人持弓 戦戦	戦徐《字典》第 1397 页说："戦从大（大）持弓，象挽弓之形，或省作戦，同。于省吾释引（见《古文字论集》）可从。商器簋文作戦、父癸觯作戦。古文字从大从人每可互作，故《玉篇》训为'挽弓'之弜当即弜字。《广韵·轸部》谓'引同弜'，甚是。《说文》：'引，开弓也。从弓从丨。'"		
戦（戦）戦人持戈	徐《字典》第 1157 页戦下称"象人持戈形，疑与戦（伐）同"，作人名或地名。	张秉权：戦象人执戈之形，乃戌字。说文十二下，戈部。（《丙考》第 286 页）	附图五
戈、戒	徐《字典》说卜集作祭名："从廾从戈（戈），廾或作戈（又），《说文》：'戒，警也。从廾持戈以戒不虞。'卜辞用为禓。《说文·示部》：'禓，宗庙奏禓乐。从示，戒声。'为持戈之舞祭。"		

附 图

一、《合集》20619　　　　　二、《合集》20140 及单字放大

三、《合集》728

▨（▨）字蠡测

甲骨文有▨字（《屯南》2148，《合集》27173、30693，附图一、二、三），字或作▨形（《合集》22247，附图四），旧不识。[1]我以为，这个字应是"从庚从又"。郭沫若在《释支干》一文中，据甲骨金文"庚"字的构形考察后说："观其形，当是有耳可摇之乐器。"[2]今案：郭说可从；"又"即手形。依此，则▨或▨字当是手执可摇之乐器。下面这片卜辞中可以看出▨字在甲骨文中是什么意思：

(1) 癸丑卜，叀旧▨用。

(2) 叀新▨用。大吉。

(3) ▨叀穌▨用。

(4) 弜用。

(5) 其▨庸壴于既卯。

　　　　（《合集》30693）

上举卜辞言"▨叀穌▨用"同版又有"其▨庸壴于既卯"，辞中的穌、庸、壴皆为乐器名，由此可推知▨也当是乐器之一种。辞"▨叀穌▨用"是借用为祭名，卜辞中乐器借为祭名累见不鲜。

那这是什么古乐器呢？《周礼·笙师》："笙师掌教吹竽、笙、埙、籥、箫、篪、篴、管，春牍、应、雅，以教祴乐。"我疑▨盖即《周礼》这里的"应"。"应"，同书又称"应鼓"（《周礼·小师》）。它可能是《周礼·鼓人》讲的六鼓（雷、灵、路、鼖、鼛、晋六鼓）之外的一种小鼓，或类似鼗鼓，而又非鼗鼓。所以《诗·周颂·有瞽》说："应田悬鼓，鼗磬柷圉。""应鼓"与"鼗鼓"并提。《毛诗传》谓："应，小鞞也。"鞞，也即《礼记·月令》仲夏之月"是月也，命乐师修鞀、鞞、鼓，均琴、瑟、管、箫……"中的"鼛",所以"应"又名"鼛"。这里也与鼗并称。

需要指出的是,《周礼》郑玄注引郑司农说的"应,长六尺五寸,其内有椎",是演奏时用以撞击以为节奏的乐器。据学者研究,郑司农说的具有这种形制和演奏法的"应"是汉以后的,不是西周前的"应鼓"。[③]

《三礼》(《周礼》、《礼记》、《仪礼》)所讲古礼制,虽然有不少儒家理想主义成分,但也保留有不少古史原始史料,尤其是包括乐器在内的一些古代器物的形制、使用等,都是很有参考价值的。"应鼓"在某些场所的使用设置与演奏情况,《礼》书也有记载,比如《周礼·小师》讲:"大祭祀,登歌击拊;下管,击应鼓;彻歌。大飨亦如之……"[④]说明这种小鼓不仅在大祭祀时用,在宴飨诸侯时也同样设置和使用,而且不是随意安放和使用的。

鼛字又见于下举卜辞:

(1)戊辰卜,今日雍己夕其乎鼛执工。大吉。

(2)弜乎为执工其作尢。

(3)……鼛执工于雍己……

(4)丁亥卜,庚卯雨在京□。(《屯南》2148)

当为人名或族名,推测鼛可能因掌握或制作这乐器得名。

又,甲骨文有 (《合集》2920反,《掇》二137),徐中舒主编的《甲骨文字典》说:字形近"庚",疑为"庚"的异体。我疑为"鼛"的异体,即鼛鼓形,下无手为简体,有如甲文的"射"字。

注 释

① 徐中舒主编:《甲骨文字典》,第1560页,举及《甲》3035(《合集》21911)有辞
"鼛鼛至"字辞不清不以为据;又《合集》22247片左右各有一鼛字。姚孝遂《摹总》
分释作"庚侑"(上册第494页上栏)。《合集释文》隶释为廈,谁是谁非还值得研究。

② 郭沫若:《考古编》卷一,收入《郭沫若全集》,科学出版社1982年版,第173—175页。

③ 参见薛艺兵:《中国乐器志——体鸣卷》,人民音乐出版社2003年版,第64—65页。

④ 这段记载的大意是说,举行大祭祀时,(瞽蒙)唱歌的时候,(大司命奏)小司跟着击拊;
歌唱完毕堂下演奏管乐器时就敲击应鼓;去祭器之时就唱歌。招待来朝的诸侯礼也是这
样的。又《仪礼·大射仪》也讲到应鼛的摆放位置,说:"乐人宿悬于阼阶东。笙磬西
面,其南笙钟,其南镈,皆南陈,建鼓在阼阶西,南鼓应鼛在其东,南鼓……"

附 图

一、《合集》30693 及相关字放大　　　二、《合集》27173 及相关字放大

三、《屯南》2148 及相关字放大　　　四、《合集》27171 及相关字放大

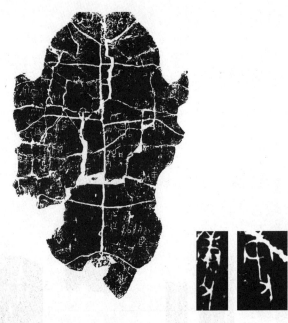

五、《合集》22274 及相关字放大

甲骨文 ■（■）字的思考

殷墟甲骨文有 ■（■）字，分别见于下列卜辞中：

(1) 贞戌□其■（■）羌（?）□三牢。（《合集》471 与 26983 重）

(2) ……乍……■（■）……多子八月。（《合集》3254）

(3) 戊子其■（■）叀并用。十月。（《合集》15821）

(4) [戊] 子其■（■）叀并用。（《合集》15822）

(5) 贞……■（■）三牢箙一牛。（《合集》15823）

(6) □□卜，出，□翌戊□■（■）……（《合集》25984）

(7) □子卜……酌■（■）……箙一牛。（《英藏》2180）

(上引辞例依次见附图 1—6)

上列卜辞的"■（■）"字从酉在 ⋔ 内，酉与 ⋔ 之间大致有 2 ~ 6 个不等的小点，其构形大同小异，基本一致。此前有学者以"⋔"为帷巾，"■（■）"象巾幔覆盖尊形而隶写作"酉"者（详后），虽有一定道理，但忽略了"⋔"、"酉"之间的小点，更不能说就完全解读了■（■）字的含义。

对■（■）字的解读，以往学者主要有如下意见：一种，自罗振玉始，以为字从巾在尊上，是幂的本字；王襄从其说，并申论称："幂"典籍或作"幎"。引许说："幎，幔也，从巾冥声。《周礼》有幎人，今本作幂。"[1]还有持慎重者认为，■（■）字"从酉在 ⋔ 中，所会意不明"。[2]不过各家似多以《合集》15823（即《佚》964）卜辞"贞……■（■）三牢箙一牛"为例，以为■（■）字在辞中是"用牲之法"。

今按：释"幂"似可商榷。

大家都知道，"⋔"形在大量甲骨文字中，一般都表示洞穴、围栏。

以甲骨文字从牛、羊、马在⊓内为牢豢字例之，⊓应属围栏之列。考虑到不同地域环境与习俗，古人用以豢养马牛羊的豢栏也不一样，如：山区有利用山岩洞穴的；平坦无岩洞可用者则树立木桩绕以绳索为之；也有就近挖掘成进出小口作斜坡形的半地穴式的；可能还有直接豢养在房屋下的，午组甲骨有⊓、⊘形盖是其写照。▦（▦）字从⊓内作酉与小点形，其造字义似亦可理解为将酒存放在洞穴内，或即特用作祭祀的窖藏酒是也。以卜辞中累见的泉水字▦以及生育娩（娩）嘉字▦例之，又另是一种洞穴之属。是古人已知将酒藏于岩穴为陈年老酒矣。

可是，迄今所知，甲骨文▦（▦）字也就前举数例，其清晰可见者以⊓内都有小点者为主。由这一特点看，我们想到甲骨文"泉"字的构形。考甲骨文"泉"字的写法主要有两形：一是作▦、▦形；二是⊓内作数点形，如▦、▦（附图七）。[3]还有用作偏旁的，也有不少是⊓内作数点形，如▦（《屯南》1111，《合集》32010，𥼶）、▦（《合集》13520、33358，𥼶）、▦（《合集》4546，叙）、▦（《合集》36909、36910等）、▦（《合集》24424，《英藏》1954等）、▦（《合集》27939）等，[4]以此情况观之，因而笔者怀疑"▦（▦）"字的初义盖特指用泉水酿制的一种美酒。

注释

① 参见李孝定：《甲骨文字集释》，第2683—2585页；于省吾主编：《甲骨文字诂林》，第
　　2696—2697页。

② 如徐中舒主编：《甲骨文字典》，第1604页。

③ 参见《甲骨文编》卷一一·一〇，第449—450页，第1351号（附图七）。

④ 同③，又见附图八《泉字原形举例》。

附　图

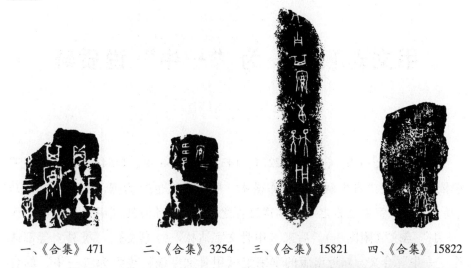

一、《合集》471　　二、《合集》3254　　三、《合集》15821　　四、《合集》15822

五、《合集》15823　　六、《合集》25984　　　　七、《甲骨文编》

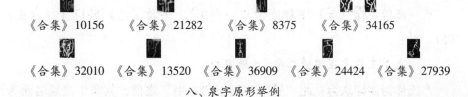

《合集》10156　　《合集》21282　　《合集》8375　　《合集》34165

《合集》32010　　《合集》13520　　《合集》36909　　《合集》24424　《合集》27939

八、泉字原形举例

甲文👉（👉👉）为"一牛"说质疑

　　甲骨文有👉（见《合集》2214、14358、34158 重、14542）字，罗振玉曾依《说文》"告牛触人，角作横木，所以告人也"为据，认为："此乃《易·大畜》童牛之告之本字，牿又告之俗作。"①孙海波《甲骨文编》释作"一牛"合文（附图一）。后来《甲骨文字诂林》、《摹总》、《类纂》等都认作"一牛"合文。新近出版的李宗焜《甲骨文字编》也作为"一牛"的合文收录（附图二）。我觉得上举诸家可能忽略了《合集》2214 的文字，此片虽是一碎片，但该片刻辞确实是可以连读的完整句，请看附图三及刻辞：

　　　　祀于父乙一👉（👉）。

　　请注意此片甲骨刻辞的末一字"👉"的右角有一横笔，千真万确作👉形。《摹总》、《类纂》的摹写也都作👉形，但摹释文却又作"祀于父乙一牛"。照此释文，如果不是把👉（👉）字视作一般常见的牛（👉）字，就是忽略了这条卜辞👉（👉）前的"一"字。这两部大作的主编也同是《甲骨文字诂林·按语》编著者，可他在按语中就是把👉（👉）释作"一牛"的。基于此，故把甲文的👉、👉、👉等同类字也就释作"二牛"、"三牛"、"六牡牛"等。

　　我们不能忽视这条卜辞👉（👉）字前有"一"字。从原片看此"一"字绝不是兆序之类的数字。假如把👉（👉）释为"一牛"，与前有"一"字显然不能通读，总不能读作"一一牛"吧。

　　严一萍曾将👉（👉）字释读为"一岁牛"，举及《乙》5317（《合集》1051）的：

　　　　贞于王吴乎雀用👉二牛。（附图四）

　　严氏作为例证认为：此"👉"字用于"二牛"之前，其非牛之通名而为牛之专名可知。盖卜所用者为三岁之牛二头也。② 李孝定认为 "其说至确"。
白玉峥《契文举例校读》更说 "释♆为一岁牛，乃千古不易之说也"。③《摹
总》将上举卜辞分读为 "贞于王吴乎雀用♆" 和 "二牛" 两辞，可能也是基
于这种断句分读吧，《摹总》主编在写《诂林》按语时近于武断地说："♆乃
一牛合文，孙海波之说是正确的，其于诸说皆非是。"④

　　从刻辞看，我以为《合集》1051 的 "贞于王吴乎雀用♆二（按：'二'，
盖为 '一' 字）牛" 之辞这样连读不一定就错，《摹总》分读不一定就对。
我们姑放一边。再看《合集》8976 片及刻辞（附图五），也算是一旁证。

　　　　王贞致其十♆。

　　此辞这样连读应当不误，"十♆" 是说 "十头二岁牛"，不能说是十二
牛，这有违甲骨文中对若干动物计量的通常记数。再结合前举《合集》2214
"祀于父乙一▮（♆）" 的确证，可见 "♆（▮）" 非 "一牛"，而释作 "一
岁牛" 更能通解全辞。所以，"牛" 字一角加一、二、三、四的♆、♆、♆、
♆为不同年岁之牛说有理有据。

注　释

① 参见于省吾主编：《甲骨文字诂林》，第二册，第 1533—1534 页。
② 转引自李孝定：《甲骨文字集释》，第二卷，第 305—308 页。又从原刻看♆字右下的二
　　为兆序，后面的♆（近 "二告" 左）上为一字组成♆（一牛），此辞当连读为 "贞于王
　　吴乎雀用♆二牛。二告"。
③④ 转引自于省吾主编：《甲骨文字诂林》，第二册，第 1535 页。

附 图

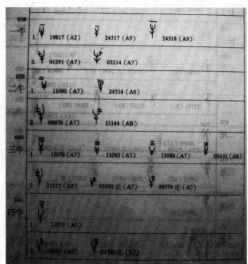

一、孙海波《甲骨文编》第 613 页　　二、李宗焜《甲骨文字编》下册第 1390 页

三、《合集》2214　　　　四、《合集》1051 前右甲刻辞　　　　五、《合集》8976

也说甲骨文的"工𠦪"

    至今学者都把甲骨文的"𠦪"字与"𠦪"、"𠦪"、"𠦪"等视作同一字之异构，全释作"典"。我认为"𠦪"字构形不仅与之有别，而且另有其义。为方便探讨，现把所搜罗到有"工𠦪"与"𠦪"的相关刻辞集中起来，同时将每一片中现存刻辞全部抄录展现以供比堪；其中相关重点辞条除用加粗黑体字外，"𠦪"尽可能取用原片原形并加摹录字形，如遇残缺不清晰者原残形字后作（?）以示待问。

    从收集到的现有辞例看有两大类：一类与周祭的五种祭祀有关。本文主要探讨与周祭的五种祭祀（彡、翌、祭、壹、肜）有关"工𠦪（𠦪）"的问题。我们所见这类甲骨刻辞主要有：

  （1）a. 癸卯王卜……在六月甲辰彡象甲。

      b. 癸丑王卜……王乩曰：吉，在七月。

      c. 癸亥王卜……在七甲子彡且甲。

      d. 癸酉王卜……王乩曰：吉，在七月。

      e. 癸未王卜，贞旬亡𡆥。王乩曰：吉，在八月甲申工𠦪（𠦪）其肜。

      f. 癸巳王卜，贞旬亡𡆥。王乩曰：吉，在八月甲午翌上甲。

      g. 癸卯王卜……王乩曰：吉，在八月。（《合集》35756，附图一）

  （2）a. 癸［巳］［卜］，［贞］王［旬］［亡］［𡆥］，在□［月］甲［午］［彡］［且］［甲］。

      b. ［癸］［丑］［卜］，［贞］［王］［旬］［亡］［𡆥］，［在］□［月］甲［寅］［工］𠦪（𠦪）其肜。

      c. 癸酉卜，贞王旬亡𡆥，在七月甲戌翌日上甲。（《合集》

35397，附图二）

(3) a. 癸未卜，贞〔旬〕亡□𡆥，在八月〔甲〕〔申〕，工□（□）
其……

b. 癸巳卜，贞旬亡□𡆥。王㞢曰：吉，在八月甲午翌上甲。
（《合集》35398，附图三）

(4) a. 癸巳〔王〕〔卜〕，〔贞〕旬亡□𡆥，王㞢曰：吉，在九月。

b. 癸卯王卜，贞旬亡□𡆥？在九月甲辰工□（放大细省，典下
有二横点）其幼其翌。

c. 癸丑王卜，贞旬亡□𡆥？在九月甲寅翌上甲。 （《合集》
35399，附图四）

(5) a. 癸酉，王卜，贞旬亡□𡆥，王㞢曰：吉，在十一月甲戌妹，工
□（□）其□，隹王三祀。

b. 癸未王卜，贞旬亡□𡆥。王㞢曰：吉，在十月又二甲申□酒
祭上甲。

c.〔癸〕〔巳〕王卜，〔贞〕〔旬〕亡□𡆥。〔王〕〔㞢〕曰：吉，
〔在〕〔十〕月又二甲午壹上甲。（《合集》37840，附图五）

(6) a. 癸未〔王〕〔卜〕，贞旬〔亡〕〔□𡆥〕，在〔十〕〔二〕
〔月〕，〔甲〕〔申〕〔工〕〔□〕〔其〕〔酒〕〔其〕〔□〕。

b. 癸巳王卜，贞旬亡□𡆥，在十二月甲午□祭上甲。

c.〔癸〕〔卯〕王卜，贞旬亡□𡆥．在正月甲辰〔壹〕上甲工□
其鲁。（《合集》35412，附图六）①

(7) a. 癸未〔王〕〔卜〕，贞旬〔亡〕〔□𡆥〕，王㞢〔曰〕：〔吉〕，
在十二月〔甲〕〔申〕〔壹〕上甲工〔□〕〔其〕〔鲁〕。

b. 癸巳王卜，贞旬亡□𡆥。王㞢曰：吉。在十月又二甲午鲁日上
甲、祭大甲。

c. 癸卯王卜，贞旬亡□𡆥。王㞢曰：吉。在十月又二甲辰壹大
甲祭小甲。

d.〔癸〕〔丑〕王卜，贞旬亡□𡆥。王㞢曰：吉。在正月甲寅鲁
大甲壹小甲。

e. [癸] 亥王卜，贞旬亡𡆥大。王占 [曰]： [吉]。在正月甲 [子] [祭] 戋甲鲁 [小] [甲]。(《合集》35530，附图七)②

(8) a. 癸卯王卜，贞，旬亡𡆥大，王 [占] 曰：吉。在五 [月] 甲辰工𤰞 (常蔡释作典) 其酚 [彡]。

b. 癸丑王卜，贞，旬亡𡆥大，王占曰：吉。在六月甲寅彡日上甲。

c. [癸] 亥王卜，贞，旬亡𡆥大，王占曰：吉。在六月甲子彡夕大乙。(《合集》35422，附图八)

(9) a. 癸亥 [卜]，□，贞旬亡 [祸]，在三月乙 [丑] 鲁小乙……

b. [癸] [酉] [卜]，□，贞旬亡祸，在四月甲戌𤰞 (工) 𤰞 (𤰞倒书) 其酚彡。

c. [癸] [未] [卜]，□，[贞] [旬] [亡] 祸，[在] [四] [月] 甲申 [彡] 上甲。(《合集》22675，附图九)

(10) a. 癸未卜，王在丰，贞旬亡祸，在六月甲申工 (工) 𤰞 (𤰞) 其酚彡。

b. [癸] [巳]，[王] [在] [丰]，[贞] [旬] [亡] 祸，在六 [月] [甲] 午酚 [彡] 上甲。(《合集》24387，附图十)③

(11) a. 癸巳卜，泳，贞王旬亡𡆥大，在六月甲午工𤰞 (𤰞) 其幼。

b. 癸丑卜，泳，贞王旬亡𡆥大，在六月甲寅酚翌上甲。王廿祀。

c. 癸酉卜，泳，贞王旬亡𡆥大，[在七月] 甲戌翌大甲。(上面所略 d、e、f 三辞所在片疑拼合欠妥，故略) (《合集》37867，附图十一)④

(12) a. 癸未卜，贞 [王] [旬] 亡𡆥大，在八月 [甲] [申] 工𤰞 (𤰞) 其幼。

b. 癸巳卜，贞 [王] 旬亡𡆥大，在八月 [甲] [午] 翌上甲。(《合集》35398，附图十二)

(13) a. 癸 [巳] [王] [卜]，[贞] [旬] [亡] [𡆥大] ……

b. 癸卯，王卜，贞旬亡𡆥大，王占曰：吉。在九月甲辰工𤰞

（😀？字迹不清）……

c. ［癸］［丑］王卜，［贞］［旬］亡囚大，［王］［占］曰：吉。［在］□月，甲［寅］［酉（酒）］［上］［甲］。（《合集》38308，附图十三）

以上（1）至（13）例明显为周祭五种祭祀刻辞，而且多是"工😀"祭的下一句同日祭上甲。上列例中第（8）a、（13）b两辞"工"后字残缺，常玉芝释作"典"。细省各片，都是典下有二小点之"😀"。然从这类辞例比较可知，也应当是有二小点的"😀"。由此我们可确定：凡属周祭五种祭祀中祭上甲者，其前一句的甲日定见"工"后用有二小点的"😀"形字样。

再看下列诸例；也属周祭五种祭祀刻辞，因骨残而缺失或仅存别的先王名号的卜辞，今所见的有：

（14）a. 癸未卜，贞［王］旬亡囚大，在［五］月甲申工［😀？］其酢［乡］。

b. 癸未卜，贞王旬亡囚大，在五月甲申乡爻甲。

c. ［癸］［未］卜，贞［王］旬亡囚大，［在］［五］月甲［申］［工］😀（😀）其［幼］。（《合集》35660，附图十四）

（15）a. 癸未王卜，贞［旬］［亡］［囚大］王乩［曰］：吉。在五［月］［甲］［申］壹且甲。隹王七祀。

b. 癸巳王卜，贞［旬］亡囚大，王乩曰：吉。在五月甲午□且甲。

c. ［癸］［卯］［王］［卜］，贞［旬］［亡］［囚大］，［王］［乩］［曰］：吉。［在］［五］月［甲］［辰］［工］😀（😀）［其］［酢］［乡］。（《合集》37846，附图十五）

（16）a. 癸巳［卜］，［徝］，贞王［旬］［亡］囚大。在□［月］，［甲］［午］壹［且］［甲］。

b. 癸卯卜，徝，贞王旬亡囚大，在二月甲辰鲁日且甲。

c. 癸丑卜，徝，贞王旬亡囚大，在二月甲寅工😀（😀）其酢彡日。

d. ［癸］［亥］卜，贞王［旬］［亡］𡆥。［在］□月……彡彡。（《合集》35891，附图十六）

(17) a. 癸亥卜，贞王旬亡𡆥，在十□月甲子翌日且甲。

b. ［癸］［酉］卜，贞王［旬］［亡］𡆥？在十二月［甲］［戌］工𤔔（典）其［彡］其［𡆥］。（《白契》140，附图十七）⑤

(18) a. 癸未，王［卜］，贞旬亡𡆥，王占曰：大吉。在五月……

b. 癸巳，王卜，贞旬亡𡆥，王占曰：大吉。在五月甲午工■（𤔔）其彡幼。

c. ［癸］［卯］，［王］［卜］，贞［旬］［亡］［𡆥］．占曰：［大］［吉］。在五月［甲］［辰］［工］■（𤔔）其彡［幼］。（《英藏》2605，附图十八）

按：此为同月内三旬相接的占卜记录。周祭五种祭祀卜辞中，在祭上甲的前一旬，都举行"工𤔔"祭。"幼"是祭名，常玉芝以为此字只出现在翌祭的"工𤔔"祭中，⑥依例下一旬的甲寅当翌祭上甲，因骨残缺不可见。

(19) a. 癸亥卜，徝，贞王旬亡𡆥，在十月甲子工■（𤔔）其妹。

b. ［癸］［酉］［卜］，徝，［贞］……（《合集》38305，附图十九）

(20) a. 癸未卜，贞王旬亡𡆥，在五月。

b. 癸卯卜，贞王旬亡𡆥，在六月乙巳工■（𤔔）其蔑。（"工■（𤔔）"之辞刻于左尾甲的左上。《前》4.43.4；《合集》38310，附图二〇）

(21) a. ［癸］□［卜］，贞王旬［亡］［𡆥］。在七月。……

b. 癸丑卜，在□，贞王旬亡𡆥，在十月甲寅工■（𤔔）其（?）彡彡。（《合集》38306，附图二一）

(22) 癸巳，［王］［卜］，贞旬亡［𡆥］，王占［曰］：［吉］。在五月甲午彡妹工■（"■（𤔔）"刻于反面，下有缺。《合集》38304正反，附图二二）

（23）［癸］亥王卜，贞旬亡𡆥，王［𡆥］［曰］：吉。［在］［一］
　　　月甲子酉（酒）妹工▉（𤎩）其［𥁕］……𤕟，王正
　　　（征）人［方］。（《合集》36489，附图二三）

（24）［癸］［亥］王卜，贞旬亡𡆥，……［在］四月甲子工▉
　　　……（《合集》38307，附图二四）

（25）……工▉（𤎩）其翌。（《合集》38301，附图二五）

（26）a. 癸丑卜，贞王旬亡𡆥，在六月甲寅工▉（𤎩）其翌。

　　　b. 癸□卜，［贞］王旬［亡］𡆥［在］□月甲午［翌］日大
　　　甲。（《怀特》1805）

　　从（14）至（26）诸片中唯见（16）c"工"后之字作"𠕋（册）"，
（17）b"工"后之字作"𤕟（典）"，其余虽有个别不够清晰者，但通过类
似卜辞款式、文例对比与字迹放大细省都是下有二点的"𤎩"。而（16）、
（17）两例实属个案，不具普遍性；且（17）为摹本。我怀疑这两例是
"𤎩"的缺刻或笔误。如怀疑不误，则"工"后字都是下有二点的
"𤎩"字。

　　综观前列（1）至（26）片各辞有如下特点值得注意：

　　第一，辞中都有"工𤎩"二字连文。"工"字虽然分别有占、𠄌、工三
种写法，但释为"工"借为"贡"，已为学者所公认。⑦

　　第二，从卜辞时代看，除（9）、（10）两例为出组（祖庚、祖甲时）外，
余皆黄组（帝乙、帝辛时代）。所选这两组卜辞都是周祭五种祭祀刻辞；而
这种周祭始于庚、甲时代，乙、辛时已严格系统化。其在祭上甲（现有卜辞
中可见有大乙、戋甲、且甲等别的先王）的前一旬，都举行"工𤎩"祭。

　　第三，再从《金文编》（附图三二）、《战国文字编》（附图三三）所收
相关字观之，金文、篆隶尚不见"𤎩"字，它是甲骨卜辞所特有的一种写
法。金文虽有▉（附图三四）、▉▉（附图三五）、▉（附图三六）等字，
有的也可在甲骨卜辞中找到，但与"工𤎩"祭无涉，也就是说金文的这些
字不可与甲文𤎩字混为一谈。

　　第四，更值得注意的是，虽然卜辞中"𤎩"、"𠕋"、"𤰒"、"𠕋"亦
可互用，⑧然"工"字后一般只见用下有两点的"𤎩"。这又表明甲骨文这些

字也不可与甲文▩字混为一谈。

仅就上面四点，就不能把"▩"形字轻易地与"▩"、"▩"、"▩"或"▦"等同看待。

此外，"▩"字还见于另类卜辞。今所见的也都是黄组，然其"▩"前不见"工"字，所卜内容多是征战方国类的。因不在我们的论题范围内，我们只在后面将有关图片汇集起来供有兴趣的同仁参考，在此暂不深究。[9]

现在再来看"工▩"一词的含义。前已提及，"▩"前之字释为"工"、读为贡献之"贡"，已为学者所公认。"▩"字，于省吾先生隶写作"▩"，他说："▩即古典字，指简册言之。其言贡典，是就祭祀时献其典册，以致其祝告之词也。"[10]我以为于说的"祭祀时献其典册"没错，但没有明确"▩"字本身就是一个念作"▩▦（或典册）"的双音节字，有如卜辞的"受祐（或释作"受有祐"）"作"▩"、"有祐"作"▩"一样。就▩下面"▮"点的写法看也相同，习惯这种写法的时代也差不多。

再看有关文献。《尚书·多士》说："惟殷先人有册有典。""有册有典"过去都笼统说成是用竹木简记载的文书。但我以为"册"与"典"还是有区别的，不仅"有册有典"分别而言表明是两码子事（犹后世言"有钱有势"、"有吃有穿"的语句），就字形或字义本身，其从初创到后来也都是有别的。《说文·册部》说："册，符命也，诸侯进受于王也。象其札，一长一短，中有二编之形。"《说文·竹部》又说："竹木联之为编，编之为册。"金文中"册"通"策"，[11]有"册命"，如《颂鼎》说的"受令（命）册"，即指封爵的策命书；又有"册易（赐）"，如《休盘》"王乎（呼）作册尹册易（赐）休玄衣黹纯"，就是赏赐之意，可能把赏赐物件都写在简册文书上的，都是按当时所需临时写在书简册上的普通文书，顶多示其慎重有据罢了。所谓"册"，就是一般的简册文书。

"典"就不同了，《说文·丌部》说："典，五帝之书也，从册在丌上，尊阁之也。"许又引庄都说："大册也。"许说"尊阁"、"从册在丌上"是依后形立说；依甲骨文字当是"双手奉册"，有尊崇之义。古人看重典籍，所谓"典，五帝之书"应是附会之说，所说"从册在丌上"则是甲文"▩"字册下所从双手的"▩"字之伪变。又谓"大册"，乃非一般的普通文书，而是可作为法则范例而备受重视的珍贵之册。《尚书·尧典》孔安国疏:"典者,以道可百世常行。"《尚书·五子之歌》:"有典有则,贻厥子孙。"典是典章,则指法则,犹今之谓法规、条例。《五子之歌》意思是说,圣明的"万邦之君"大禹,有治国的典章法则留给后世子孙。《孟子·告子下》"不足以守宗庙之典籍",赵歧注:"典籍,谓先祖常籍法度之文也。"用今天的话说,"典"就是治国理政的典章或法规条例,与泛指一般的文书册子的"册"极不相同。

最后,再回头申论一下:"工🏛"是一种特别隆重的祭祀典礼,在这种祭典上,当朝商王不仅要虔诚地贡献一般文书册子,这种文书往往写有祷祝之词,或列举出贡品名称多寡及希望神灵护佑之类等简单内容;⑫同时还要把先哲圣王制定的、子孙后代必须尊崇传承之治国理政的典章或法规拿出,以赞祭典。这些东西,在商的先人时代就用文字书写在特制的竹木简上编定成册保存了。大概周人是知道的,故说:"惟殷先人有册有典。"又因其内容特别而篇幅又大,非一般简册,故又有"大册"之称。旧时中国民间的大家族或宗族在举行重大祭祀时,都要搬出平时珍藏的谱牒、族人所订规章之类贡献于神前同祭。这种祭祀礼仪实乃古之遗制,也是国家朝廷大祀之缩影。

观察前举众多卜辞,无一不是王朝的重大祭祀活动,我认为之所以用这个🏛字,就是"册"与"典"同用的例证,在这些卜辞中应释读为双音节"典册"。

注 释

① 🎴字,据常玉芝摹本作下有二点的"🏛"。这是连续三旬,第一辞(a)依常说补工🏛🜂;第二辞(b)、第三辞(c)是次年正月的第一旬甲日🏺鲁上甲。

② 本片从癸未到〔癸〕亥连续五旬;与35412片(附图六)比较可知,癸未卜的"工"后所缺字是"🏛"。

③ 与前一例同属二期出组,是翌、祭、🏺、鲁、乡五种周祭制度尚未定型的(形成)时期。这个时期附祭的先王不限于名甲的先王。五期黄组则仅限于名甲的先王(常玉芝:《商代周祭制度》,第17—20页)。另外,五种周祭制度祭祀先王先妣时,无论其祀典名或卜辞文例是否相同,他们的受祭次序即祭祀日期是不变的。"不同祀典的卜辞绝不刻在同一版龟甲上。"(同前书第25、31、38—39页)

总之，出组与黄组一样：即1）同版出现的受祭先王先妣祀典相同，不同祀典的卜辞绝不刻在同一版上。2）无论其祀典名或卜辞文例是否相同，先王先妣受祭次序即祭祀日期是不变的。3）周祭中，翌、彡祀分别单独举行，祭、壹、魯交叉举行。（常玉芝：《商代周祭制度》，第38—39页。）

④ "幼"作▮（彳、彳、彳），陈梦家隶释为"幼"。徐师亦释"幼"，为祭名。从现有卜辞看，"此字只出现在五种祭祀之一的翌祀的工典祭中"（常玉芝：《商代周祭制度》，第141页）。

⑤ 本片采自常玉芝：《商代周祭制度》，第180页，图17（白瑞华《殷契百四十片》）。依摹本看"工魋（典）"的"魋"下无两点。

⑥ 常玉芝：《商代周祭制度》，第140页。

⑦⑩ 于省吾：《甲骨文字释林·释工》。

⑧ "魋"、"冊"、"魋"、"冊"可互用，从下列辞例可推知：

沚戙再冊（《合集》7398—7403）

侯告再冊（《合集》7407—7412）

侯告再魋（《合集》7414）

贞骨再魋（《合集》7422）

侯告再魋（《合集》7413，魋原刻倒书）

興再魋（《合集》7426正）

▦再魋，卸（《合集》7427正）

叀冊用（《合集》30676）

叀兹冊用有正/叀兹冊用有正（《合集》30674）

叀魋魋用（《合集》30691）

叀旧冊用（《合集》30684）

叀旧冊用（《合集》30678—30680）

叀魋至（《合集》30657，30658）

冊至有正（《合集》30652，30654）

⑨ "魋"字还见于另类卜辞，今所见这类卜辞都是黄组方国征战类，计有：

1）《合集》36347（附图二六）

2）《合集》36181（附图二七）

3）《合集》36344（附图二八）

4）《合集》28009（附图二九。按：卜辞在左胛骨扇部位沿骨条边向下又沿底边右行。）

5）《合集》38309（附图三〇）

6）《辑佚》690（附图三一）等六例。

按：以上六例，除第 4）例（附图二九）写作▨（下无二点的"典"）外，都是典下有二点的▨。但与同类商王用龟卜验证筮占（▨巫九▨）选定征盂方时间的卜辞，如《合集》36509 有："［王占曰：］弘吉，在三月甲申祭小甲……征盂方伯炎……"《合集》36511："丁卯王卜，贞▨（▨）巫九▨（▨），余其从多旬于多伯征盂方伯炎，書衣翌日彡，亡尤。自上下于▨，余受又又，不▨▨［▨］。告于▨大邑商，亡▨在▨。［王占曰：］弘吉，在十月遘大丁翌。"《合集》36514 有："……余一人……田▨征盂方，自上下于▨示……"这类与战事有关的辞例比堪，如用▨字应是常见。

⑪ "策"字晚出，战国后期铜器《中山王譻壶》作"▨"，《包山楚简》与后世"策"近（见《战国文字编》，福建人民出版社 2005 年版，第 289 页）。

⑫ 有如《周礼·春官·大祝》讲大祝所掌六祝之辞以事鬼神示（祇）的"筴祝"，筴（俗"策"字，通"册"）即以简册书写文辞祝告神灵。

附　图

一、《合集》35756 及单字放大　　二、《合集》35397 及单字放大　　三、《合集》35398 及单字放大

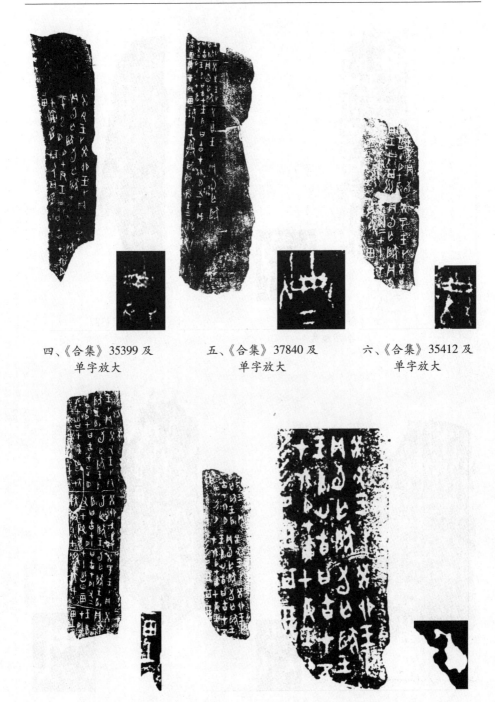

四、《合集》35399 及
单字放大

五、《合集》37840 及
单字放大

六、《合集》35412 及
单字放大

七、《合集》35530 及单字放大

八、《合集》35422 及相关部位放大

九、《合集》22675 及
单字放大

十、《合集》24387

十一、《合集》37867 及单字放大

十二、《合集》35398 及
单字放大

十三、《合集》38308 及
单字放大

十四、《合集》35660 及
单字放大

十五、《合集》37846 及
单字放大

十六、《合集》35891 及
单字放大

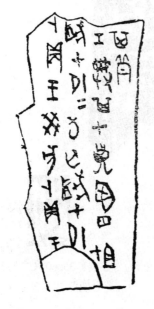

十七、《白契》140

十八、《英藏》2605

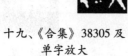

十九、《合集》38305及
单字放大

二〇、《合集》38310及
单字放大

（艤？） 正 反 （艤）

二一、《合集》38306 及
单字放大

二二、《合集》38304（艤字在反面下）

二三、《合集》36489 及单字放大

二四、《合集》38307 及单字放大

二五、《合集》38301　　　　　二六、《合集》36347 及单字放大

二七、《合集》36181 与局部及单字放大　　　二八、《合集》36344 及单字放大

二九、合集 28009 正及单字放大

三〇、《合集》38309及单字放大　　　三一、《殷墟甲骨辑佚》690

三二、《金文编》所收录的典字　　　三三、《战国文字编》所收录的典字

三四、《弜父丁觯》
（《殷周金文集成》6393）

三五、《天工册父己簋》
（《殷周金文集成》3433）

三六、《井侯簋》（《殷周金文集成》4241）

也说 [甲骨文字符]、[甲骨文字符]

《殷花》一书中有 [甲骨文]、[甲骨文]、[甲骨文]（附图八）和 [甲骨文]（附图六）分见于下列七片中，现将相关卜辞及原编者考释文字列录于下：

片号	引录相关卜辞 （括号中为本文附图编号）	引录原编者注文
3	庚卜，五日子而 [甲骨文]？/弜卸子而 [甲骨文]？（附图一）	注称"[甲骨文]，与子组卜辞及午组卜辞中的 [甲骨文] 为一字之异构"，并同意《甲骨文字诂林》姚孝遂说："与灾咎有关。"（《诂林》第3367页）释文注还认为此片"与44、241、246、247等片的 [甲骨文] 字，亦为灾咎之义。尤其是241'玉羌有（又）疾不死。子占（[甲骨文]）曰：羌其死惟今，其（[甲骨文]）[亦]惟今。'凶祸之意甚为明显"。（《殷花》3，考释，第1557页）
44	子不延又 [甲骨文]/妹又（借为没有，前说有望，后是否定）？（附图二）	"与3的 [甲骨文] 为一字异构"
199	……[甲骨文]？（附图二）	"[甲骨文] 与 [甲骨文] 字，为一字之异构"
241	辛亥卜，贞玉羌有（又）疾不死。子占（[甲骨文]）曰：羌其死惟今，其 [甲骨文][亦]惟今/辛亥卜，其死？（附图三）	
247	癸亥卜，弜卸子口疾，告妣庚？曰：[甲骨文]（[甲骨文]）告。（附图四）	释文中隶写成"[甲骨文]"
286	丙卜，更 [甲骨文]，吉，弜丁？（《殷花》286，附图六A、B）	
467	子骨未其 [甲骨文]。（附图五）	

其中《殷花》44，从照片看"𤔲"字右上角疑是骨面的划痕（附图二照片）；《殷花》199 虽模糊，但可以看出还是作"𤔲"形，只是"𤔲"上端"◇"形的最上太模糊，像是缺了顶尖上半，原编者误作"𤔲"形（附图七）。这就是说，上面各辞中不同于"𤔲"的"𤔲"、"𤔲"者，其实都是误判。至于《殷花》286 片的"𤔲"，笔者认为才是"𤔲"的一字异构。

那么是否如编者所说："𤔲，与子组卜辞及午组卜辞中的'𤔲'为一之字异构。""与灾咎有关"呢？笔者认为可以商榷。

依个人之见"𤔲"、"𤔲"这两字应有别。

先说"𤔲（𦃇）"。"𦃇"（247 片原编者隶释）字从又从糸，从又即从手，从糸与从绳索同，象双手制绳索形，照民间手工制绳索习惯，多是一端固定于物或使人用手紧握，制绳者再用双手搓合完成。《殷花》286 片的"𤔲"形字，盖示意一端使人用手紧握；如果《殷花》44 的"𤔲"右上角确为笔画，也当示意一端使人用手紧握。制粗大长绳要双手或另端由他人帮忙；细小者一人单手即成。笔者疑此字盖古"希"字所由来。《集韵》谓"希的古文作𦃇"（又见《康熙字典》说）。《说文》无"希"而有"稀"、"睎"；《禾部》谓："稀，疏也。从禾希声。"《目部》"睎，望也"，段玉裁注："古多假希为睎。"《广韵》谓："希，望也。"是"希"有"望也、求也"之义。[①]"睎"、"希"，以及"稀"古都通用。[②]人们制作绳索，使单小线绳变得长粗，又更结实耐用，本身就是一种新的愿望与希求所得。

人所希望的总是所需要者。前表所列"𤔲"字在诸卜辞中，我们解作希望也可通释，不一定要解作灾咎。尤其原编者作为"凶祸之意甚为明显"特提及的241：

　　辛亥卜，贞玉羌有（又）疾不死。子占（𠚸）曰：羌其死惟今，／其𤔲［亦］惟今。（附图三）

这是辛亥日反复为玉羌生病事而卜的记录。人们总是望病者好转。此条辞中两见的"其"是副词，在这占辞里表示对变化的可能性的推测，即表示推测语气，它可以用在名词主语后，也可用在句首；"惟"也是副词，在时间名词前，表示这句子的主要点在今天。辞的大意是说，玉羌有（又）病会不会死？子亲自检视卜兆过后说，玉羌是死是活就寄希望于今天了。再如

247 片：

  癸亥卜，弜卸子口疾告姒庚？曰：糸（⚊）告。（附图四）

辞中的"弜"是否定副词，这里可解为"不宜"，"卸"是攘除疾病之
祭，"告"是告祭。此条辞前半为倒置问句，问子的口疾不宜告祭姒庚攘除
病害么？接着说的"糸（⚊）告"是省略句，大意为，还是希望要告祭姒庚
攘除病害；也就是说：告祭姒庚攘除病害是适宜的。如果解"⚊"为灾咎
义，就难通释此条辞。辞中的曰者应是为子作占卜者，他以神灵的口气回答
前问句。从整片卜辞看，虽然只这两辞直接讲到关于疾口的事，但从相关卜
辞可知：大约从戊申日前后开始，这位子（子卜辞主人公）得了口疾，接着
便频繁进行占卜，祭祀姒庚，乞求保佑；大约经过一旬又八日，这位子的口
疾才痊愈，又过了十几日主人公"子"还想去狩猎。这位子的口疾得以痊
愈，被认为是姒庚保佑的结果，于是在己丑和庚寅两天又用牝（母牛）和�
（公猪）再祭祀姒庚，以示报谢。

  其余的 44、286、467 等辞中的"⚊"用同样的意思去诠释也可通读。

  再说"⚌"字。"⚌"字饶宗颐曾释"要"，谓"要，缴也"。姚孝遂
加的按语对饶说不置可否，但称"与灾咎有关"。[3]徐中舒先生《甲骨文字
典》认为"⚌"字"从⚍又从⚌，所会意不明。或以为象手执剪芟除之形，
即乂之古文（《甲骨文集释》第801页），然未见殷商时代有⚌形之剪，故此
说尚无确证"，"疑为祭名"。[4]笔者觉得李孝定在《集释》的"⚌"字后作按
语说"象以纯套取之形"[5]很有启发。"⚌"确实象双手持绳索套扣形，是一
个用绳索做的典型套扣。遍检《合集》与其他刊布的材料中有"⚌"字的
构形，无一作交叉的"⚌"形字（附图十、十一）。从"⚌"字在比较完
整卜辞中的用例看，如：

  （1）□□卜，夕⚍[⚌]。

    今夕⚍⚌？（《合集》21358）

  （2）□□卜，子，[贞]又⚌。（《合集》21567）

  （3）……巫妹⚌□（《合集》21568）

  （4）己卯卜，丁哷⚌？（《合集》21569）

  （5）丙辰卜，丁哷⚌？（《合集》21571）

（6）己未卜，帚，贞 ⚹，我直今五月？（《合集》21714）

（7）戊午卜，至妻卸父戊良 ⚹ ⚹ 东？

　　　戊午卜，贞妻 ⚹ ⚹ 令今夕？（《合集》22049）

（8）乙亥卜， ⚹……自白弘……十一月。（《合集》22300）

（9）乙丑卜又 ⚹ 目今日。（《合集》22391）

（10）贞子又 ⚹。（《英藏》1915 正）

　　综观卜辞中" ⚹ "的用例，如果解作"灾咎"，前面加"又"，读作"有灾咎"似乎很通顺。但为何前面也有用" ⚹（左）"的呢？那读作"左灾咎"就有些别扭了。笔者认为还是如徐师《字典》所言盖作祭名比较合适。作祭名的话，" ⚹ "前用左或右更能说得通。有人可能为适应"灾咎"说而不顾实际地把《合集》22049 明显的"左"都释作"有"。⑥值得注意的是：《合集》22049"戊午卜，至妻卸父戊良 ⚹ ⚹ 东/戊午卜，贞妻 ⚹ ⚹ 令今夕"两辞都在同一版，又两见" ⚹ ⚹ "之文（附图九），" ⚹ "字前都明明白白是" ⚹ "，这绝不可能都是笔误。" ⚹ "前用"左"或"右"应是有所区别，盖示意当时有过"左"、"右"两种不同的" ⚹ "祭。

　　总之，" ⚹ "、" ⚹ "这两字有别。前者象制绳索形。由劳作与生活经验可知，制长大粗者双手或另端使人以手助之，细者一人一只手可成；人制绳索，让单绳细线变得长粗耐用，是一种新的愿望与希求。因疑是"希"的古文"紊"字所由来。在卜辞中非灾咎义，是有所希望、愿望之类的意思。后者" ⚹ "象双手持绳扣形，只手持之即" ⚹ "之构形所本。在卜辞中为祭名，亦非灾咎义。

　　顺便一说，甲骨文" ⚹ "（附图十一下栏）盖象拉紧绳扣形，它与" ⚹ "的形义与读音都还有待进一步研究。

注　释

①《庄子·让王》"希世而行"，陆德明《释文》引司马彪云："希，望也。"又《广雅·释诂一》："晞（希）……望也。"

②又见《今古文尚书·尧典上》"鸟兽希革"孙星衍注疏，又《韩非子·喻老》"大音希声"王先慎集解。

③ 见饶宗颐：《殷代贞卜人物通考》，第 684、734 页。又于省吾主编：《甲骨文字诂林》，
　　第 3367 页，节录有饶说。

④ 徐中舒主编：《甲骨文字典》，第 245 页。

⑤《集释·存疑》，第 4579 页。

⑥《摹总》，第 485 页，上栏 22049 片摹释；《类纂》，第 1282 页，下栏。

附　图

一、《殷花》3 局部（后左右甲）及相关单字放大

二、《殷花》44 整片及相关局部（前右甲近右边）的字辞照片图
（从照片看似无“⚊”字，其右上角应是骨面划痕的一部分，而非该字应有的笔画。）

三、《殷花》241局部（前右左甲）及相关字辞放大

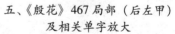

四、《殷花》247局部（后左甲）　　　　　五、《殷花》467局部（后左甲）
　　　及相关单字放大　　　　　　　　　　　及相关单字放大

六 A、《殷花》286 片相关部位的拓印与摹本图

六 B、《殷花》286 片相关部位（前左甲）

照片（左）、拓印片（中）与摹本（右）放大对比图

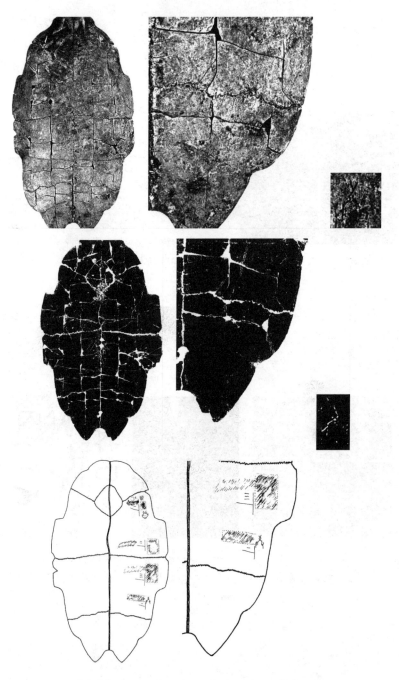

七、《殷花》199 照片（上）、拓片（中）、摹本（下）
（比较照片、拓片似应为 🔣，摹本缺上顶部）

223	224	225
3 241 247 467	44 286	199

八、《殷花》第六册第 1864 页附表

九、《合集》22049 及相关部位（新右甲后左甲）及两见"　"二字放大

《合集》21714　　　《合集》21358　　　《合集》21567

《合集》21568　　　《合集》21569　　　《合集》21049

十、《合集》所见　字构形（请注意　字上端）

十一、李宗焜《甲骨文字编》第 345 页所收录的ㄘ字（下行非ㄘ字）

十二、《合集》22391 左背甲卜辞

甲骨文中的一形多音节字探补

　　大家知道，今天的方块汉字是由甲骨文直接发展起来的，从古至今，每一个方块字都包括了形、音、义三个部分。[①]但是，现行的方块汉字都是一体单音节。偶有如二十作"廿"、三十作"卅"、四十作"卌"这种省笔合体的数字，虽然古已有之，但后来也都单给它一个音节，即以一个音节去读它：把"廿"读作念（niàn）、"卅"读作飒（sà）、"卌"读作戏（xì）。其实，一体双音或多音节在商代甲骨中已不少见并延续了很长时间。虽然早有学者注意到了甲骨文中的多音节字，但一般都算作合体字，即看作"合文"。以个人愚见，"合文"的提法，不一定全面概括得了。

　　一体读多音节现象，至少许慎时代仍存。据《说文·十部》廿下段玉裁注：

　　　　周时凡言二十可作廿也。古文廿仍读二十两字。秦碑小篆则维廿六年、维廿九年、卅有七年，皆读一字，以合四言。廿之读如入，卅之读如毂，皆自反也。至唐石经，二十皆作廿，三十皆作卅，则仍读为二十、三十矣。

　　段氏未见甲骨文，只知周时已有，不知商时就有。推测早在文字初创时·可能就有这种现象。章太炎在《一字重音说》[②]中就认为，远溯造字之初，必以一文而兼二音。他曾举《说文》中不少例证：

　　　　《说文·虫部》有悉蟋。蟋，本字也。悉则借音字，何以不造蟋字，则知蟋字兼有悉蟋二音也。如《说文·人部》有焦僬。僬，本字也，焦则借意字。何以不兼造焦，则知僬字兼有焦僬二音也……艸部有羊蘈。蘈，本字也，羊则借音字。何以不兼造薟，则知蘈字兼有羊蘈二音也。其他以二字成一音者，此例尚众。如电勉之勉，本字也，电则借音字，则知勉字兼有电勉二音也。诘诎之诎，本字也，诘则借音字，则知诎字

兼有诘诎二音也。……唐逮之逮，本字也，唐则借音字，则知逮字兼有
唐逮二音也。此类实多，不可殚尽。大抵古文以一字兼二音，既非常例，
故后人旁附本字，增注借音，久则遂以二字并书。……

不仅甲骨金文中的数字廿、卅、卌等字原本就分读为二十、三十、四十，
在甲骨文中，除数字外商的先公先王名号更是多见这种现象。此外，还有不
少一个形体的字，也有念两个或多个音节的。甲骨文中有个借作"凤"的
"凤"字旁边加"𠗂（兄）"作"𩿇"形的字，张政烺先生就认为"𩿇"
应读为凤凰的"凰"。就是说，这个独体的"𩿇"字本就是代表"凤凰"，
是一个双音节的字。后来裘锡圭在讲古汉字里"一字念双音节"问题时曾有
过进一步说明。他在《文字学概要》一书的第二章《汉字的性质》注释
⑧说：

> 汉语里的一部分双音节语素，大概早在汉字萌芽时就已经存在了。
> 对于有的作为具体事物名称的双音节语素，最初很可能只造一个表意字
> 来代表它，一个字念两个音节。甲骨文里的"凤"字，除了在｛凤｝的
> 象形字上加注"凡"声的写法之外，偶尔还有加注"兄"声的写法（今
> 按：《甲》3918："癸亥卜，㲆，贞有大𩿇。／癸亥卜，㲆，贞亡大𩿇。"
> 参见附图一，《合集》27459）。张政烺先生认为加注"兄"者应读为凤
> 凰的"凰"（《邵王之諻鼎及簋铭考证》，《中央研究院历史语言研究所
> 集刊》八本三分。"兄"、"皇"古音极近）。也许｛凤｝的象形字本来
> 就是为双音节语素｛凤凰｝而造的。看来，有可能古汉字里本来是有念
> 双音节的字的，但是由于汉语里单音节语素占绝对优势，绝大多数汉字
> 都念单音节，这种念双音节的字很早就遭到了淘汰。③

再后来，姚孝遂在《甲骨文字诂林·按语》中又指出甲骨文的"牡、
牝、𤘕合文，当读作丄（牡）牛、匕（牝）牛。到"两周以后始成为独
体字"（《诂林》第1522—1525页）。关于"牝"字读双音节，陈炜湛先生同
样注意到了，并补充了新例证。陈先生认为："牝"字应是一形念双音的，
如《殷花》9有刻辞（附图二）：

> 丙寅夕宜在新束匕牛。／丙寅夕宜在新束匕牛。

"匕牛"二字，原编者认为这两辞的"牝字分书"，直接释作"牝"。其
实"匕牛"二字明显分书为二字，决非合书的"牝"。陈先生除列举同版卜

辞中还有合书的"牝"外，又举了于省吾先生在《甲骨文字释林·释牝》文中所举甲骨卜辞"匕牛"二字有分作两行者作为补证；只是陈、于二先生注意的是"甲骨文本来先有匕牛二字，后来演化为从牛从匕声的牝字"，即"牝本为匕牛之合文，后来固定为一个字"。

陈炜湛又举及《殷花》169（附图三）有辞"甲辰卜，岁祖乙叀牡？"的"牡"是分为上"丄"下"屮"，与前"牝"字同例。④

我以为，由上还可推知从"匕"或"丄"的豕、羊（羒、狅；牝、牡）等动物名，虽都是指母畜或公畜，但其初造字当都指不同种类性别之动物，原造的就是一形读两音节之字。此即裘锡圭说的，作为具体事物名称的双音节语素，最初只造一个表意字来代表它。

甲骨文有"𤝞、𤝜"，《合集释文》隶释作狄和狱（《合集》21079，附图四）。从《合集》30997有"其鼎用三玉、犬、羊"的"犬羊"二字上下分书可证𤝞（附图五）当释读为"犬羊"。卜辞中"犬羊"、"犬豕"分书例不少，如《合集》33291有"庚戌卜，巫帝一羊一犬"；《合集》33610又言"其二犬二羊"。再如《合集》15638"贞尞四羊、四犬卯四牛四□"；《合集》15639甲乙"贞尞□羊、三犬、三啄。／贞尞三羊、□犬、三啄"；《合集》29537"十五犬、十五羊、十五豚。／廿犬、廿羊、廿豚。／卅犬、卅羊、卅豚。／五十犬、五十羊、五十豚"；《合集》34137"甲戌贞，其宁风三羊、三犬、三豕"等诸辞例之，卜辞如遇合体字"𤝞、𤝜"都当分读二音；《合集》21079片左边一行似应由下往上释读为"帝羊犬。／豕犬。"为妥。⑤当然，推证某个"一体字"是否读多音节？最直接的证据就是同类卜辞中有无分书的现象。我们认识了"一体字"读多音节字，对不少甲骨文中的不识之字就可以认识了，如这里举的"羊"、"豕"、"犬"，其形、音、义本是不难释读的普通常见字，因隶写作"狄"、"狱"就成了不认识的或只能推知其义而不识的字了。

这里还需先提及的是，有的一个字形原本应念多音节，但在有的辞例中已作为泛指的单音节字用，如甲文"牧"字就是个典型例证。甲骨文有从牛、羊、马、鹿者，后只用一个从牛的"牧"字替之，其他则渐废用，或另赋予了新意。类似的如释作"薶（今作埋）"的字有从凵从牛的"坐"、从凵从犬的"凼"、从凵从女的"妛"等形;"凵"是掘地为坑坎,坑内之牲有所不同,初造当分别读作"凵(埋)牛"、"凵(埋)犬"、"凵(埋)人(女奴)"两个音节,随着方块字单音节原则的严格化,"凵牛"则当作动词"埋"而通用了,卜辞中已多如此。但仍有专指之例,如《合集》21257"□申卜今日凼/丙……凼"的"凼"当读"凵(埋)犬"(附图六);《合集》19800的"妛"也当读作"凵(埋)人(女奴)"(附图七)。这就是说,有的字,特别是作为事物名称的双音节或多音节字,最初就只造一个表意字形来代表它,后来随着单音字的普遍化,才逐步为单音字所取代。这种现象在甲骨文字时代就出现了。

注 释

① 从古至今,每一个汉字本身都包括了形、音、义三个部分(或叫三要素)。就字形言,有"一形多音义"的,如行动、行走的"行"与商行、银行的"行"同形,而读音迥然不同;甲骨文也有,如自(自)可以读鼻;育(育)又可读后;鸟(鸟)又可读作隹(惟);月(月)可读作夕之类的字。"一音多形",甲骨文如𣲖、𣲖等音义同而形不同。还有形、音不同而意义相同的字,这类字古今都不少。如我、余之类,都是第一人称,有我或自己的意思,字形与读音古今都迥然有别。我这里要说的是另一种情况,即一个占有独立位置的一体字,或者说一个形体读多个音节的字,我暂且叫作"一体多音节字",因为这种多音节字往往也是一个词,故亦可称"一体多音节字词"或"一形多音节字词"。

② 章太炎:《国故论衡》上,《一字重音说》,中华书局 2011 年版,第 183 页。

③ 裘锡圭:《文字学概要》,第 21 页。

④ 四川大学历史文化学院编:《纪念徐中舒先生诞辰 110 周年国际学术研讨会论文集》,第 13—14 页。

⑤ 《合集释文》隶释不妥,《摹总》与《类纂》把这两个一体字释读为"犬豕"和"犬羊"是对的。又,"犬豕"和"犬羊"间"三"盖非用牲数。

附 图

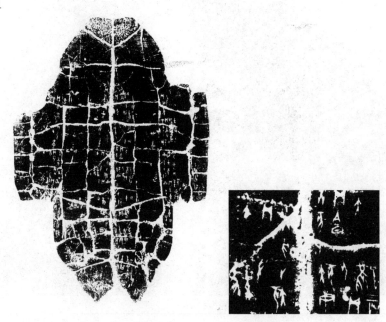

一、《甲》3918（《合集》27459）及前后左右甲间相关卜辞放大图

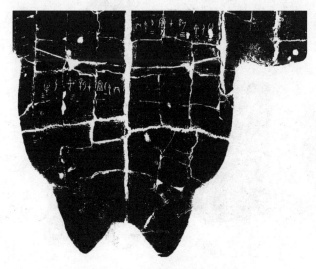

二、《殷花》9 后左右甲相关刻辞

三、《殷花》169 前左甲相关刻辞　　　　四、《合集》21079 局部

五、《合集》30997　六、《合集》21257　　　　七、《合集》19800

附一形多音节字补例表

从已有的甲骨文看，我们可以大体把这些所谓合文分为不同类型，如果统统以"合文"概之，难把下面各类的情况都包括其中，尤其是表一的这类，就不能简单地看作"合文"。

因为卜辞多见的先祖先妣先王、父母兄子及数字等一体字（合文）已多为学者所认同。这里除少量（如下文举及的不同写法）外，一般从略。需要说明的是：先祖先妣先王、父母兄子及数字等，既有可独立的单音字合在一起，也偶有音义相同写省笔（共用笔）的单音字合书一块的。如音义相同的"五宰"有省笔的 🀄 和不省而两独字合写的 🀄；"上下"有省笔的 ⟐ 和不省而两字直接合写的 ⟐；"上甲"有省笔的 ⊞、⊞ 和不省而两独字合写的 ⊟。这种音义相同写法不同的情况不普遍，但我们也分别放入相关类中。下面将个人以为还应读多音节的一体字试分类补充举例。这只是个人平时所检阅者，不仅不是全部，其中错漏定有不少，欢迎批评。列表如次。

表一：

这类是比较典型的一体多音节字，即始创的一体字表示的就是两个或两个以上音节。这类字的初创者为给新事物命名记音，或遇新事物需要新的记音符号又没有现存字可假借时，往往借助或吸取音义相近的已有文字，选取其最具代表性的通用部位，与主题字组合而成；通用部位往往又是原字的形和音，如："沉小宰"作"🀄"、"沉羊"作"🀄"、"沉玉"作"🀄"，这些字的水形"⟩⟩"，既是原字"沉"的主形，亦是新字的重要构件和新字多音义的重要来源；这种新的字虽然可以拆开，但分拆后之音义不是原有的了。比如上面的"🀄"本是"沉玉"，拆开就是"⟩⟩（水）"与"丰（玉）"两字，虽分别独立也是单字，但音义变化了。再如"🀄"、"🀄"字虽可分开，但尚未见独立单一的"∪"字，类似情况少有例外。[①]

原形与释读	一体读多音例辞	分读多音之证词	备说
（图形字）（沉牛）	1. □□卜□其（图形字）（沉牛）于河更驿。（《合集》30436，附图一） 2. 贞勿（图形字）（沉牛）。/贞其（图形字）（沉牛）。（《合集》26907 正，附图二）② 3. 贞勿……（图形字）（沉牛）。五月。（《合集》5505）…… 4. 其求年河（图形字）（沉牛），王受有祐，大雨/弜（图形字）（沉牛），王受有祐，大雨。（《屯南》673，附图三）	学者多把"（图形字）"、"（图形字）"字不加分别地都释作"沉"不妥。我以为：凡（图形字）后接牲名与牲数若干者，则当释"沉"，如："（图形字）（沉）五牛燎三牛卯五牛。/勿（图形字）（沉）五牛燎三牛卯五牛。"（《合集》14207 正）"（图形字）（沉）九牛于河。"（《英藏》2475）辞中的（图形字）一定释"沉"。反之凡（图形字）后不见牲名与牲数若干者，则当释读为"沉牛"。	前举诸例辞中的"（图形字）"、"（图形字）"，徐中舒先生主编的《甲骨文字典》、姚孝遂等主编的《摹总》与《类纂》都不加区别地释作"沉"，欠妥。就初造字推之，盖读为双音节"沉牛"。如卜辞中（图形字）后直接牺牲若干者，才应释"沉"。
（图形字）（沉小宰）	贞燎于河宰（图形字）（沉小宰）卯三（或二）牛。（《合集》14558 正，附图四）这辞是卜问：燎祭于河水神时用"宰"（指专门经过圈养的羊牲）或"沉小宰"？卯三条牛牲？	"（图形字）"字，徐中舒主编的《甲骨文字典》与（图形字）混释作"沉"（第1203 页，卷十一水部）。当如《合集释文》读三音节，释作"沉小宰"。	按：由前推之，亦当释读为"沉小宰"。
（图形字）（沉羊）	（图形字）（沉羊）……三宰……（《合集》16186，《续存》2·283同，附图五）	卜辞中多见分书"沉羊"，如："乙酉卜，宾，贞使人于河沉三羊晋三牛。三月。"（《合集》5522 正）可反证之。	按：由前推之，亦当释读为"沉羊"。
（图形字）（沉玉）	……/其（图形字）（沉玉）/刚其五牢/牢。告"（《屯南》2232，附图六）	虽然卜辞未见沉玉分书例，但古文献有以玉沉河祀鬼神的记载。	按：由前推之，亦当释读为"沉玉"。③
（图形字）（沉大）	更母（图形字）用祖丁[?]。（《合集》27286，附图七）与李学勤、齐文心、艾兰《瑞典》附9同。	"（图形字）"字水中间的"大"为人形，依"（图形字）"、"（图形字）"、"（图形字）"、"（图形字）"之例，显然是沉人牲于水中的写照，可读作"沉大"，即"沉人牲"。	与李学勤、齐文心、艾兰《瑞典》附9同为一片。（图形字）有人释作"瀗"，可商。④

（续表）

原形与释读	一体读多音例辞	分读多音之证词	备说
𣲞、𣲞、𣲞 （沉酒）	1. 甲子卜，宾，贞𣲞𣲞在疾，不比王古。（《合集》9560，附图八） 2. ……𣲞……（《洹宝》170）	见本书《也说甲骨文中的酒字——附说𣲞与𣲞的形义》。又有将《合集》10474 的"渔"误作𣲞。	依前诸例当亦是沉酒于水中祀神。"贞𣲞𣲞在疾"的"疾"为地名（岛邦男《殷墟卜辞研究》第二篇第一章第一节，表）。
𣲞、𣲞、 𣲞、𣲞 （埋人牲）	1. 丙申卜，王贞勿祥，𣲞（埋人牲）于门，辛丑甲。十二月。（《合集》19800，附图见前七） 2. 贞𣲞（埋人牲），亡艰。（《殷花》165，附图九）	𣲞，象陷人于坑坎之中（于省吾《甲骨文字释林》第 272 页）。为和卜辞狩用陷坑区别开，我以为用牲释埋为好。	22374 有辞"𣲞𣲞𣲞"，虽然辞意不能通晓，𣲞（𣲞）字也是埋人牲。
𣲞、𣲞、𣲞 （埋犬）	1. 贞帝于东𣲞（埋犬）𣲞豕寮三宰卯黄牛。（《合集》14313 正，附图十） 2. □□卜，今日𣲞（埋犬）。/丙𣲞（埋犬）。（《合集》21257，附图见前六）	依前陷人说可推知。	《合集》16197 的𣲞也是埋犬的专字，从辞意看可单释作"埋"（附图十一）。
𣲞、𣲞、𣲞 （埋牛）	…𣲞（埋牛牲）于河。（《合集》14612，附图十二）	依前陷人说可推知。	《合集》14612 的"𣲞"是𣲞的下半截，以现存辞看，"埋于河"后确无他用牲名和数字，这种句型的"埋"字应照埋牲种类直释为是。（参见本表"𣲞"字备说）
𣲞、𣲞、𣲞 （埋羊牲）	丙辰卜，贞余用卜/叀牛/叀𣲞（埋羊牲）。（《合集》22123，附图十三）	依前陷人说可推知。	《合集》22123 之辞明是卜问选用何种牺牲与用法以祭的卜辞，是问用牛？或用埋羊牲？

（续表）

原形与释读	一体读多音例辞	分读多音之证词	备说
▨、▨ （登凷或 凷登）⑤	▨新……祖乙二……王 受［又］。（《合集》 27216，附图十四）	有分书的登凷可推 证，如： 1. 癸亥卜，▨，贞其▨ 凷。／贞其▨凷其在祖乙。 （《合集》22925，图十五）。 2. 癸亥卜，何，贞其▨ ▨于祖乙更翌乙丑。 （《合集》27220，图十六） 3. ……登凷至于南庚 王受▨。（《屯南》 2360） 4. 其▨新凷，二牛用。 （《合集》34594 与 30977 重，附图十七）	▨读为凷登或登凷， ▨新即登凷新，也即 "登新凷"。有关 "登新凷"的卜辞还 有一些，如《合集》 30978、30979 等； 有关"登凷"的卜 辞除前举外还有不 少（参见《类纂》 367，第1096页）。
▨、▨ （登人）	乙巳卜，殻，贞我其有 令▨▨用王。／乙巳 卜，殻，贞我不其有令 ▨▨用王。（《合集》 1107，附图十八）	有分书的▨▨可推 证，如： 1. 王▨▨。十一月。／ 贞王勿▨▨。（《合集》 7279，附图十九） 2. 贞今春王勿▨▨。 （《合集》7280，附图二〇） 又见《合集》6172、 7299 等。	陈炜湛也有此说， 见《2004 年安阳殷 墟商文明国际学术 讨论会论文集》第8 页，又见《三鉴斋 甲骨文论集》第 222 页。
▨、▨、▨ （获豕）	1. 王在师北▨（获豕） （《合集》24342，附图 二一）。 2. 壬午卜，中，贞曰 其▨（获豕）。（《英 藏》1924）	有分书的▨豕可推 证，如： 1. 贞勿其▨（获）豕 （《合集》10246，附图 二二） 2. ……京……王田至 ……臣▨（获）豕 ……五雉二。在四 及。／……自……延田 于……隹京▨（获） 豕……鹿二。（《合集》 24446，附图二三）	
▨、▨ （设罩）	……王▨（设罩）， 罩，擒。吉／先王▨ （设罩），罩，擒。 （《屯南》778，附图二 四）	参见裘锡圭《古文字 论集》，中华书局1992 年版，第7页。	彭按：《尔雅·释 器》麋罟谓之罩。 注：冒其头也。

（续表）

原形与释读	一体读多音例辞	分读多音之证词	备说
邑、囗 （雍己）⑥	1. 己丑卜，涿，贞王宾邑彡亡尤。 2. 戊午卜，行，贞王宔邑彡夕亡祸。 3. 己未卜，贞王宾邑彡亡尤。 4. 丑卜贞王［宾］邑［彡亡尤］。（以上见附图二五）		
囗、囗 （上下匚，报乙、报丁）			参见本书《囗（囗）字蠡测》。
尞、囗 （党芙（尞）燎百）			参见本书《关于〈合集〉2935 片卜辞囗（囗）及全辞的推测》。
屾、屵、囗、囗（火灾）⑦	1. ……屵（火灾）。（《合集》19622） 2. 壬子卜屾（火灾）。（《合集》34495）	参见拙著《甲骨文囗、囗非灾窆辨——兼论商人灾祸观》，收入氏著《彭邦炯学术论文集》，第 408—420 页。	《屯南》4565 反："唯火有祸"。
屰、囗	屰，参见《类纂》第903—911 页。		多见田省射猎，古代习武练兵的田狩活动。一与三、四期居多。
屰、囗	参见《类纂》第905—911 页。		一期战争多用，三、四期战争偶见。
屰、囗	参见《类纂》第903—905 页。		一、五期战争少用，三、四期战争多见。
屰、屰、囗、囗	参见《类纂》第911 页。		从《合集》33208 看亦用战祸。

表一注释与附图

① 偶见特殊情况，如商王名号"盘庚"，除有独立分书的"囗囗"外，也有二字直接合书

　　成囗（《合集》23103、23106 等）或囗（《合集》35773、35777、35782 等），还有写

　　成囗（《合集》35780、35783 等）或囗（《合集》35778 等）的，囗、囗分书为囗与囗

就不是严格限指商王盘庚了，因单书的 𠂤 还有风、凡义，具体有用作祭名、国族地名、成语"𠂤𠂤 生 𣥂"的 𠂤 也另有他义，等等。迄今为止，甲骨卜辞中只偶见一例盘庚有分书为 𠂤 与 𠂤 的。

② 《合集》26907 正的"贞 𣥂／贞其 𣥂"是正反对贞卜辞，"𣥂"字，《摹总》与《类纂》释作"弹"不妥。"𣥂"形应是甲骨文"勿"字之小误。

③ 从水从王（玉）的 𤅷，姚孝遂等《小屯南地甲骨考释》第 289 页未加隶释，而同主编的《摹总》与《类纂》则释作"沉"。笔者以为当释读为"沉玉"。古之祭祀不仅有沉牲于河的，还有沉玉于河的，如：《左传·文公十二年》："秦伯以璧祈战于河。"《左传·襄公十八年》："晋侯伐齐，将济河，献子以朱丝系玉二 瑴 而祷……沉玉而济。"《左传·襄公三十年》："八月甲子，奔晋，驷带追之，及致酸枣，与子上盟，用两珪质于河。"《左传·定公三年》："察侯归，及汉，执玉而沉，曰：余所有济汉而南者，有如大川。"

④ 𤅷 字，《甲骨文字诂林》姚按称："字从'水'从'粦'，当释为潾。"（第 1299 页）我以为可商。"𤅷"字水间的"𣥂"为人形，疑即卜辞所称"𣥂 侯"（《合集》5708 正）的"𣥂"字异构。若是，则沉入水中的牺牲，盖即"𣥂 侯"族中献纳的人牲被沉入水中祭祀者。该片卜辞《合集》释文作"辛酉……／叀归□吕用祖丁 𣥂／叀 𤅷 用祖丁 𣥂／叀雨 𣥂 用祖丁 𣥂／吉"；《摹总》与《类纂》则释作"惟母潾用祖丁升／惟……用祖丁"。据我看，似有四辞，但除本表所引外都很模糊，祖丁后一字亦不清。

⑤ 𣥂 读为"凼登"，《合集》15855 就有"用凼登"之辞（《合集》释文误登为尊，《摹总》与《类纂》未释）。"用凼登"当即"用登凼"之倒句。

⑥ 甲文中的"雍"字，一般都作部分叠压或相连的两个四边形，如 𦥑 𦥑 等，先王雍己盖创字时就是一形读两音节字，拆开意义就变了。此字在先公先王的"合体字"中比较特殊，故放此。

⑦ 参见拙作《古国族与古史探研——彭邦炯学术文集》，中国国际出版社 2006 年版，第 416—415 页。

一、《合集》30436　　　　　　二、《合集》26907 正局部

三、《屯南》673　　　　　四、《合集》14558 正　五、《合集》16186

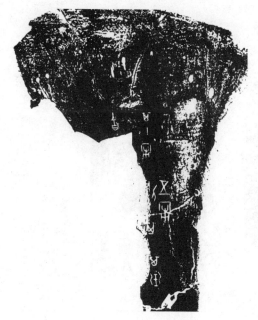

六、《屯南》2232　　　　　七、《合集》27286 及相关卜辞放大

八、《合集》9560 及相关卜辞放大

九、《殷花》165 片右部及相关卜辞放大及摹写

十、《合集》14313 正及相关字放大　　　十一、《合集》16197 及相关字放大

十二、《合集》14612 及相关字放大　　　十三、《合集》22123 及相关字放大

十四、《合集》27216 及相关字放大　　　十五、《合集》22925

十六、《合集》27220 左上相关部位字辞放大

十七、《合集》30977 相关卜辞放大　　　十八、《合集》1107 及相关字放大

十九、《合集》7279　　二〇、《合集》7280及相关字放大　　二一、《合集》24342

二二、《合集》10246　　　　　　二三、《合集》24446

二四、《屯南》778 与部分刻辞放大

22815　A　　　　　　　22817　B　　　　　　35619　　　　　　C　　　　35626　　　　　D

二五、《合集》（"雍己"的不同写法举例 A、B、C、D）

表二：

　　这类是先有现存的一体单音字，由两个以上的单音字合在一起占一单字位，不一定按词语顺序排列，可能是从审美考虑变换了位置。这类也是两个（或多个）原来是独立完整的字合在一起，仍按原来多个单字读音。最多见于先公先王先妣及诸王名号，如"武丁"作"🜚"、"祖丁"作"🜚"，他们也是甲骨学者最先注意的。我们这里主要补充除此以外的，如"亘水"作"🜚"（不过，可能在当时已在合体的"洹"后加水，即出现了独立的"洹"字，如《合集》10158"乙丑……贞洹水弗……丁"），"用羊"作"🜚"，"公牛、母牛"作"🜚"，"犬马"作"🜚"，"羊豕"作"🜚"等。考察这些"一体字"是否读两音或多音节，也主要看某复合一体字有否类似辞例分读多音者。

原形与释读	一体读多音例辞	分读多音之证词	备说
🜚、🜚、🜚 （亘水）	1. □□［卜］，殻，贞🜚（亘水）其作兹邑祸/□□［卜］，□，贞🜚（亘水）弗作兹邑［祸］。（《合集》7853，附图一） 2. 辛卯卜，大，贞🜚（亘水）弘弗敦邑（《合集》23717，附图二） 3. □□卜，出，贞侑于🜚（亘水）九犬九豕。（《合集》24413，附图三） 4. 弜［又于］🜚（亘水）。/庚午卜，其又于🜚（亘水）有雨。（《合集》28182，附图四）	戊子，贞其燎于亘水泉□三宰🜚三宰。/戊子，贞其燎于亘水泉三宰🜚三宰。（《合集》34165，附图五）	甲骨文中作河流水名的一体字很多都应读多音节"某水"为是，亦可称为合体形声字（王温智《殷墟甲骨文研究》第567页）。

（续表）

原形与释读	一体读多音例辞	分读多音之证词	备说
㴲、㴲、㴲、㴲（商水）	1. 丁亥卜，中，贞㴲㴲于㴲（商水）。/㴲不㴲于㴲（商水）。（《合集》8310正，附图六） 2. ……㴲（商水）北……九录。（《合集》33177，附图七） 3. 于㴲（商水）南沚北。（《合集》33178，附图八）	商水大……（《合集》33350，附图九）	值得注意的是：《合集》34165、33350 都同为四期文字。
㴲、㴲（北水）	1. 于㴲（商水）南㴲（北水）北。（《合集》33178，附图八，见上3） 2. 庚子〔卜〕，宾，□涉于东㴲（北水）。/贞我勿涉于东㴲（北水）。（《合集》8345+8346）	依前商水说可推知。卜辞称"涉于东㴲"，显然㴲是水名。	
㴲、㴲、㴲（画水）	1. 丁丑卜，翌日戊王其田㴲（画水）弗擒。（《屯南》2739）		由前可类推《合集》8347—8349、10206，《屯南》762等。
㴲、㴲、㴲（河水）	如《合集》10405反、13442正所言"……出虹饮于河（河水）"等；《合集》5225、5226、8409 等所言"……涉河"的"河"都可读"河水"。		
类似从水的如：			
㴲	《合集》29344、29345 等		从㴲（水）从㴲（函），盖函水也。今多释"涵"，为后起之义。
㴲	《合集》3755		今释"泷"，为后起之义。
㴲	《合集》36531		
㴲	王其田在㴲北湄……（《合集》29401）		所从㴲不识。
㴲（麦水）	……今日步于㴲亡灾（《合集》28231）		

（续表）

原形与释读	一体读多音例辞	分读多音之证词	备说
𨠗（酒水或酉水）	在𨠗盂田（误为口）受禾。（《合集》28231）		酒、酉古互通。
等等。			
𤶊、𤶊（疾首）①	戊卜，子寐𤶊（疾首），亡艰。/子寐𤶊（疾首）……/子寐𤶊（疾首）用公牛，告又㫃妣庚。（《殷花》124）	甲卜，子疾首亡延。/子疾首亡延。（《殷花》304），《殷花》446还有"首疾"二字分书。	参见拙著《甲骨文医学资料释文考辨与研究》。
𤵄、𤵄（疾痞）			见本书《再说甲骨文的𤵄（𤵄）字》说。
𤉢、𤉢、𤉢（网鱼，网捕鱼）	1. 叀学滴（商水）、𤉢（网鱼）□。（《合集》28426，附图十） 2. 弜至/其𤉢（网鱼）。（《合集》28427） 3. 壬弜𤉢（网鱼）其狩。（《合集》28430）多见如28429、10478、10479等。	甲申卜，不其网鱼。（《合集》16203，附图十一）②	《摹总》隶释𤉢为𩵋；《合集》隶作𩵋，同。我以为合体的𤉢盖即《说文》的"𦊉，鱼罟也"。甲文为多音节动词，盖释读为网鱼，或以网捕鱼。
𤉢、𤉢、𤉢、𤉢（网捕兔）	1. 壬卜，子又祟，曰：往𤉢（网捕兔）。（《殷花》286，附图十二） 2. 丙卜，子其往𤉢（网捕兔）……（《殷花》401，附图十三）	由网鱼可推知：𤉢，盖从网捕兔之合文。	旧释可商。我以为相当于《说文》的罞，《广雅》的罦：兔罟也。卜辞作动词，为"以网捕兔"。
𤉢、𤉢（网捕猪）	乙酉卜，子又之阝南小丘，其𤉢（网捕猪），获。（《殷花》14，附图十四）	由网鱼可推知：𤉢，盖从网捕豕之合文。	
𤉢、𤉢（用羊或羊用）	贞子汰……𤉢（用羊）。（《合集》3066，附图十五）③	己未卜，王侑兄戌羊用（《合集》20015，附图十六）	《合补》6170有残字作𤉢，亦是"用羊"一体字。
𤉢、𤉢（豕犬或犬豕）	丙寅卜，王，己巳步往□易日/于乙刀帝/蒂𤉢（犬豕）/𤉢（犬羊）。（《合集》21079，附图十七）	卜辞多有犬豕同用例，壬午卜，巫帝/巫帝一犬、一豕。（《合集》21078，附图十八）	《摹总》释作犬豕。

（续表）

原形与释读	一体读多音例辞	分读多音之证词	备说
（羊犬或犬羊）	丙寅卜，王，己巳步往□易日/于乙迺帝/蒂/（犬豕）/（犬羊）。（《合集》21079，附图十七）	卜辞多有犬羊同用例，□□〔卜〕，王，东帝羊一、□一犬。三月。（《合集》21087，附图十八）	《摹总》释作犬羊。
（羊豕）④	己卯……父…… （羊豕）……（《合集》20681，附图十九）	卜辞多有羊豕同用例，如： 1. 甲辰卜，内，尞于河一豩一羊……（《合集》14561，附图二〇） 2. 贞沉十羊十豩。（《合集》16191，附图二一）	《合集》33374
（庐豕）	戊……左……于…… （庐豕）。（《合集》10724，附图二二）	1. 壬辰卜，侑母癸庐豕。/癸巳卜，侑母甲庐豕。/甲午卜，侑母乙庐豕。/乙未卜，侑母庐豕。（《合集》19957反，附图二三） 2. 戊辰卜，彻，贞酒庐豕至豕龙母。（《合集》21804，附图二四） 3. 卸牧于匕乙庐豕匕癸虤匕丁豕匕乙豕。/卸众于祖丁匕癸庐豕。（《屯南》，附3）	按：又见《合集》19956（庐豕倒着分书）、22437、22438等。庐豕，多认为是剥割豕牲。卜辞还有"庐羊"，类推盖为剥割羊牲，惜未见一体的。
（羊牛）	1. 叀〔羊〕（羊牛）。/叀羊（羊牛）。/叀羊（羊牛）。/（《合集》29522，附图二五） 2. 父乙岁叀羊（羊牛）。/叀牛。（《合集》27013） 3. 羊（《合集》29513—29527）	卜辞有叀牛又有叀羊。（《合集》37290—37295）同见一版还有"叀羊/叀牛/叀牛"（《合集》29250，附图二六）、"叀羊牛"（《合集》29523，明显分书）。	羊旧释"骍"，"骍"应是后起之字，其义为赤色。上举可见，大意是卜问：祭祀用牲单用羊？或单用牛？或是羊与牛都用？
（牧牛）	1. 乎牧于朕刍。（《合集》148） 2. 壬辰卜，贞商牧（牧牛）。/贞勿商牧（牧牛）。六月。（《合集》5597） 3. 其北牧擒。/……鹿其南牧擒。（《合集》28351） 4. 癸酉卜王其田牧鸡叀乙雨。/叀戈田牧弗……（《屯南》4033）	与甲文"沉"、"埋"字类似。	一般说释"牧"没错，但有的地方应释读为"牧牛"。图省略。

（续表）

原形与释读	一体读多音例辞	分读多音之证词	备说
、、（牧羊）	1. 贞于南（牧羊）。（《合集》11395） 2. 令（牧羊）于刈不……（《合集》11396）	与前类似，图省略。	旧释"养"可商，于省吾释"牧"近而不够全，当释读为"牧羊"。
、（黄牛）⑤	1. 乙卯其（黄牛）正王受又又。（《合集》36350，附图二七） 2. ……（黄牛）……（《合集》36997） 3. 叀（黄牛）。/（黄牛）。（《合集》36998，附图二八）……	1. 贞帝于束陷豕燎三宰卯黄。（《合集》14313，表一附图十）； 2. 甲申卜，宾，贞燎于东三豕三羊犬卯黄。（《合集》14314，附图二九） 3. 燎于东西伐卯黄/贞燎于东西南卯黄。（《合集》14315正，附图三〇） 4. 叀（黄）牛。（《合集》29507，附图三一）	分书"黄牛"的"牛"字有的写作或，比较特别，盖亦"牛"字之异体。
、、（一岁牛）⑥	1. 辛巳卜，贞示求自上甲一牛……（《合集》14358） 2. 祀于父乙一。（《合集》2214） 3. 贞求于河致……/……于河致示。（《合集》14542正）	《合集》19987的"一牛卸帚狸己"的牛似形（图：）	彭按：这类一体多音节字已为学界公认（释读有分歧，故亦收此，附图省略）。参见本书《甲文（）为"一牛"说质疑》。
、（二岁牛）	癸丑……贞其……/……叀……（《合集》11144）		《说文》：牬，二岁牛。
、、（三岁牛）	1. 侑犬于黄奭卯/叀豚卯。（《合集》9774正） 2. 贞于王吴乎雀用二牛。（《合集》1051正） 3. ……季……（《合集》21117）		《说文》：犙，三岁牛。
、（四岁公牛）	贞求于祖辛/翌癸丑侑祖辛（《合集》1780）		岛氏《殷墟卜辞综类》、姚氏《摹总》都误作"（四牛）"。

（续表）

原形与释读	一体读多音例辞	分读多音之证词	备说
𤘈、𤘈（六岁公牛）	……于……又……燎……又羊……卯……（《合集》15067）		
𤘈、𤘈（释为"公牛"或"雄性牛"，即"牡"）	1. 贞勿侑𤘈更𤘈（公牛）。（《合集》6653正）2. 庚子卜姚辛岁更𤘈（公牛）。（《屯南》2363）3. 己亥卜母己辛岁更𤘈（公牛）。（《英藏》2406）多见𤘈（公牛）（《类纂》第582—583页）	甲辰卜，岁祖乙牢更⊥𤘈。（《花东》169）⑦	《殷花》169片的"牡"在同一辞条同一行分书为上"⊥"下"𤘈"。
𤘈、𤘈、𤘈（公牛、母牛）	1. 甲申卜，卸帚狸姚己二𤘈（公牛、母牛）。十二月。/卸帚狸姚己一牛（？）/卸帚狸姚［己］一牛一羊。（《合集》19987）		或可视为后世的"牡牝"二字合书，不过专指公母牛，𤘈字下所从者专指公母羊。
𤘈、𤘈、𤘈（母牛）	1. 贞勿侑𤘈（母牛）更𤘈（公牛）。（《合集》6653正）2. 庚申卜，□，贞匕庚岁其𤘈（公牛）在。/贞𤘈（母牛）在。（《合集》23364）3. 丁丑，岁祖乙黑𤘈（母牛）一，卯胴/丁丑，岁祖乙黑𤘈（母牛）一，卯胴二于祖丁。（《殷花》49）又见《殷花》446等。	1. 丙寅夕，宜在新束匕牛。/丙寅夕，宜在新束匕牛。（《殷花》9）2. 弜戠夕其酚匕牛。（《合集》33709）3. 丁酉卜，用匕牛彡/弜用牝。（《合集》34401）	按：左右同文"匕牛"分书两行，《殷花》9释为"牝"。甲骨文中可分雌雄的动物名词，如𤘈、𤘈、𤘈、𤘈等应释读为双音节。
𤘈、𤘈（六公羊母羊）	……求……乙……𤘈（六公羊母羊）……（《合集》12819）	见本书《说甲骨文的𤘈字》。	
𤘈、𤘈（专供牺牲的圈养公羊）	乙亥岁祖乙小𤘈，子祝。左［麓］。（《殷花》354，附图三二）		其他表动物性别的一体字都应读多音节。

原形与释读	一体读多音例辞	分读多音之证词	备说
🔲、🔲（公马）	（《殷花》98，附图三三）		
🔲、🔲（母马）	（《殷花》98，附图三三）		🔲，《合集》3411
🔲、🔲（勹宰）	辛酉卜，争，贞今日𝍐下乙一牛曁🔲（勹宰）/贞𝍐下乙［一］牛曁十🔲（勹宰）。（《合集》6947，附图三四）	他辞有勹牛（见下）、勹马（《合集》27631）可佐证应有分书的勹宰，惜未见。	
🔲、🔲、🔲（勹牛）⑧	1. 叀🔲（勹牛）/叀🔲（勹牛）/叀🔲（勹牛）。叀🔲（勹牛）。（《合集》35818，附图三五，同文又见36032）2. 贞🔲（勹牛）/弜🔲（勹牛）。（《合集》23732，附图三六）又见：《合集》23189、23290、23732、24542、24543、27013、32377、33602，《怀特》1770、1778，等等。	1. 贞侑于示壬妻匕庚宰叀🔲牛七十。（《合集》938正，附图三八）2. 庚子卜，亘，贞🔲牛于敦/贞🔲牛。（《合集》11153，附图三七）3. 癸巳卜，殼，贞燎🔲牛又五豈。（《合集》15616）又见：《合集》11154、11155、11162、11182、15617、19911、33604、33605、33691，《殷花》142，《怀特》1371，等等。	一体的🔲、🔲字读为"勹牛"两个音节（同时参见《甲骨文字诂林》第2470—2471）。《合集》27631（附图三九）有"勹马"分书，尚未见一体的。
🔲、🔲（龙母）	壬辰卜……惟🔲（龙母）……（《合集》18048，附图四〇）《合集》18049：……🔲……	1. 戊辰卜，𠂤，贞酒庐豕至豕龙母（《合集》21804，见本表"庐豕"，附图二四）2. 庚子卜，更小宰卸🔲/辛丑子卜贞用小宰龙母。（《合集》21805，附图四一）	《合集》21805一合书一分书甚明，龙母盖龙甲之配。
🔲、🔲（多母）	1. 贞🔲（多母）亡祸（《合集》22259、22261，附图四二A、B）2. 贞惟🔲（多妣）/惟🔲（多母）。（《合集》1395正）	1. 庚戌□□贞易多母有贝朋。（《合集》11438，多字残缺）2. 甲申卜，王，大卫于多母后。（《合集》19971，附图四三）3. 于多母卸。（《合集》27559，《邺三下》37.8，图四四）4. 贞隹多母蚩。（《英藏》113，《库》663）……	《合集》22259、22261旧都隶释作敄或妈以为他辞的妇敄之省称。《合集》1395正，两见"贞惟🔲"可推对应的确应是"多母"合文。🔲，《库》663。

（续表）

原形与释读	一体读多音例辞	分读多音之证词	备说
𫠜、𫠜、𫠜（王母）	《合集》18045、20706	惜未见分书。	《合集释文》、《摹总》、《类纂》均隶释为"妊"。盖为王母合文。
𫠜、𫠜（小母）	《合集》22238、22241（一片中三见）		释读无分歧。
𫠜、𫠜、𫠜（登米）	1. ……其𫠜（登米）□父乙……（《合集》2278，附图四五） 2. 贞于日（丁?）𫠜（米登） 3. 王受又。（《合集》30987，附图四六）王其𫠜（登米）二必更卲各菽禶酚/其𫠜（登米）𫠜且乙更翊曰乙酉酚王受又/……𫠜（登米）廼……且辛𫠜（登米）𫠜王受又。（《屯南》618，附图四七）	1. 辛亥卜，贞其登米于祖乙。（《屯南》189，附图四八） 2. ……登米。（《合集》34592） 3. 丁丑卜，其米登。（《合集》30988）	又《合集》38686—38689、38693、38694等有𫠜、𫠜字，推知盖读"登米𫠜"，如前举《屯南》618。
𫠜、𫠜、𫠜（登禾米或登𫠜米）	1. 庚寅卜，贞王宾𫠜（登禾米）亡尤。（《合集》38686，附图四九A） 2. 其𫠜（登米）𫠜且乙更翊曰乙酉酚王受又。（《屯南》618，附图四七右放大）	1. □巳卜，……𫠜𫠜𫠜亡尤。（《合集》38693，附图四九B） 2. ……𫠜……（《合集》34592，附图四九D） 3. □□卜，贞王［宾］𫠜（禾登?）亡尤。（《合集》38695，附图四九C）	《摹总》释蒸，《合集释文》释为𫠜，均可商，由前推当读多音节。从字看，还有𫠜（麦）米、禾米、𫠜米不同粮食之分。
𫠜、𫠜（执虎人，即执虎方人）	丙戌卜，徝涉邲𫠜。（《殷花》429，附图五〇）⑰	1. 丁亥，贞今秋王令［取?］［逆?］𫠜。（《屯南》4330，附图五一） 2. 贞更𫠜比长共……示三。（《合集》4593） 3. 戊子卜，宾，贞令犬延族圣田于𫠜。（《合集》9479）	
𫠜、𫠜（迻马）	戊戌夕卜，翌日己子其□从往□乡𫠜𫠜?子占曰：不三其一，其二，其又𫠜（迻马）。（《殷花》381，附图五二）	戊午卜，子又呼逐鹿，不迻马。（《殷花》295，附图五三）	𫠜与分书迻、马两字见《殷花》381、295片，都在后右甲。迻即旌、旋，从扩从止。止，足也；足，疌也。旋，疾速也。辞中盖指疾速奔驰之马。

（续表）

原形与释读	一体读多音例辞	分读多音之证词	备说
▢、▢（射鹿）	丁未卜，象来涉其乎▢（射鹿）。/己未卜，象▢（射鹿）既其乎……（《屯南》2539，附图五四）	1. 王其射鹿▢。（《合集》28326，附图五五）2. 呼射鹿获。（《合集》10276，附图五六）……	▢原为多音节动词，隶释为"麤"，后其义为名词。
▢、▢、▢（允不）	合书▢多见，如《合集》20572、21022、21052等。	分书"允不"二字也多见，如《合集》21035、27861、27863，《屯南》744……除多为上下分书外，还有左右横书在两行的。	学界释读无分歧，卜辞与图均省略。
▢、▢（允雨）	丁巳雨，允雨（上下分书）/庚申卜，辛酉雨▢。（《合集》12909正合书与分书有同见一版）	勿需多举，仅此即可证。	学界释读无分歧，辞与图省略。
▢、▢（雨疾）	▢字合书多见，如《合集》12669、12669、12672正甲乙、21036等。	"雨疾"分书亦多见，如《合集》12670、12671正等等。辞与图省略。	或释"疾雨"，学界释读基本无分歧。⑩
▢、▢（风雨）	贞雨不▢（风雨）/贞雨其▢（《合集》12817正）	学界释读无分歧，辞与图省略。	《怀特》239；也作凡雨；凡雨即风雨，"凡"是甲文"风"的简化。
▢、▢、▢（小雨）	《合集》28546、28547、38169等。	学界释读无分歧，辞与图省略。	
▢、▢（子京或果京）	1. 癸未，贞旬亡祸在▢。/癸酉，贞旬亡祸在▢。/癸亥，贞旬亡祸在▢。/癸丑，贞旬亡祸在▢。/癸卯，贞旬亡祸在▢。（《合集》33134，附图五七）2. 癸亥，贞旬亡祸在▢。/癸丑，贞旬亡祸在▢。/癸卯，贞旬亡祸在▢。/癸巳，贞旬亡祸在▢。（《合集》33135，附图五七）《合集》4685	暂无▢、▢分书例证，但有▢分书（《合集》8058，附图六二）的。	释读为多音节无分歧，上部是子（▢）或果（▢）之简化，有待进一步探索。⑪

（续表）

原形与释读	一体读多音例辞	分读多音之证词	备说
🔥、🔥、🔥（果京）	1. 贞于🔥（果京）。（《合集》4722、4723 同文，附图五八、五九） 2. ……二月……〔妇〕好在🔥（果京）……（《合补》3031） 3. 丁丑卜，在🔥（果京）子其更舞钺若。不用。（《殷花》206）又见：《合集》1079、8040、8049、8054、《英藏》722、《殷花》455 等。	1. 贞王勿往于🔥。（《合集》6477 正，附图六〇 C） 2. 癸丑，贞旬亡祸，见于🔥。（《合集》33133，上下分书，后一字不很清。）（《合集》8051 可能也是上下分书。）	他辞又有：贞更今日往于🔥。（《合集》8063）…… 步果。（《合集》8066）
🔥、🔥、🔥（果山京）山或为火	庚辰卜，卜亘（日?）贞于🔥（果山京）。（《合集》8041，附图六一）	1. E. 贞王往于🔥。/F. 贞王勿步于🔥。/D. 贞王往于🔥。（《合集》6477 正，附图六〇 ABCDEF） 2. ……🔥 🔥 （🔥 🔥）……（《合集》8057）	🔥既可分书为🔥、🔥、🔥，自然可释读为🔥。
🔥、🔥（晋 廿人）			参见《试说〈合集〉34256 片残辞中的🔥》

表二注释与附图

① 参见拙著《甲骨文医学资料释文考辨与研究》，第 85、193—194 页。

② 🔥，《摹总》隶释为鱼，《合集》隶作🔥，同。《合集》16203，《摹总》释作"不其网鱼"，《合集》释文作"不其网🔥"，今省原片网下似鱼字，《摹总》为是。

③ 🔥，文见《合补》6170，未释。《合集》释文作"羞"，《摹总》作原形"🔥"。《甲骨文字诂林》姚按：字从羊从用，隶可作 羞 辞残，其义未详。今省原片，字确为从羊从用的"🔥"形，应是"用"、"羊"二字之合书字。

④ 《摹总》释为"己卯……父……羊犬……"按：本片"羊"后字与《合集》20684 的释"豕"之字写法同，与《合集》33374 逐字（🔥）所从的豕完全一致；犬与豕之别是犬尾长而卷，故当为"豕"字。《合集释文》释读为是。又🔥释貑，亦豕之种。

⑤ 今可隶写为"犘"字，据《集韵》和《康熙字典》谓：犘，胡光切，音黄。牛名。盖后来随着单音字的普遍化，才逐步独立为单音字，其中有保存本义的，也有利用其形体而另赋新意的，如下面的"瑾"字盖另赋予了新意。

⑥ 迄今卜辞中尚未见有"一岁公牛"的一体字。旧释 ♈、♈、♈ 等为一牛、二牛、三牛、之类，似有不妥。卜祭牲用牛之数累见，从一牛至若干牛不等，都是分书为一牛、二牛、三牛……只能说是这几个合书不是普通的一牛、二牛……我以为释 ♈、♈……为"一岁牛"、二岁牛……为是（参见严一萍：《〈说文〉牭㸬牺㹊四字辨源》，《中国文字》第二期）；别的且不说，就从《合集》2214 称"祀于父乙一♈"辞例看，如"♈"释"一牛"，为何前还加数字"一"？语不通。

⑦《花东》编者将分书的"土牛"都释为一体的"牡"字。

⑧ 徐中舒先生认为："〉象耒形，〉象耒端刺地起土，一举耒起土为一壥，壥与〉（勿，卜辞中用为否定词）古音同，且〉、〉形近，故〉字后世亦隶定为勿，由起土而训为土色、色、形色，经传多借物为之。《左传·成公二年》：'物土之宜而布其利。'物土即相土色。郑司农注：《周礼·草人》：'以物地占其形色。'物训色则自非一色，引申之得为杂。《周礼·司常》：'杂帛为物。'甲骨文物作〉，或从牛作㸬，皆谓杂色牛。"（《甲骨文字典》，卷二牛部，第 83 页。）

⑨ 末一字㹊，《殷花》编者释注曰："义近执，乃执虎方人之专门字"。邔 也是人或地名，辞意是，獋这个人涉水去 邔 地抓获㹊族之人。㹊由〉、二字组合而成。〉为刑具桎梏形，卜辞多作动词。〉为国族或国族聚居地名，他辞有"贞〉众人得"（《合集》66），足见㹊亦一体多音节字。

⑩ "霎"，孙海波《甲骨文编》第 456 页（卷一一·一三；1370 号）收有此字，隶写作"霎"，谓"从雨从㞢"。《说文》所无。李孝定《甲骨文字集释》根据《乙》2814、《甲》3701（即《合集》12672）也收录此字（第 11 卷第 3458 页），说与孙氏同。这表明孙、李对"从雨从疾"结构的这个字的释读基本相同，都认为是"《说文》所无"的一体单音节字。姚孝遂、肖丁主编的《殷墟甲骨刻辞摹释总集》对此辞中的霎也摹释作"霎"。但同书对《合集》12669、12672 等同形字则释读为"雨疾"是对的。

⑪ 下面三种情况可供参考：

A. 由《合集》8041 ▮、8042 ▮与 8057 ▮、▮*比较可知：1. ♀与♀为同字异构；2. ♠与♠也为同字异构；由此还可推知，♠与♠盖亦同字异构。然从♀的♠有一大批（《合集》4685、8045、33134、33135 等）。

B. 由《合集》4722 ▮、8048 ▮、8049 ▮等字形比较可知：♀、♀、♀为同字繁简异构。与《合集》8058 ▮、8065 ▮比较可知：1. ♠与♠也为同字繁简异构；2. ▮（▮）可分书为♠（♠）与♀（♀）。

C. 由《合集》8041 ▮、8042 ▮与 8057 ▮、▮*并与《合集》8061（8070 同，附图六三）▮、▮比较可知：▮（▮）字可分书为♀、▮和▮，当然也可分书为♀（♀）、♕、♠（♠）

三字。

*又据李宗焜《甲骨文字编》说《上博》2426. 702 有嚣（《甲骨文字编》中册第 748
页 2483 号）。

一、《合集》7853　　　　　　　　　二、《合集》23717

三、《合集》24413 及单字放大　　　　四、《合集》28182 及单字放大

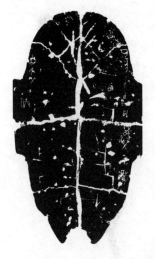

五、《合集》34165 左胛首与腰部　　　　　六、《合集》8310 正及单字放大

七、《合集》33177　　　　八、《合集》33178　　　　九、《合集》33350

十、《合集》28426　　十一、《合集》16203　　十二、《殷花》286 后右甲及单字放大

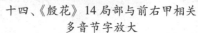

十三、《殷花》401 后右甲　　　　　十四、《殷花》14 局部与前右甲相关
　与多音节字放大　　　　　　　　　多音节字放大

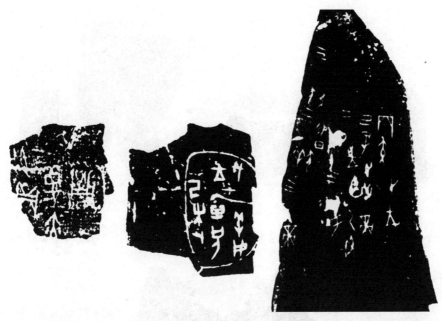

十五、《合集》3066　　　十六、《合集》20015　　　十七、《合集》21079 上局部

十八、《合集》21078 下局部　　　十九、《合集》20681　　　二〇、《合集》14561

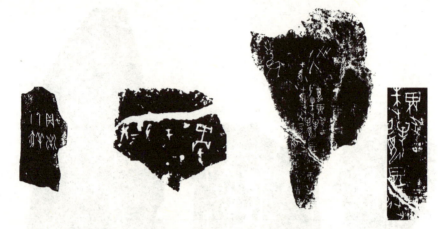

二一、《合集》16191　　二二、《合集》10724　　二三、《合集》19957 反与分书的庐豕

二四、《合集》21804 与分书的庐豕

二五、《合集》29522　　二六、《合集》29520　　二七、《合集》36350 上部

二八、《合集》36998　　　　　　二九、《合集》14314

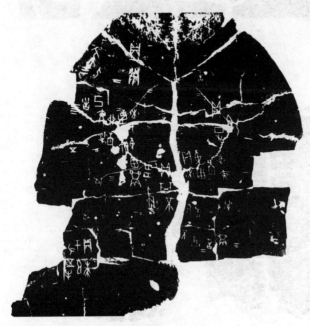

三〇、《合集》14315 正　　　　　　三一、《合集》29507

三二、《殷花》354 局部与后右甲相关卜辞及多音节字放大

三三、《殷花》98 首左右甲所见字放大

三四、《合集》6947

三五、《合集》35818 及相关刻辞放大

三六、《合集》23732 及相关刻辞放大　　　三七、《合集》11153 相关部位放大

三八、《合集》938 正及相关刻辞放大　　　　　三九、《合集》27631

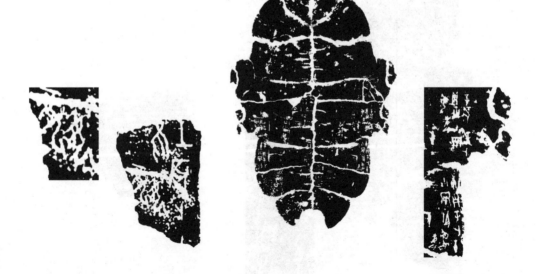

四〇、《合集》18048 及相关卜辞放大　　　四一、《合集》21805 及后右甲相关卜辞放大

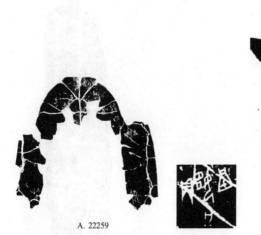

A. 22259　　　　　　　　　　　　　B. 22261

四二、《合集》22259（A）、22261（B）及相关卜辞放大

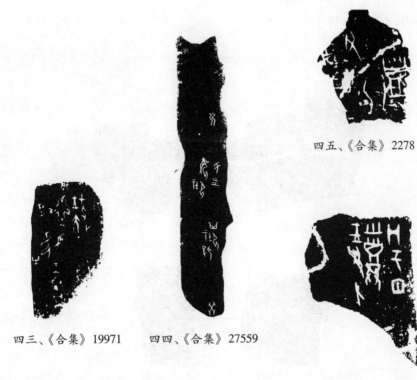

四五、《合集》2278

四三、《合集》19971　　四四、《合集》27559

四六、《合集》30987

四七、《屯南》618（右为上部放大）　　　　　四八、《屯南》189

A　38686　　　　　　　　B　38693

C　38695　　　　D　34592

四九、《合集》38686（A）、38693（B）、38695（C）、34592（D）

五〇、《殷花》429 及前左甲处卜辞放大

五一、《屯南》4330

五二、《殷花》381 首、前、后右及相关字放大

五三、《殷花》295 后右甲与尾右甲上卜辞与"旌马"字放大

五四、《屯南》2539 及单字放大　　　　五五、《合集》28326　　　五六、《合集》10276

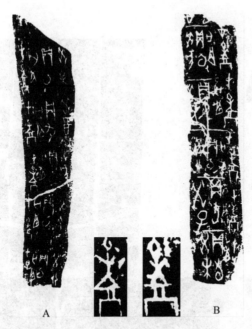

五七、《合集》33134（A）、33135（B）

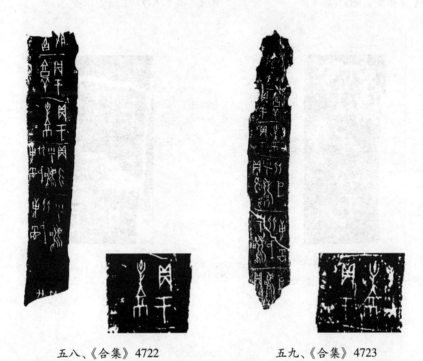

五八、《合集》4722　　　　　　五九、《合集》4723

六〇、A.《合集》6477 正　　　　　　　　　　B.《合集》6477 正相关部位

C. "贞王勿往于𤉲凷"，　　　　　　　　　D. "贞王往于𤉲凷"，
《合集》6477 正左上　　　　　　　　　　《合集》6477 正右上

E. "贞王往于 ⚍⚎ ⚏"，
《合集》6477 正右上

F. "贞王勿步于 ⚍⚎ ⚏"，
《合集》6477 正左下

六〇、以上，ABCDEF，为《合集》6477 正及相关内容局部放大

六一、《合集》8041　　　六二、《合集》8058　　　六三、《合集》8070

表三：

这一类原来也是两个或多个一体单音字，书契者为省事省空间，通常用借笔或在一个形体的某部位作一个特别的形符或声符，示意此形体当读多音节。①如"王亥"作 ；象人吸饮形（异体 加今音）； （加凡声）、（加兄，兄、皇古音近）等。

原形与释读	所见一体字举例	分读多音节之证	备说
、、、（酒登）②	1. 勿（酒登）。（《合集》9869，附图一） 2. 庚戌卜，贞翌辛亥用岊岊岁。（《合集》15855，附图二） 3.《合集》15856 作。	1. 贞勿酒登。（《合集》11484 正，附图三） 2. 贞王咸酒登勿宾翌日□。（《合集》9520—9524，附图四）	《合集》9520—9524 为同文卜辞，都契刻于后右甲近甲桥处。《合集》15855 旧释"陣"，可商。
、（我王）	1. 癸巳卜，咸祟（我王）。（《合集》32444，《安明》2111，附图五）	惜未见分书"我王"例证。	《摹总》与《类纂》释为"我"误，当依《合集》为是。《合补》10646 疑伪刻。
、（王亥）	（王亥）牛。（《合集》14735 正，附图六） 借笔仅此一见。	1. 贞尞于王亥十牛。/甲申卜，争，贞尞于王亥其玉。贞尞于王亥十牛。（《合集》14735 正，附图六） 2. 贞尞于王亥十牛。（《合集》14734 反）	"王亥"二字上下分书，多如《合集》14724—14759 等，从略。
、（上下）	1. 乙未贞隹（上下）。（《合集》34176，附图七） 2. ……月在□……彝自（上下）于敉余……亡尤。（《合集》36747）	五期卜辞多见"……左自上下于敉……"（《合集》36511，附图八）；"……自上下于敉……"（《合集》36181、36507）。	"上下"二字不借笔分书两字，亦可看作（上下），但为一体借笔明显。
、（五宰）	《合集》11310、11313、24570 等。	《合集》11306—11309、22549 等。	多见。
、（小疒臣）	1. 己巳卜，㐱，贞王梦不惟循（小疒臣）。/惟循（小疒臣）。（《合集》5598 正反，附图九） 2. 贞（小疒臣）其得。（《合集》5600，附图十）	字的释读虽有分歧，但都认为读多音节。	，有释读为"小牆"，也有释"小藏"，比较研讨以胡厚宣《殷人疾病考》所释为是。③
、（受祐，受又）	叀王（受祐）。（《屯南》88，附图十一）	牢又一牛王受又。/二牢王受又。/叀牛王受又。/叀王受又。（《合集》29487，附图十二）	或释为柳，卜辞中多为地名。受又即受祐。

（续表）

原形与释读	所见一体字举例	分读多音节之证	备说
⿰、▨ （又又， 有祐）	1. 高用王受⿰（有祐）。/自大乙用执王受⿰（有祐）。/其用自中宗祖乙王受⿰（有祐）。（《合集》26991，附图十三） 2. 乎允王受▨（有祐）/王其乎允受▨（有祐）。（《合集》27881）	壬戌卜，㦰，贞其又来方亚旅其□王受又又。/壬戌卜，贞弗受⿰⿰。④（《合集》28011，附图十四）	"王受▨"当释为"王受有祐"，三、四期卜辞多见，据粗略统计30多见。"王受又又"即"王受有祐"与"王受⿰"同。
⿱、▨、⿰ （凤凰）	癸亥卜，琢，贞有大⿱/癸亥卜，琢，贞亡大⿱。（《合集》27459，《甲》3918，见引言附图一）	"兄"与"皇"古音相近，说见张政烺：《邵王之諻鼎及簋铭考证》，《中央研究院历史语言研究所集刊》八本三分册。⑤	
⿰、▨、⿱，或作⿰、⿱⑥ （饮酒）	1. 贞今王其▨（饮酒）。（《合集》775正，附图十五） 2. 贞王▨（饮酒）有㞢/贞 王/▨（饮酒）亡㞢。（《合集》10137正，附图十六）	▨的异体⿰从今从酉（酒）作⿰，今、饮古音相近。▨字从酉（酒）加形符⿰，⿰象人俯首吐舌就饮形，本读为"饮酒"两音。	泛指的饮水（喝水），读单音节的如"有出虹自北⿰于河（河水）"。（《合集》10405反）
⿰、▨ （典册 或册典）	见本书《也说甲骨文的"工⿰"》		

表三注释与附图

① 对在一个形体的某部位作一个特别的形符，示意原形体当读多音节的情况，如我们举的"又"下作"▬"就有不同看法，有说是"合文符号"或"带符号的合文"或说"是集合文、借笔、借字于一身"的特例（参见麦里莜：《商代甲、金文足已使用合文符号》，《纪念王懿荣发现甲骨文110周年国际学术研讨会论文集》，第227—230页）。我以为这也是一体多音节字之一种。此外在某字旁加注声符而读两音的，⿱字应属此类。

② 甲骨文有▨（《合集》9869）、▨（《合集》15856）、▨（《合集》9）等形之字，这些字的特点是下面都有"⿱"形，上面为"酉"，旧都与⿰、⿱等放在一起释为"尊"。我以为它应是"登"与"酉"之特殊合体，即"酉"下与"登"上共用"⿱"

的省笔。这"酉"即"酒"（见本书《也说甲骨文中的酒字——附说🖼与🖼的形义》一文）。🖼（🖼）字当读"酒登"两音。

③ 参见拙著：《甲骨文医学资料释文考辨与研究》，第220—222页。

④ 这里的"受🖼"当是"受🖼"之误，即"受又又（受有祐）"。

⑤ 裘锡圭认为"凤"的象形字（🖼与加月的🖼）"本来就是为双音节语素'凤凰'而造的"（《文字学概要》，第21页）。

⑥ 一期简作🖼或🖼形，此两形前从酒瓮形，后以数字九，盖商时酒、九音同。

一、《合集》9869及相关字放大　　　　　　二、《合集》15855及相关字放大

三、《合集》11484 正与相关卜辞放大（辞在首、前左甲）

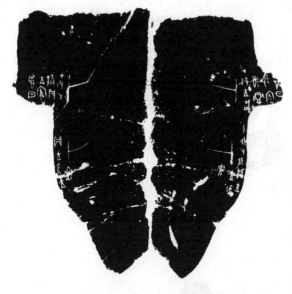

四、《合集》9521 与相关卜辞放大（辞在后右甲近甲桥）

五、《合集》32444　　　六、《合集》14735 正及相关字放大（合分同见）

七、《合集》34176 及相关字辞放大

八、《合集》36511 与相关字辞放大

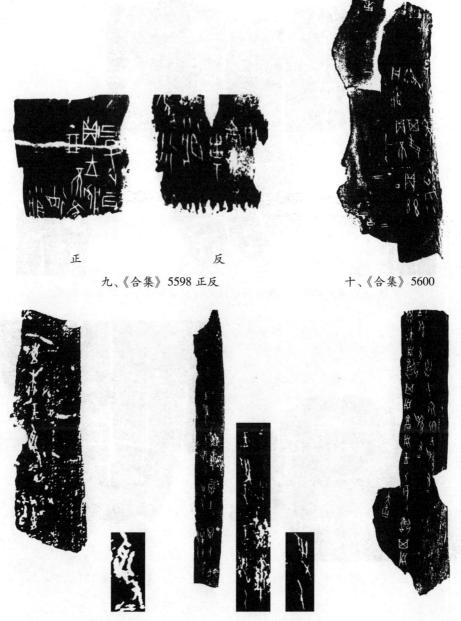

九、《合集》5598 正反　　　　　　　十、《合集》5600

十一、《屯南》88 及相关字放大　　　十二、《合集》29487　　　十三、《合集》26991
　　　　　　　　　　　　　　　　　　 与相关字辞放大

十四、《合集》28011 与相关刻辞放大（左在前左甲，右在前右甲）

十五、《合集》775 正上半部

十六、《合集》10137 正下半部

彭祖的传说与甲骨文中所见之彭氏

彭氏源远流长，历史悠久，人口众多，播及海内外，不仅是中华民族大家庭中的重要成员，也是我国姓氏族源历史中颇具典型意义的大族。

一、彭祖前的传说与彭祖国族

据《世本·帝系篇》：

> 黄帝生昌意，昌意生高阳，是为帝颛顼。……昌意娶于蜀山氏之子，谓之昌仆，产颛顼。颛顼娶于滕山氏，谓之女禄，产老童。老童娶于根水氏，谓之娇福，生重黎及吴回。吴回产陆终。陆终娶于鬼方氏之妹，谓之女隤，是生六子，孕三年，启其左胁，三人出焉。其一曰樊，是为昆吾；二曰惠连，是为参胡；三曰篯铿，是为彭祖；四曰求言，是为邻人；其五曰安，是为曹姓；六曰季连；是为芈姓……彭祖者，彭城是也。

又据《史记·楚世家》：

> 楚之先祖出自帝颛顼高阳。高阳者，黄帝之孙，昌意之子也。高阳生称，称生卷章（《集解》与《索隐》均说：卷章即老童），卷章生重黎。重黎为帝喾高辛居火正（管理火种的官或说观测火星之官），甚有功，能光融天下，帝喾命曰祝融。共工氏作乱，帝喾使重黎诛之而不尽。帝乃以庚寅日诛重黎，而以其弟吴回为重黎后，复居火正为祝融。吴回生陆终。陆终生子六人，坼剖而产焉。其长一曰昆吾；二曰参胡；三曰彭祖；四曰会人；五曰曹姓；六曰季连，芈姓。

将上面两书比较：《史记》所记颛顼与老童之间多了"称"一代（《山海经》有"颛顼生伯服"。《古本竹书纪年》有"颛顼生伯鲧"，鲧当即服）。我们综合《世本》与《史记》等有关资料，可以列出彭氏及相关古史传说人物的世系（附图一）。

依上列所传世系，吴回是帝颛顼的曾孙。据张筱衡《散盘考释》，[①]吴回原居今陕西西部的陇县吴山。吴在陇东，鬼方在陇西，两族相邻，故吴回之子陆终得娶鬼方氏之妹为妻。后来陆终又迁到今周至南山；因陆终迁此，故后来名曰终南山。再后又在今山西平陆、河南获嘉（古叫大陆泽）等地留下了陆终一族的遗迹。到尧舜时，陆终第三子篯铿的一支，迁至今苏北徐州铜山地。这便是韦昭《国语·郑语》注的：

> 大彭，陆终第三子曰篯铿，为彭姓，封于大彭，谓之彭祖，彭城是也。

又唐司马贞《史记索隐》也说：

> 彭祖即陆终氏第三子篯铿之后，后为大彭，亦称彭祖。

这里并未明确说彭祖就是一个长寿人。将彭祖作为一个长寿人看待可能源于《荀子·修身》和《史记·五帝本纪》及有关注释。荀子曰："彭祖以修身自名，则配尧禹。"《集注》曰："彭祖，尧臣，名铿，封于彭城，自虞夏至商，寿七百岁也。"

《史记·五帝本纪》说："禹、皋陶、契、后稷……彭祖自尧时而皆举用。"彭祖也就成了和大禹、皋陶、契、后稷等同时代的一个人，可并未说彭祖寿长七八百岁。寿长七八百岁之说始自西汉宣帝时刘向的《神仙传》，从那以后东汉班固《汉书·人表》、王逸注《楚辞·天问》等也才有"彭祖寿长八百岁"的说法。清人俞正燮在《癸巳类稿》中更坚信此说，认为"彭祖自舜至盘庚，八百五十余年，典籍可征，非奇异也"，如此等等。

我以为对典籍所载，应加以科学地认识和取舍，决不能盲从。据古人类学的研究，我国"三皇五帝"时代的先民，一般寿命只有四五十岁上下，尧舜时代的彭祖篯铿，寿达七八百岁之说，显然是不符合古人类学的研究成果和缺乏生命科学知识而迷信神仙长生不老之说的看法，是不可接受的非科学观点。其实，一个人的寿命，哪能长到数百岁呢？不用说古时医学、卫生、营养、科学不发达，就是当今医学可以移植器官，也没有长寿到两百岁以上的例证。因此，我们只应理解为：篯铿以今苏北徐州铜山地方为中心逐渐发展为东方的强宗大族（即彭祖之国），历经虞、夏到商武丁之时已达八百多年。因为彭氏发展成了东部的大国族，该国族始自号称大彭的篯铿，篯铿也被视为了不起的始祖，故亦称为彭祖，其国族亦可称彭祖国。彭祖国因势力很强大，他的历代首领都为夏、商王朝所重用，而夏、商两朝的时间，据《竹书纪年》所记历时共九百多年，夏至商武丁也恰在八百年左右。再加上道家神仙长寿说的伪托，这样一来就很容易把历时八百多年的彭祖国族误以为是彭祖篯铿一人寿长八百余。

二、篯铿称彭与彭字初义探索

前引《国语·郑语》及韦昭注讲的大彭始封之地彭城，据顾祖禹《读史方舆纪要》说，春秋属宋，具体地点在今江苏徐州铜山县。这里需要弄清的问题是：今徐州古称彭，始于篯铿（始封）族居之前？或篯铿族居之后？或者说徐州称彭是原先就固有的？郑樵《通志》的《氏族略》把彭氏归入第一类的"以国为氏"，就认为先有彭国，以后才有彭氏，但亦未说彭国之名彭始于其地（今徐州）固有名，或篯铿已称彭而后带去，其后来的徐州古时才得称彭。

根据我的理解，应是先有篯铿被称作彭。古国族之称多不轻易更改，往往其国族迁到哪里，此地便以原国族名相称。所以篯铿族被称作彭以后，他们迁到何处，彭就带到何处。而篯铿称彭又与击鼓有关。

尧作为当时一个大部落联盟的领袖，在他的统领下面有许多小的部落和氏族，陆终是其中的一个，而陆终的部落又是由六个大氏族构成的。也就是说，以篯铿为首的氏族是陆终部落中的六个大氏族之一。这个篯铿不仅是陆终部落中的一个氏族首领，而且还兼做部落的神职人员——祭司（或巫师）。在原始氏族社会中，首领兼作通神的巫师之首是常有的。

梳理有关古史传说看，篯铿盖即古文献中讲的彭咸。东汉人王逸《楚辞·离骚》注说："彭咸，殷贤大夫，谏君不听，投水而死。"然而，据学者研究彭咸也就是巫咸。[②]据《世本》说，帝尧之臣中有巫咸，是大鼓的发明者。我认为，这个发明大鼓的帝尧之臣——巫咸应该就是彭咸，也就是所谓尧所"封"的彭祖国之首领。据《山海经》讲，彭咸也是一位"神医"。我们都知道，古者就是巫医不分的。巫是当时氏族部落中最有知识的神职人员，他们不仅会祭祀降神，用巫术驱鬼消灾除病；而且，在长期的生活实践中也积累了许多疗疾的知识和手段，如使用针砭按摩与用某些药物治病。也就是说，早期的巫师主要是用祭祀、诅咒、祈祷等巫术为人们治病，后来则在使用宗教巫术的同时，也采用药物和医疗器具进行某些合理的治疗；而巫术"显灵"，使患者疾病好转的原因除了精神安慰外，主要是药而不是降神驱鬼的魔力。所以，文献往往说古之名巫都亲自"采药于名山"，"皆神医也"。[③]不懂药性的小巫，除用巫术给患者某种精神安慰外，难以真正除病而成一家之巫医的。再后来才分出以药物针砭疗疾为主的医者。而巫医大致从商王大戊以后才逐渐分离的，这是人们在长期与疾病斗争的痛苦经验教训过程中，对巫医进行的一种自发的分辨与取舍过程。所以，古代巫的职责不仅是率众祀神，而且肩负着治病救人的重任。

彭咸作为帝尧为首的大部落中的祭司，既是宗教巫术活动的主持者，也是"操不死之药"的"神医"，又是大鼓的发明者。古今中外祭鬼神都有鼓乐助祭，籛铿以前可能只有小鼓，到籛铿时才发展为大鼓。大鼓声音洪亮能致远，故逐渐成为首领召集族众发号施令的信号，成了最高权威的声音。籛铿将小鼓改造成了大鼓并用于助祭和召集族众，鼓声彭彭，声音洪亮，激动人心，为本族和他族人所景仰，自然也深得帝尧和陆终族人的拥戴，"彭彭"之声逐渐变成了籛铿这一支氏族的代号。到帝尧之时，以籛铿为首领的氏族从陆终部落中分离出来，并迁徙到今江苏徐州铜山地方立业，即韦昭注《国语》讲的大彭"始封"之地。

籛铿一族迁徙中可能路经今河南的中牟境（据江永《春秋地理考实》，《诗·郑风·清人》的"清人在彭"，《左传·闵公二年》郑文公派高克防御狄的彭地，也即《左传·哀公二十五年》弥子瑕食采邑于彭的彭地。其地在今河南中牟境）。

再从文字学上考察，彭与发明大鼓也确有关。

彭字甲骨文有彭、彭、彭、彭、彭等多种写法，[④]但基本构形是从壴，从彡至彡点；点在左或右，古文字多无别，最多见的是三点在右，个别多至六点。还有一种壴形左右各两点的彭形也应是彭字。金文中的彭字写法与甲骨文同。壴或壴就是鼓形，↓象鼓的装饰物，壴或壴象鼓放在架上，[⑤]旁边的点则示意击鼓的声音，所以《说文》曰："彭，鼓声也。从壴，彡声。"徐铉《说文通训定声》曰："当从形省乃得声。"彭象伐鼓之形，甲骨文的彭字已作了很好的证明。学者解彭字为"伐鼓之声"，已是学界所公认的了。

因为篯铿族先有了彭号，迁徙停留过的地方也留下了彭的地名，最后定居今徐州铜山地方，那里才有了彭的国族和地名。甲骨卜辞的材料已证明古代国族、地名或人名往往同一，或者说国族、地名、人名三者合一的现象很普遍。⑥也正因为国族、地名、人名三者合一而称，故很容易误将国族之名当作人名，将历经虞、夏、商三代八百余年而不衰的彭祖国族，误作长寿八百岁之彭祖其人了。

这就是说今天的彭姓是先有篯铿族以鼓声彭彭而号彭，继而有彭作国族之称，从此以后彭国人的后裔便以国为姓氏而称彭，非是先有徐州地名为彭，而是鼓声彭彭得名之篯铿族迁去后才有的。

三、甲文中的彭氏

甲骨卜辞是用商代通行的文字记录材料，在地下埋藏了三千多年，直到清末才被发现。它所记之事当然是最可信的，它不像传世的文献，不存在伪造或误传。甲骨文的发现使我们准确地知道彭氏何时开始进入了有文字记录的信史时代。下面看看甲骨卜辞中关于彭氏的记录。

一期（武丁）甲骨卜辞有：

(1) 辛丑卜，亘，贞乎（呼）取彭。（《合集》7064，附图二）

(2) ……取三十邑……彭、龙。（《合集》7073 正，附图三）

(3) 贞勿令师般取……于彭、龙。（《合集》8283，附图四）

(4) ……□般……彭、龙。（《合集》14775，附图五）

上面四条卜辞中，第（1）辞最为完整。这是商王武丁祈求神灵指示是否攻取彭国的记录，大意是：辛丑日进行占卜，卜官亘问：（商王武丁）发令攻取彭国么？第（2）、（3）、（4）条比较残，但通过卜辞互补可知是卜问是否"令师般夺取彭国和他的盟友龙人三十个城邑"的记录。师般是武丁朝的著名将领。邑指城邑或居民聚居点。由此可见彭、龙这两个国族，曾有过众多的城邑，其人口和土地都是十分可观的。香港中文大学教授饶宗颐先生研究称："卜辞言彭龙者当指大彭与龙两地，龙为鲁邑，与彭城近。"⑦今据顾祖禹《读史方舆纪要》考："兖州府峄山县有彭河，在县东南五十里。"兖州

府峄山县即今山东省枣庄南的峄县，县东南五十里有条河叫彭河，与徐州的
直线距离约六七十公里。这样看来，这四条卜辞所记与龙相邻的彭，应该就
是从尧舜时代开始聚居于此之彭国。再结合前举文献材料，完全有理由相信：
商王武丁所攻伐的彭国，就是尧舜时以大鼓著称的篯铿族迁居今徐州地而发
展起来延续八百多年的彭姓国族。

其实文献所记助夏启平定"五观之乱"的彭寿（事见《逸周书·常麦
解》和《竹书纪年》），就是当时的彭族首领，伯是爵称，寿是彭族当时首
领的私名。商代卜辞中称伯的都是与王朝关密切的国族首领，即所谓内服诸
侯。由此推之，当时的彭国与夏王朝关系是非同一般国族的，这也可以理解
为何他要助启平定五观之乱了。

汤灭夏而彭国尤存。夏亡后并未动摇彭国的地位，据《竹书纪年》载，
在商代成汤玄孙外壬（甲骨文称卜壬）与河亶甲（甲骨文中称戋甲）两朝之
时，彭氏国族的北部，今山东微山县东北地方有个称为邳的方国叛商。当时
彭国仍是伯爵之国，其首领称彭伯，于外壬三年克邳。商王外壬弟河亶甲即
位第五年，在今山东曹县境又有个方国叫班方也与商为敌，彭伯又与韦伯助
其伐班方，迫使原来与班方结盟的姺（也作莘，在今山东定陶西南）族转而
归顺商王朝。

彭国多次助商征伐东方叛商的方国，也因此更成为东方的强大异姓方国。
这对商王国来说，异姓的国族越强大，对子姓商王朝威胁也越大。据我的研
究，从成汤灭夏到太戊（甲骨文作大戊），其间历四世十王，经过约两百年，
可算是商王国稳步发展时期开始走向衰弱的阶段。太戊死，传位给儿子仲丁
（甲骨文作中丁）。从中丁至盘庚，经五世十王，历时约 186 年，商王国处于
"不常厥邑"的动荡时期。在商王朝外部先后又有兰夷、邳、班方等国族的
叛乱，所以史称"诸侯或不至"；内部盘庚以前"自中丁以来，废适（嫡）
而更立诸弟子，弟子或争相代立"，形成了史称"九世之乱"的争夺王位的
内斗（见《史记·殷本纪》）。在此期间彭、韦等国给了商王国很大的帮助。
到了武丁（盘庚弟小乙子）时，用了奴隶出身的傅说为辅首，励精图治，王
国开始中兴。商对东方的彭国也采取了"武力削藩"。这便是武丁为何伐彭
取邑的原因——实是武丁见其强大，威胁其统治而打击之。⑧

此事史称"武丁四十三年灭大彭"（《竹书纪年》）。证之上举卜辞，彭

国在武丁时确与商发生过严重的对立。而彭的灭国可能就是在武丁遣"师般取三十邑"以后不久的事。《竹书纪年》说在武丁四十三年大体可信。

武丁子祖庚、祖甲时期的卜辞（属二期卜辞）还有彭地的记录：

（5）己亥卜，行，贞王宾父丁岁牢亡尤，在彭。（《合集》24343，附图六）

这是武丁之子拟在彭地宾祭其父武丁的占卜记录。

（6）甲戌卜，王在师彭卜。（《合集》24339，附图七）

（7）在师彭卜。在五月。（《合集》24340，附图八）

（8）贞亡尤在师彭卜。（《合集》24341，附图九）

"王在师彭卜"的意思是说王师驻在彭地的占卜。第（7）辞言"在五月"，是记此卜的月份，这个时候是殷历的五月份。第（8）辞的彭字又写作澎（澎）；与前（5）、（7）两辞比较，可知澎当即彭水的合文。上面卜辞说明王师存在原大彭国之地占卜和举行祭祀的记录，说明原有彭国之地已成了商王国的直属地。商王已可到那里驻军和举行祭祀活动。

我们知道：商王国和脱离氏族社会的许多国家一样，是一个政教合一的王国。商王既是政治首领，也是宗教领袖，在他下面除有辅助他的政治军事机关外，还有专门负责占卜祭祀的机构，设有掌管贞卜和祭祀的官员及各种职事人员。其中贞人和卜人都是重要的占卜官员，尤其是贞人更是代王卜问吉凶祸福的近臣。从甲骨文材料可知，许多贞人都是一些氏族部落的首领，有自己的领地。考廪辛时代的贞卜官员中就有彭作为贞卜官员代王卜问吉凶祸福的记录，如：

（9）庚戌卜，彭，贞亡（无）灾。擒……擒三鹿。（《合集》28325，附图十）

（10）……卜，彭，贞其延登黍。（《合集》30345，附图十一）

（11）癸亥卜，彭，贞登其又（佑）于寅。（《合集》30347，附图十二）

（12）癸亥卜，彭，贞旬亡（无）祸。（《合集》31448，附图十三）

（13）壬申卜，彭，贞惟……（《合补》8837，附图十四）

同时参见《合集》31366—31369、31403—31435、31448；《合补》8726、8826—8846 等，都有贞人彭出现，在同时代的卜官中彭出现频率最高。据《合集》、《合补》两书粗略统计就有 70 多见，而别的卜官出现最多的也只三四十见。可见彭氏是当时很受重用和信赖的占卜官员。这位显赫的卜官彭，盖即原彭国之后裔。作为彭祖创立的大彭国虽然被武丁所灭，但古者灭国而不绝其祀，彭国下面别的宗氏家族仍被商王朝所重用，所以四期（武乙、文丁）还有下面这样的占卜记录：

（14）丁亥卜，王令陕、彭囚侯商。（《屯南》1066）

（15）……［王］令陕、彭囚［侯商］。（《屯南》1082，附图十五）

上举卜辞的陕应是国族名（也是人名），如卜辞有"贞勿使人于陕，不若"（《乙》1905）、"贞勿乎取陕"（《铁》199. 2），这两辞的"陕"明显是国族或地名。又有卜辞曰：

（16）贞生五月陕至。（《乙》3468）

（17）乙卯卜，争，乎陕往。（《前》7. 21. 2）

这两例中的陕又显然是人名。辞中的彭与陕是并列的，因之可见这两辞的彭也同为人名。囚字作囚形，象人在口（四面封闭的牢圈）中，与甲骨文的卅字（井中作人形）同。学者或释蕴，作埋藏讲；或释死、葬亦可。此处当释囚为是。囚者，拘也、系也，意为拘捕。这是商王命陕、彭二氏去拘捕侯商。侯商是某侯爵的称谓，有如一期武丁卜辞有侯虎（《合集》3297 正、3298 等），有时也叫"宫侯"或"宫侯虎"（《合集》3286 正、6553、6554 等）；攸侯（《合集》5760 正、32982），有时也叫"侯喜"或"攸侯喜"（《合集》36484）。此辞可能是侯商获罪于商王朝后出现的，故有是否命陕、彭二氏去拘捕的占卜记录。

上举贞人彭和受王命与陕去拘捕侯商的彭都应是武丁所灭的彭祖国之后裔。武丁灭彭后，原来彭氏国族被削弱，部分土地城邑被夺归商王朝所有。因为商周以前灭国只责罚其国族中所谓不服"天命"者，有如周伐商纣而另立武庚以继商祀，武庚叛被灭又另立微子。武丁以后的贞人彭和受王令与陕同去处置侯商的彭，盖原来彭国被武丁去国后而另立的彭氏族中服天命者。当然，不服者也有被迫迁往他处的。随着时代的推移，彭氏各支系子孙繁衍发展而不断向九州各地开拓新的基业，所以后来不少地方便留下了彭氏的遗迹。

注 释

① 张筱衡：《散盘考释》，《人文杂志》1958 年第 3 期。

② 何光岳：《楚源流史》，湖南人民出版社 1988 年版，第 68 页。

③（晋）郭璞注：《山海经·海内经》。

④ 孙海波：《甲骨文编》，卷五·八，0607 号字。

⑤ 郭沫若：《卜辞通纂》，258 片考释。

⑥ 张秉权：《甲骨文与甲骨学》，"国立"编译馆 1988 年版，第 301—302 页。

⑦ 饶宗颐：《殷代贞卜人物通考》，第 899 页。

⑧ 参见拙著：《商史探微》，重庆出版社 1988 年版，第 77—80 页。

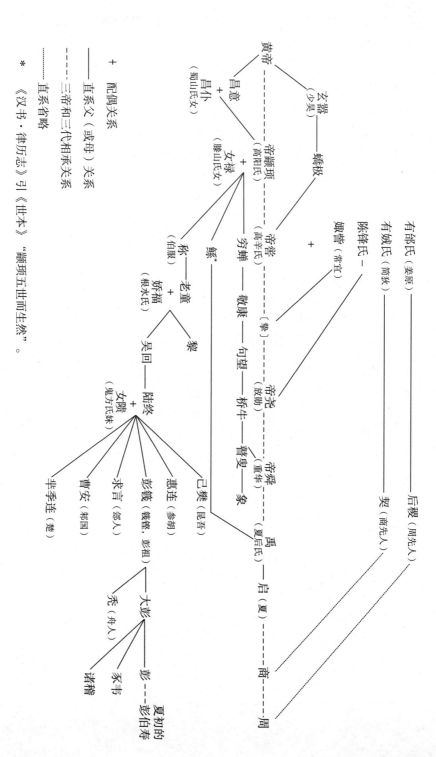

图 注

一、从黄帝到大彭的传说关系示意图

二、《合集》7064

三、《合集》7073 正

四、《合集》8283

五、《合集》14775

六、《合集》24343

七、《合集》24339

八、《合集》24340　　　九、《合集》24341 及相关字放大　　　十、《合集》28325

十一、《合集》30345　　　　十二、《合集》30347　　十三、《合集》31448

十四、《合补》8837　　　　　　　十五、《屯南》1082

附

录

默默奉献的甲骨缀合大家

——我所知的《甲骨文合集》与桂琼英先生

　　每当我翻阅《甲骨文合集》时，总会想起引我步入甲骨学堂奥的胡厚宣先生及其夫人桂琼英先生。今年是甲骨文发现 111 周年，胡先生逝世 15 周年，桂先生逝世 33 周年。胡厚宣先生我们是忘不了的，在"甲骨热"与甲骨缀合十分热门的当今，我们对桂先生这位甲骨学史上的缀合大家也是不应忘却的！

　　《甲骨文合集》（下文简称《合集》）由郭沫若任主编，胡厚宣担任总编辑亲自主持，历时约 20 年，于 1978—1982 年底相继出版完成。这部甲骨学史上的里程碑巨著，共收录甲骨 41 956 片，其中有很多都是经过拼缀的（所谓拼缀，现在通称作缀合，就是将分散在不同处而原属同版的甲骨碎片拼接复原）。在该书的编纂过程中，凡各片原为一版之折者，都尽可能地做过拼接复原，这是该项大型资料收集整理和编纂工作的一个重要方面。对这一工作出力最多、贡献首屈一指者，当数桂琼英先生。

《合集》的酝酿与编纂

　　甲骨文从 1899 年被王懿荣发现后，到新中国成立前的 50 年间，先后出土约 15 万余片，分散于海内外。据胡厚宣先生调查统计，大陆共有 25 个省市自治区、41 个城市、95 个机关单位、44 位私人藏家，总共收藏甲骨 9 万多片，港台藏有 3 万多片。另外，日本、加拿大、美国、英国、法国、德国、瑞士、比利时、韩国及前苏联等国还藏有 2 万多片。

　　这些分散于海内外的大批甲骨资料，虽有近 10 万片已经著录，但也有不少缺点，诸如：

　　一些著录书图片印刷不清；有的拓本只拓了有字部分，或剪去无字部分；

同骨正、反、臼分散在不同处；摹本失真或摹写错误；拓本、摹本中杂存伪刻；不同书或同一书屡有重见；旧书刊印数稀少且价昂，等等。一句话：可谓纷繁散乱，千金难求。这样为研究者带来极大不便，妨碍了甲骨学的深入研究与发展。海内外不少学者早就想对这些"纷繁散乱的甲骨文资料"，做一番"科学的总结整理"。

海外，董作宾、饶宗颐、严一萍等都曾做过尝试，终因条件所限，没有成功。大陆的陈梦家先生也曾打算对甲骨文材料"作一番科学的总结整理"，也始终未成。

1956 年，在党和政府提出"向科学进军"号召的鼓舞下，胡厚宣先生与其夫人桂琼英先生，把他们酝酿已久的想法——对甲骨资料做"科学总结整理"，使编纂《甲骨文全集》的计划提了出来。很快，这一计划得到有关方面的肯定，并正式列入国家"十二年科学远景规划"重要项目。

为了实现国家"十二年远景规划"中的这个重大项目，同年两先生被调来北京，具体主持该计划的实施。不久，便成立了以郭沫若为主任委员，由全国有关方面的领导和知名甲骨文专家组成的编辑委员会，并在中国科学院历史研究所先秦史组（今属中国社会科学院历史研究所先秦史室）成立了以胡厚宣先生为组长的《甲骨文全集》（1959 年后改为《甲骨文合集》）编辑工作组，成员主要是先秦史研究室里当时的一批年轻人。

1961 年春，《合集》编辑组正式开始工作。因为受当时各种"政治运动"的干扰，一直是时作时辍。十年"文革"大动乱期间更被迫停止了工作，全部材料封存于"战备"箱，转运去了河南鸡公山隐蔽起来，一直到"文革"后期才又辗转运回北京。

我所知道的桂先生和《合集》的工作

1973 年《合集》编辑组恢复工作，原先参加筹备和选片工作的部分成员，因工作变动不能继续参加，成员减少，人手不够。为加快进度，夺回被浪费的时间，使《合集》尽快与读者见面，又先后吸收了历史研究所里尚未开始业务工作的部分同志——主要是"文革"前夕到先秦史室的年轻人进入《合集》编辑组工作。

　　我是先秦史室内最晚一批参加《合集》编辑组的。据我所看见与了解的当时《合集》编辑进展的情况是：经过先期参加的同事们初步搜罗材料、整理已出版的著录书和有关期刊、校重去伪、拼缀等艰苦工作，已初选了大约5万片左右。选片主要来源有以下几个方面：

　　一、从1903年刊出的第一部甲骨著录书《铁云藏龟》，至"文革"前所能收集到的海内外甲骨著录书刊上剪下的材料，其中有石印、柯罗版、影印及摹本等。那时不能复印，都是在原书刊上剪下来的。

　　二、"文革"前历史所收集和新拓回的各地公私收藏的原骨墨拓片。

　　三、"文革"前已墨拓的本所藏骨的部分拓片（当时商福久老先生还在室里专门墨拓尚未拓完的所内所藏甲骨）。

　　四、少量甲骨照片（主要是国外的）。

　　所有初选片基本上都贴卡装入特备的卡片盒或大纸袋中。一般小片或不过巴掌大小的都贴在专门设计的卡片（约16×12厘米大小）上；同卡的另一面分别印有原著录号（选片来源）、重见、拼合、现藏（藏家）以及分期、分类、选定号、合集编号等栏目，以备在不同阶段注明相关信息。超过卡片而放不下的大片则连同卡片一起装进特制的大牛皮纸袋中，纸袋又装在大型卡片柜的抽屉里。《合集》编辑组恢复工作后，除继续组织人到各地有藏骨的单位进行墨拓，补收十年"文革"动乱期间国内外新出的甲骨书刊和拓本外，还有很多繁复而琐碎又不可缺少的工作要做，诸如：对从刊物上剪下的非原大片，根据比例尺作照相放缩还原、拼缀的补换，以及全部初选片的再对重、分期、分类、排版、贴版、编号、贴号等，这些都是图版的编排在定稿前需要做的。全部图版完成后还有释文、来源表、索引等，也都是很繁重的工作。

　　我刚参加编辑组时，先分配我协助桂琼英先生做拼缀工作。最初我看到桂先生做的拼合版原稿，大都贴在有点发黄的毛边纸上。那时条件差，纸质很不好，一般的出版物所用的都是发黄的再生纸。拼缀版除少量暂用的摹本及少数照片待换外，用的全是原著录刊上剪下的拓印片。

　　桂先生工作做得很细，所有拼缀小片的拼缀边口部分，只留下发丝般宽的白边。一开始我觉得不够密合，想征得先生同意，将缀口边的白边全剪掉，先生跟我说："留点儿余边，这样不伤及原片，既可看见拼接口的原貌，又不妨碍拼接的密合，还便于核对。"凡组成缀合版的每一小片，桂先生或在非缀口的一个留得较宽的边上，用钢笔或铅笔清晰地标记该片来自何书何页何号，或在所缀各小片旁边标注上"①②③"等小号，同时在贴片下的衬托纸上写明：① 是某书某页片号；② 是某书某页片号；③ ……桂先生的字写得清秀漂亮，非常好辨认。从这些仔细标注的文字上，既可一目了然该小片的来源，不会错片，又便于校对。我接手的缀合版，除少量未来得及拼缀贴上外，大都拼缀贴上了毛边纸，连同卡片一起，装在特制的大纸袋中。先期参加《合集》编辑组的老同事告诉我说，所有的那些拼合版，都是桂先生一人亲自动手细心剪贴的，没有任何人协助她。

　　我能方便顺利地完成复核校对工作，完全得益于先生认真细致的基础工作和工整清秀的字迹。说实话，我这不能算作真正的甲骨缀合，因为桂先生已把大多数图版拼缀在一起了，而且各小片的来源都作了标记，我要做的工作主要是：

　　一、复查桂先生已拼缀好的每一版是由哪些片拼成的，逐一与原书各片核对，同时注明是否别人有过缀合；

　　二、遇有桂先生未来得及拼贴的散片，经核对无误后，再小心翼翼地学着先生的样版，剪缀口边拼缀贴在毛边纸上；

　　三、偶尔只见卡片上有缀合号和部分剪下的片子（即还缺与之相拼的某片），或少量用摹本（还偶有少数照片）的，我则查找出原书补剪，或找出墨拓，经核对无误，再拼缀贴好在白纸上；

　　四、最后按每部书的出版先后集中抄录成《拼合总表》，比如用《铁云藏龟》本身作拼缀的就简写作"铁 43. 1+铁 53. 4（见《合集》1039）"；用《甲编》为主拼的则写作"甲 1114+甲 1154+甲 1289+甲 1749+甲 1801（见《合集》1801）"；类推《乙编》或别的书亦如此。

　　以上工作都是为下一步《合集》分类排版或作为《附录索引》用的。先生要求特严，曾再三强调，"千万要仔细，尽量少出或不出错最好"。

　　总之，我的任务就是校核全部缀合版使用过的书名、页码、片号及相随的卡片中所填相关信息，最后依校对过的卡片整理抄录成《拼合总表》。现在的《合集》没有单附《拼合总表》，是因为《来源索引表》中包括了《拼合总表》的内容；也就是说，《拼合总表》都分散纳入了《来源索引表》中，为省篇幅就省去了这个《拼合总表》。

刚进编辑组，我听到要我协助桂先生搞拼缀就发怵，心里有些犯嘀咕，对这项工作的意义可谓毫无认识，觉得没什么意思，所以很少在拼缀上多动脑子，致使个人在缀合上终无成果可言。但按当时人们普遍接受的"驯服工具"论教育："一切服从组织分配"，无条件接受。最后还是一一去做了，不过也仅仅是抄了六七本拼合记录，并在此基础上向桂先生交出了一份《拼合总表》。据我粗略统计，《拼合总表》中总共 2 000 余版。在众多的拼缀中，少者由两片缀成，多者十多片，比如今《合集》6530 片用了《乙编》的 14个小片拼缀而成（此片与《丙编》319 版同，但《丙编》也未缀全）。从拼缀采用的著录书刊与未刊行的拓本看，桂先生起码采用了 40 多种，大概为"文革"前海内外所见著录书刊的三分之二以上，用了上万片材料。

由于数量庞大，少数拼缀不当的也有。这一点桂先生一开始就提醒我说："拼合中免不了有错，发现就记下来。"我从头到尾也有过某些怀疑，但实际核查后基本上没有多大问题。据我现在所找出的当年个人工作日志看，也许是个人当时的甲骨学水平太低，特别是甲骨缀合基础知识缺乏与重视不够，我只在桂先生用《乙编》为主做的拼缀中校出过两处问题：一处是先生所拼的"乙 200+乙 364+乙 427"版中，我校出其中 364 片不能与另两片相拼缀，后经王贵民先生证实，我才大着胆子向先生说了。当我将这版请先生审阅定夺时，得到了先生赞许。其实应该是王贵民先生之功，因为他也发现这版中有问题。从此以后，我这个比较粗心的人也不好意思太粗心了。可是从那以后，我也只校出另一片"乙 1314+乙 8500"不能相缀。别的，除发现有某些书号、页码有笔误外，我那时候确实没有再发现什么实质性的错误。先生早就提醒过"拼合中免不了有错"，这就是说不是没有问题了，确实是我当时没有核对出来。比如三十年后，我室青年学者孙亚冰同志所举《合集》10970 号，桂先生用《前》6. 11. 5 与 6. 11. 6 相拼的情况，凭我当时那点甲骨知识是很难看得出问题的。

《合集》出版至今，学者们在《合集》基础上进行缀合取得了许多成果。更有海内外不少学者发表过评论，指出过某些存在的问题，但指出其原缀合片不当或错误的确实不多，这也是事实。《合集》的拼缀是非常庞大而繁琐的工程，做到如此地步确属不易，这也不难想见桂先生要付出多大的心血！

所以说，没有特别的毅力和耐心细致，没有高度的敬业精神和科学责任心，这是难以做到的。我敢说，在整个《合集》编辑组里，除桂琼英先生外，别人恐怕很难胜任！

先生领我入甲骨学堂奥

我进《合集》编纂组之前，虽然也多少接触过一点甲骨学论著，但对甲骨学知识的了解还是肤浅得可怜，或者说甲骨学知识等于零。这决非个人的卑谦。记得刚进编辑组时，当时有位室领导特别通知我说："明天胡先生和桂先生可能要专门给你们几位新参加的同志谈话。"按当时惯例，每当新参加某项工作前，有关负责人总是要先做一番"热爱本职工作"之类的思想教育，讲工作意义如何。可两位先生没有那些老套路，桂先生直接拿出一些缀合大片，就指导我如何具体操作，并没有强调拼合工作如何重要，有何意义。

桂先生和胡先生一样，很关心青年同志的成长。我曾请教两位先生，学习甲骨该从哪里开始？先读什么书？桂先生亲切地嘱我，有时间先翻翻郭沫若的《卜辞通纂》、《殷契粹编》或曾毅公的《甲骨缀合编》等书。胡先生则笑容可掬地说："蓬生麻中，不扶自直。在我们组里，我看大家都能成为专家。"起初我不明白先生的用意，后来我才觉悟到，郭老的《通纂》不仅是 20 世纪 30 年代前期缀合最多的（缀合 30 多版）著录书，而且是学习甲骨文必读的入门书。郭沫若《粹编》、曾毅公《甲骨缀合编》更使我领会到拼缀工作的重要意义和学术研究的价值。原来，这是桂先生对我的甲骨启蒙教育，真是难得的教诲啊！两位先生还多次对我说："书（指拓片著录书）看多了就熟悉了，大家都会成专家。"记得两位先生每次来组，一般总是先问问工作中有何问题，然后结合工作中的问题大家一起议论。很多时候胡先生都爱说："大家都是专家了（我知道指的是老同志）！"这句既谦逊又鼓励肯定大家的话给我留下了深刻印象。

在我的工作日志本里，还留有桂先生用钢笔亲自写的甲骨文父、尹、聿三字的不同形体。那是一次例会后，我看到一片卜辞中的尹字与聿字一样，便趁两位先生走到我座位旁时请教。先生就在我的本子上一边熟练地描写出这三字的各种异体，一边详细讲解同一字在不同时期的特点。组里有位年纪较大的同事，将甲骨文字写在小本上随身携带着，像记外语单词一样，有空就拿出来背诵。我有时也在两位先生面前说学甲文是学"第二外语"。桂先生不止一次地鼓励我说："甲骨文不是外国语，也不神秘。甲骨、金文、篆书、隶书直到今天通用的汉字是一脉相承的。看多了，慢慢就熟悉了。"很多时候在我不懂字辞时，她总是逐辞逐字教我读，不厌其烦地给我讲解单字的构形、意义及各条卜辞间的联系。桂先生在讲解时有个最大的特点：总是要介绍不同学者的观点。

在协助桂先生做拼合核对中，我不仅有机会翻检大量原著录书刊，而且对每部书的序跋总要先浏览一下，了解该书的编纂情况，这使我逐渐增加了不少甲骨学的知识。比如，我检读到郭沫若的《殷契粹编》112、113 片及考释，始知王国维从缀合《戬》1. 10 和《后》上 8. 14 甲骨卜辞，证明了《史记·殷本纪》所记殷先公的可信及世次上报乙至报丁的小误。《殷契粹编》113 考释的缀合，再次证明商的先人上甲之后为报乙、报丙、报丁、示壬、示癸，"又为王说得一佐证"。

当我读到陈梦家为《甲骨缀合编》所写序言里详述缀合之必要后，我才真正了解到拼缀工作有多么重要。

由于甲骨卜辞是经过钻凿火灼契刻后埋藏地下，历经了三千多年，质地疏松易碎，出土后大多破碎，加之收藏流传过程中，收藏者只重视有字部分，碎损无字者多被忽视。因而，已著录的甲骨卜辞，有彼此本为一片但折后分散各处者；有同一片甲骨之上原本完整的卜辞语句可以相互拼合而分散在不同著录书中者；甚至一个文字，都被分得支离破碎而不成文字难以句读，这是出土后甲骨所常见的。由此可见卜辞字句的释读难度，不光是古今语言的差别使然，更是甲骨本身的破碎使然，从而这就影响了对辞义和卜辞内容的理解。所以陈梦家先生说："为求文例的研究，及窥见卜辞的完整记载，甲骨缀合实为最基本的工作。"呵！原来甲骨缀合是整理甲骨、研究卜辞工作中的不可缺少的非常重要的环节。没有这一步，必然严重影响甲骨文与殷商史的深入研究。从此，我的思想深处才真正体会到拼缀工作的艰巨和重大意义所在。

记得有一次我在胡、桂两先生面前提及学者把考释文字比作"天文学家在天空发现新星"，把拼合甲骨的甘苦比作"寻找'姘头'"。桂先生说：

"考释古文字和拼合甲骨的确不是容易的事。正确释读一个甲骨文对古史研究者来讲，与天文学家在天上找到新星一样有意义，也可以比。但说甲骨拼缀是'寻找"姘头"'却有点不好听。我与厚宣（桂先生对胡先生的亲切称呼）说过另有一比：好比寻找那些在战乱中失散多年的家庭成员，想使他们重新团聚一样艰难。"我一想，"寻找'姘头'"虽也一定程度上道出了甲骨拼缀的甘苦，可有点不雅，还是桂先生比喻得好。想想甲骨发现后，从清光绪末至新中国成立，那真可谓战乱不断。甲骨文从王懿荣发现收藏后的一而再、再而三的易手、转移失散，确实与战争有很大关系。桂先生的比喻是再恰当不过的！

　　桂先生做拼缀很慎重。甲骨中有不少同文卜辞，一些同文卜辞不仅字迹出于一人之手，而且卜辞的契刻部位也多有相同者，有如同一模具所铸。因而，有的缀合虽然纹理、字形、刻辞内容都能对得上，但也不见得就很可靠，特别是不连接的所谓遥缀。我在刚参加这项工作时，就曾幼稚地"发现"还有很多可以缀合的。

　　组里的同事也偶有拼合所得，有的表面看还很密合，但先生总是反复核对，特别注意是否同批出土，谁家所收藏。她认为，甲骨缀合具有一定的特殊性，一些甲骨如果仅看拓本，不验原骨，缀合正确与否往往很难判断。有的甲骨有两个甚至更多的缀合者，其缀合结果或此是彼非，或此非彼是，或互有是非，或彼此皆非，均有可能。为确保正确无误，缀合不能只看拓片表面，因为同文的卜辞不少，还得参以实物；无实物者，出土地层的坑位、流传的情况也是重要考虑因素。由此，我想到为何胡厚宣先生对甲骨流传与收藏的转移变迁十分重视，原来甲骨的流传、收藏、转移变迁对缀合也有重要参考价值。记得十年动乱时期，上海某高校的"大批判写作组"不点名地批判"某甲骨学家，只知哪里收藏有某人某批甲骨若干"云云。其实，那都是"文革"中的一些既无知又无耻的御用文痞之言。

桂先生的业绩与奉献精神永存

　　《甲骨文合集》（当时名为《甲骨文资料汇编》）自列为国家"十二年远景规划"重大项目后，在 1961 年成立《合集》编辑组开始工作，至"文革"时被迫下马,到 1973 年才又恢复工作,终至 1978 年,《合集》开始出版。当年的青年成了中年,中年里有的未见出书就驾鹤西去。但《合集》终于编成了,至 1982 年,这部"集 80 多年以来出土甲骨之大成"的《合集》,虽然历经艰难,前后断断续续达 20 余年,总算全部图版 13 巨册出齐了。

《合集》"为甲骨的空前的科学整理结集"。出版后"受到国内外有关方面的普遍称许和欢迎"(《甲骨文合集补编·李学勤序》)。大陆及港台与日本等有关报刊都有报道和评论,充分肯定该书对甲骨学的巨大贡献,一致认为《合集》是甲骨学史上"继往开来的一座里程碑"(见《人民日报》1997年 5 月 21 日专刊文《甲骨丰碑铸,青春忽已逝》)。

回想《合集》出版前的 30 年中,由于有历次主要科学发掘的计 25 000多片甲骨和相关考古发掘资料集中在台湾(胡厚宣《八十五年来甲骨文材料之再统计》,《史学月刊》1984 年第 5 期),大陆去台学者又整理刊行了大批材料(如《殷墟文字》甲、乙、丙编),同时带出了一批新人,出版了相当数量且颇具影响的研究论著和工具书。一时间,海外学者(特别是中国港台学者)的成果数量和影响都超过了我们,因而董作宾(彦堂)先生及海外学者曾认为:"台湾成了中国甲骨文研究的中心。"(日本《甲骨学》,1951 年 1卷 1 号,第 23 页)但是,随着《合集》的出版,我们的一批中青年学者成长了起来,甲骨文研究的中心地位很快转移到了大陆,彻底改变了甲骨文的"研究中心"在台湾的看法。

这一切,都是与亲自主持《合集》的总编辑胡厚宣先生和他的夫人、甲骨学研究中的亲密战友桂先生的工作分不开的。《合集》这个"里程碑"性的大项目,是他们共同提出来的,他们是最早的创意者和策划人。桂琼英先生更以普通编辑组成员的身份,"除了担任全书筹备和搜集材料墨拓甲骨之外,还担任了整个全书的拼合工作,由于她的耐烦和细心,作出了优越的成绩"(《甲骨文合集·序》)。她尽了最大努力,把散见于 40 多种旧著中原为一片之折的甲骨,尽可能地寻出来加以拼缀复原。这项工作十分重要! 经过缀合的甲骨有助于见识卜辞的完整记载,可避免研究者断章取义、穿凿附会,从而能正确理解与运用甲骨文资料来研究中国古史。所以业内人士都深知,甲骨拼合工作是整理研究甲骨文中的一项不可或缺甚至是极为重要的工作。

在《合集》的编纂工作中,桂先生肩负的这一重任是别人难以承担的。

按当时的条件，海外特别是台湾的书刊，是很难及时看到的。比如，张秉权在台湾用十多年时间，对照实物缀合630余版编成的《殷虚文字丙编》，就是比较晚才从海外辗转购得的。桂琼英先生则用董作宾的《殷虚文字》甲、乙两编的上万图片就拼缀了1 000版以上，不仅大多与张氏不谋而合，还比《丙编》多出了300多版。现在台湾缀合甲骨最丰的蔡哲茂教授对此也惊叹道："晚近集大成者当以《甲骨文合集》的印行，桂琼英先生拼缀了二千版的甲骨最为惊人。"（蔡哲茂《甲骨缀合集·自序》）

桂先生不幸于《合集》定稿即将出版的前一年即1977年因病去世。这位为《合集》鞠躬尽瘁的中年甲骨学者，熟谙甲骨，长期致力于拼缀。胡厚宣先生曾透露过，桂先生原有打算出一部大型《甲骨缀合》专著的心愿，早在《合集》立项前，她就在夜以继日地潜心研究前人有关著作，同时做《甲编》、《乙编》的拼缀工作了。当时已经拼缀有数百版初稿，1958年"大跃进"时，当时历史所第一研究组（后来先秦史室的前身）的个人研究计划还列有桂先生的《甲骨文缀合汇编》项目。后来全部按《合集》新的体例，被无条件纳入了《合集》。

现在的《合集》总共收录拼缀不下2 000版，如果加上她寻回的同骨反面与骨臼，大约在2 500版左右。这些都是桂先生一人精心拼对亲手完成的。要是将桂先生的成果汇成专集，那是远远超过迄今任何一位学者缀合成果的数倍！

当然，《合集》尚存没有拼合的，但正如蔡先生所坦言，"由于《合集》已经分期分类，使得缀合工作更加容易"（蔡哲茂《甲骨缀合集·自序》），使后来的学者得以更方便快捷地缀合未拼缀的甲骨。蔡哲茂先生的《甲骨缀合集》360多版成果即是在此基础上取得的。可以说，甲骨拼缀迄未完结，还有很多工作须做。尤其是《甲编》、《乙编》坑位地层记录的发表及《乙编》新版与《乙编补遗》的出版，使这一大批甲骨拼缀和完善更有了条件。

特别应说的是，不论过去或今天，在甲骨学界，通常是有人缀合一两版就可做一篇论文发表，缀合几十版就可出专著，缀合上百版更是对甲骨学的巨大贡献！被桂先生纳入《合集》的缀合达2 000多版，以她的条件和地位，本来有许多机会先期发表其众多缀合成果，可是，她没有以自己的名义发表过一篇论文，而是将她的全部科研成果毫无保留地融入了《合集》。这是多么崇高的精神！特别是当今社会转型时期，腐败侵入学术领域的时侯，桂琼英先生为甲骨学无私奉献的精神更加光彩照人，极为可贵！如今不时爆料出为个人名利而争当"主编"、"总校"，甚至不择手段剽窃、抄袭他人成果以骗取学位、职称、地位、名誉的那些人，在桂先生面前是显得多么的渺小！

　　桂先生一生默默奉献、不为名利、勤勤恳恳、任劳任怨，具有崇高品质，是学术界的好榜样！先生业绩永存，永远为甲骨学界所怀念和敬仰！

（原刊《中国社会科学报》2010 年 7 月 27—29 日

后海/19 版——刊出略有删改）

新中国成立60年的甲骨文研究与《甲骨文合集》

今年是新中国成立60周年，也是甲骨文发现110周年。

从甲骨文被发现，成为我国传统金石学的一部分，又发展成为一门独立的新学科——甲骨学，总共才110年，其发展之快是别的学科所没有过的，而近60年更是前所未有。

现在开这个纪念会很有意义。作为在这门学科中滚爬过数十年的学人，有机会参加这个大会，更浮起了许多难忘的回忆，众多往事历历在目，感触多多。这里不揣浅陋，单就60年来甲骨文本身的整理研究历程，简括勾勒，发点感言。

可以说，新中国成立60年来我国甲骨学的成就既辉煌又来之不易。我国甲骨学的最大成就，集中反映在《甲骨文合集》与《甲骨文合集补编》（下文简称《合集》、《补编》）的编纂和出版上。《合集》是甲骨学发展史上的一座"里程碑"；《补编》是《合集》的继续和发展，完成了甲骨学基础资料的搜集汇合的又一项大工程，"有了这两部书甲骨学研究的基础材料都有了"（李学勤《补编》序）。

《合集》的出版，大致将新中国成立至今的60年分为前、后两个30年，后30年正是改革开放的30年。

新中国成立前的甲骨文研究概况

为便于更好地比较，看到新中国成立以来甲骨学的发展和成就，这里有必要先把新中国成立前的甲骨文研究作一简介。

甲骨学研究在新中国成立前已经走过50年的历程。这50年是甲骨文被发现，成为我国传统金石学的一部分，又发展成为一门独立学科，而进入迅速发展的时期。

　　这期间，除发现和草创时的王懿荣（发现甲骨文）、刘锷（公布甲骨文）、孙诒让（探释文字）外，继之最有影响力的学者主要有"四堂"：

　　一是罗振玉（号雪堂）。他不仅继续刊布了大批甲骨文原始资料，更重要的是他所撰《殷虚贞卜文字考》、《殷虚书契考释》两书，为甲骨文的"释文"、"断句"奠定了研究基础。

　　二是王国维（号观堂）。他撰《殷虚书契续考》，也为甲骨文字考释作出了贡献，但他的《殷卜辞中所见先公先王考》影响最大。他是运用甲骨文证史的第一人，证明了《史记·殷本纪》所记商代史实是有据的信史。

　　罗、王二人的研究，使甲骨文从传统的金石学中分开来，发展成为一门独立的、举世瞩目的新学科——甲骨学。

　　三是董作宾（号彦堂）。他是参加安阳殷墟科学考古发掘甲骨的第一位学者，"是把现代考古学方法引入甲骨学领域的第一人"，他的《大龟四版考释》、《甲骨文断代研究例》，提出了甲骨文字分期断代的标准，使甲骨文研究进入了一个新阶段。

　　四是郭沫若（号鼎堂）。郭老除对文字考释作出贡献外，他的《中国古代社会研究》是第一部用马克思的历史唯物主义观点，据甲骨卜辞研究我国古代社会形态的著作。

　　此外，在那半个世纪里还涌现出了胡厚宣、王襄、于省吾、唐兰、丁山、孙海波、商承祚、徐中舒、陈梦家等一批在甲骨学领域中取得丰硕成果的著名学者。他们除收集刊布了大批甲骨文原始资料外，还发表了不少富有创见的研究论著，其间胡厚宣的《甲骨商史论丛》、于省吾的《双剑誃殷契骈枝》等就是当时最富创见且颇有影响的代表著作。

　　在那50年中已出甲骨著录书（专门刊印甲骨文拓片或摹本材料的书）40多种，有近10万片甲骨资料公之于世。刘铁云（刘锷）的《铁云藏龟》（1508片）是最早的一部。继其后重要的、刊布大宗拓片的主要有罗振玉《殷虚书契》（前、后、续三编，共5 343片）、王襄的《簠室殷契征文》（1 125片）、商承祚的《殷契佚存》（1 000片）、孙海波的《甲骨文录》（930片）、董作宾的《殷虚文字》（甲、乙两编，13 047片）。其他如王襄、唐兰、郭沫若等也有一些。需要一提的是，郭沫若的《卜辞通纂》、《殷契粹编》两书，虽然两书多是从他人拓本与著录书中遴选的，但其分类编纂和释文的方式，打破了以往甲骨文刊布的旧框架，成为后来甲骨文初学者的入门必读书。

据胡厚宣先生《五十年甲骨学论著目》统计，这 50 年中，从事甲骨文研究并出版有论著的海内外学者共 289 人（其中外国人 59 位），论著 876 种（专著 148 部、论文 728 篇）。

经过众多学者的努力，甲骨文完全成为一门新兴的学科——甲骨学，其成长之快，确如胡厚宣先生所说，"是近代任何学问所不及的"。

新中国成立 60 年的前半段——《合集》出版的前 30 年

（1）前 30 年的主要成果

1949 年，中华人民共和国成立，历史翻开了新的一页，中国跨入了新的时期。

新中国成立后的前 30 年。这一阶段的甲骨学研究，主要是配合经济与文化建设之需，继续发掘、整理公布材料，也是相关学者改造思想，学习站在新的立场，运用新观点、新方法对甲骨材料进行新的整理与研究的时期。

新中国成立前夕，过去科学发掘（1928 年起对安阳甲骨作过多次科学发掘）所得的大批资料被辗转运往台湾。"四堂"之一的董彦堂与部分学者（如专门从事甲骨整理研究的屈万里、张秉权等）也去了台湾。

留在大陆的有"四堂"之一的郭沫若，以及胡厚宣、李旦丘、唐兰、陈梦家、于省吾等一批甲骨学专家。他们在新的历史条件下，"满怀希望，以发展新时期的甲骨学研究为己任"；一边"改造思想"，学习马列主义的历史唯物观；一边站在新的立场，应用新的观点与方法，继续从事甲骨文的整理和研究。

新中国成立不久，大陆的甲骨学者就开始陆续出版他们积累的资料与研究成果。

从 1950 年 4 月李旦丘（李亚农）第一个出版《殷契摭佚续编》到 1980 年《小屯南地甲骨》出版前，30 年中总共出著录书 10 部，摹本与拓本共约 2 万片；其中胡厚宣先生就有 4 部，拓本与摹本 13 874 片。

对甲骨材料进行新的研究也取得了一些成果。

从 1954 年杨树达《卜辞琐记》与《卜辞求义》出版起，继之如 1956 年 7 月陈梦家先生全面、综合研究甲骨文的大部头论著《殷虚卜辞综述》，1956 年丁山先生专门研究古代氏族的《甲骨文所见氏族及其制度》、1960 年的《商周史料考证》，1959 年李学勤先生的《殷代地理简论》等，不下 10 部，都是很有影响的新著。

从新中国成立初至《合集》出版前 30 年间，大陆出版各种甲骨学论著（包括单篇论文）约 230 多种。

在老一代学者的带动和培养下，大陆也新出现了如李学勤、姚孝遂、林沄、裘锡圭等颇有成就的新一代甲骨学者，虽然为数不多，但都是新中国成立后成长起来的。当然，在这一时期也有老的专家学者在"政治运动"中被迫中断了研究，如陈梦家先生被打成"右派"，"文革"中又含冤而去，便是典型的一例。

十年"文革"，大陆的甲骨学研究无成果可言。可海外学者，在那 30 余年中，除董作宾外，还涌现了一批成果显著、影响深远的甲骨学家和论著（此从略）。海内外比较，大陆的研究显得逊色了！

不过，在新中国的母体内，经过 20 年的磨难却孕育诞生了甲骨学史上的"里程碑"巨著《甲骨文合集》。这是新中国成立后甲骨学上的最大成就。

（2）《甲骨文合集》的酝酿与编纂

甲骨文从 1899 年被王懿荣发现后，到新中国成立前的 50 年间，先后出土约 15 万余片，分散于海内外。据胡厚宣先生调查统计，大陆共有 25 个省市自治区、41 个城市、95 个机关单位、44 个私人藏家，总共收藏甲骨 9 万多片，港台藏有 3 万多片。另外，日本、加拿大、美国、英国、法国、德国、瑞士、比利时、韩国及前苏联等国还藏有 2 万多片。

这些分散于海内外的大批甲骨资料，虽有近 10 万片已经著录，但也有不少缺点，诸如：一些著录书片印刷不清；有的著录书拓本只拓有字部分，或剪去无字部分；同骨正、反、白分散在不同处；摹本失真或摹写错误；拓本、摹本书中杂存伪刻；不同书或同一书累有重见；书刊印数少且价昂；等等。一句话：可谓纷繁散乱，千金难求。

以上这些，为研究者带来极大不便，妨碍了甲骨学的深入研究与发展。海内外不少学者早就想对这些"纷繁散乱的甲骨文资料"做一番"科学的总结整理"。

海外，董作宾、饶宗颐、严一萍等都作过尝试，终因条件所限，没有成功。大陆的陈梦家先生也曾打算对甲骨文材料"作一番科学的总结整理"，也未能起步。

1956 年，在党和政府提出"向科学进军"号召的鼓舞下，胡厚宣先生与其夫人桂琼英先生，把他们酝酿已久的想法——对甲骨资料作"科学总结整理"，编纂《甲骨文合集》的计划提了出来。很快，这一计划得到有关方面的肯定，并作为国家"十二年科学远景规划"的一个重要项目。

同年两先生特调来北京，具体负责这一庞大计划的落实。不久便成立了以郭沫若为主任委员，由全国有关方面的领导和知名甲骨文专家组成的编委会，并在中国科学院历史所（今属中国社科院）先秦史室成立了以胡先生为组长的《甲骨文合集》编辑工作组，成员主要是先秦史研究室里当时的年轻人。

1961 年春，《合集》编辑组正式开始工作。因为受当时各种"政治运动"的干扰，一直是时作时辍。"文革"期间又被迫停止工作，全部材料封存，转运去了河南鸡公山，直到"文革"后期才辗转运回北京。

1973 年《合集》编辑组恢复工作，到 1978 年《合集》开始出版，前后断断续续达 20 余年之久。当年的青年成了中年，有的中年未见出书就去了西天。但《甲骨文合集》终于编成了，1982 年全部图版 13 巨册出齐了！

"《合集》是甲骨文空前的科学整理结集。"《合集》出版后，受到海内外的普遍称赞和欢迎。大陆、港台与日本等有关报刊都有报道和评论，充分肯定该书对甲骨学的巨大贡献，一致认为《合集》是甲骨学史上"继往开来的一座里程碑"。

《合集》出版前的 30 年中，由于科学发掘所得的大批甲骨材料集中在台湾，在台学者又整理刊行了相关材料（如《殷虚文字》甲、乙、丙编），同时带出了一批新人，出版了相当数量很有影响的研究论著和工具书，一时间，海外学者（特别是中国港台学者）的成果数量和影响力超过了大陆。因而董作宾（彦堂）先生及海外学者曾认为：甲骨文研究的"中心在台湾"。但是，随着《合集》的出版，大陆一批中青年学者成长了起来，甲骨文研究的中心地位很快转移到了大陆，彻底改变了"甲骨学的中心在台湾"的看法。

近30年甲骨文研究的成就

《合集》出版后的30年，也是中国改革开放的30年。经过"科学总结整理"的《合集》的出版，这极大地推动了甲骨学的研究。过去没有机会见到的资料，也陆续整理刊布出版，如：

1980—1983年新中国成立后新发掘的甲骨文，经中国社会科学院考古所整理成《小屯南地甲骨》出版了。

部分流散国外的甲骨，随着改革开放的形势转好与他国学者合作整理也在国内出版，比如，1985年出版了李学勤、齐文心、艾兰《英国所藏甲骨》，1999年又出版了他们的《瑞典斯德哥尔摩远东古物博物馆藏甲骨文字》。

1988年，胡厚宣先生出版了《苏德美日所见甲骨集》。1996年，胡振宇先生又将胡厚宣先生生前所辑的《甲骨续存补编》2 500多片公之于众。

还有一些旧藏甲骨材料比较丰富的单位，也将他们的全部材料全数公布出来，如山东省博物馆、北京大学将所藏的都相继出版了。在《合集》的影响下，海内外还有不少零散甲骨资料也相继被刊布于世。又因为《合集》经过科学整理，"已经分期分类，使得缀合工作更加容易"，所以，海内外不少甲骨文研究者又在此基础上做出了许多缀合成果，最为突出的是台湾学者蔡哲茂先生。

在改革开放的大好形势下，为了更好地发挥中国社会科学院甲骨文研究的优势，推动甲骨学的进一步发展，1992年，中国社会科学院建立了以胡厚主先生为主任，张永山、彭邦炯为副主任的中国社会科学院甲骨文商史研究中心（秘书胡振宇），并筹备编纂《合集》的续编与《百年甲骨学研究》等重点研究项目。

1997年，胡先生不幸辞世。为了不致影响起步不久的中心工作计划，又由时任历史研究所所长的李学勤先生兼任研究中心主任。在所、室的统筹下，为迎接新中国成立50周年、甲骨文发现100周年，对原科研项目做了适当调整，决定集中力量完成《甲骨文合集补编》（由彭邦炯负责）、《百年甲骨学》（由王宇信、杨升南负责）、《百年甲骨学论著目》（宋镇豪负责）三部巨著，同时将长期未能出版的胡厚宣先生生前主编的《合集》的释文、来源表及索引一并加工推出。经三年奋战，在《合集》出版 20 年、新中国成立 50 周年、甲骨文发现 100 周年之际，三部巨著不仅按期出版，《合集》的释文、来源表及索引也出版了。

《甲骨文合集补编》是《合集》工作的继续和发展，"以增收《甲骨文合集》未及收入的新见材料，并弥补《合集》工作中的个别缺憾"为宗旨。《补编》与《合集》互为表里，相互补充，是百年出土甲骨的总集成。正如李学勤先生所说，"有了《合集》与《合集补编》，甲骨学的研究已具备非常良好的材料条件"，所以是为甲骨学科"达到新的飞跃，为中国古代文明的研究"作出了贡献。

所有这些，大大推动了甲骨学的研究和发展，出成果也出了人才。一批新的甲骨文研究者在前辈学者的带领下，乘改革开放的大好形势，迎来了甲骨学的春天。

在社科院历史所，参加《合集》编纂的十多位中青年成长起来了。到 20 世纪末，他们陆续出版了一批高水平和有影响的专著和论文，总计约 530 多种（其中专著 18 种）。仅原《合集》组成员，在这 20 年间，所出成果就是前 30 年国内学者的两倍以上。

有人注意到 20 世纪后半叶，全国有十多位专门从事甲骨学研究的专家获得国务院颁发的"政府特殊津贴"，原《合集》组成员就有 7 位。

在东北，吉林大学的于省吾先生也培养了一批中青年学者，出版了一批颇有影响的甲骨专著，如《殷墟甲骨刻辞摹释总集》、《殷墟甲骨刻辞类纂》、《甲骨文字诂林》等。

在西南，四川大学，徐中舒先生的古文字研究团队，从 1979 年起经 8 年时间完成了甲骨学史上第一部真正的《甲骨文字典》和一批研究成果，培养出了常正光、彭裕商、王辉、林小安等一批甲骨学者。

在北京大学、首都师范大学、中山大学、河南大学、郑州大学、南京大学、西南师范大学、安阳师范学院、香港中文大学等高校，以及一些文物考古机构单位，都有研究甲骨的学者和论著出版。

此外，还有一批利用业余时间从事甲骨文研究的学者，如袁庭栋、刘桓、李实等都取得了丰硕的成果。

在甲骨学百年纪念时，据统计从 1980—1999 年间出版论著近 3 000 种，发表过重要论著的甲骨文学者已达 200 余人，其中大陆 180 多人，多是"文革"后成长起来的。

跨入新世纪，成绩更辉煌。2001 年有《甲骨文献集成》、《新编甲骨文字形总表》；2003 年有考古所的《殷墟花园庄东地甲骨》；2006 年有王宇信、徐义华的《商周甲骨文》，宋镇豪、刘源的《甲骨文殷商史研究》；2008 年有彭邦炯的《甲骨文医学资料释文考辨与研究》；2009 年有孟世凯新版的《甲骨学辞典》等，都是深受学界好评的长编巨著。还有不少据卜辞研究古史的论著，如刘桓 2002 年的《甲骨征史》、2008 年的《甲骨集史》等。综观进入新世纪初的十年，这些专著再加上单篇论文，估计在 820 种左右（截至 2009 年春），超过了新中国成立前 50 年的成果，真是硕果累累！

再从新人的成长看，仅新世纪这些年，单国内就涌现了近 40 多位甲骨文研究的新秀（包括一批从事甲骨文研究的优秀博士生与硕士生），真可谓人才济济。

总之，新中国成立至今的 60 年里，甲骨文在资料的发掘、整理、研究的广度与深度、成果与人才培养等方面，都远远超过新中国成立前；尤其是《合集》出版后的 30 年，国内有关论著就有 3 800 多种，发表过论著的学者 250 多人。近 30 年更是甲骨学空前发展壮大，成为热门学科，走向世界的 30 年。

（2009 年 8 月 5 日，"北京国际汉字研究会纪念大会"发言稿）

《殷墟甲骨刻辞摹释总集》小误偶拾

　　《殷墟甲骨刻辞摹释总集》（简称《摹总》）是一部值得肯定的好工具书，但是错误摹释《合集》之处，大大小小不少，已有读者指出过，笔者也在已发表的论著中，随文指出过某些特殊片例的误摹误释，如对《合集》22322、22323、22324 三片，就曾专文详细比勘讨论过对这三版的摹释错误（见拙著《甲骨文医学资料释文考辨与研究》，人民卫生出版社 2008 年版，第 179—182 页）。这里汇集的是笔者偶尔翻检时随手记下的，不是从头至尾逐条校对的记录，亦未与他人相关勘误文章检对，故可能有与他文复见者。现录于后，供读者参考（初稿对相关正误都有图片对照印证，但不少图片本书他处已有，为省繁复故全删去）：

　　1.《摹总》第 61 页，下栏，《合集》1780 正，《摹总》摹释为："翌癸刃侑祖辛𠃬（四牛）。"今按：𠃬应为𤕫。

　　2.《摹总》第 93 页，上栏，《合集》3280，《摹总》摹释为："贞叀邑子乎饗𥫩。"今按：𥫩应为𤲃。

　　3.《摹总》第 228 页，上栏，《合集》9560，《摹总》摹释为："戊子卜，宾，贞𤔌𩶚在疾不比王古。"今按："戊子"应为"甲子"。（参见本书《也说甲骨文中的酒字》附图七，《合集》9560）

　　4.《摹总》第 233 页，下栏，《合集》9792，《摹总》把左右两辞都摹释作"丁亥卜𣏟受年"。今按："𣏟"为"羊"之误，右边"卜"与"羊"字因犯兆而似《总集》的所谓"𣏟"，左边同辞为"羊"较清晰。

　　5.《摹总》第 315 页，上栏，《合集》13613，《摹总》只摹释了"旬有祟王疾首中日羽"。今按：摹释漏原片左边"旬祸"二字。

　　6.《摹总》第 318 页，上栏，《合集》13695 乙正，《摹总》摹释为："贞有疾……惟父乙……"今按：摹释漏𤕫、𢦏二字，原辞应为"贞有疾𤕫惟父乙专"。

　　7.《摹总》第 318 页，上栏，《合集》13697 甲正，《摹总》摹释为："……疾不惟大示。"今按：摹释漏"王"字，原辞应为"……王疾不惟大示"，从同片 13697 乙正为同文，"王"前可补一"贞"字。

　　8.《摹总》第 318 页，下栏，《合集》13717，《摹总》只摹释了"子疾不屮"一辞。今按：该片左边还有一"稞（娣）"字可辨，摹释遗漏。

　　9.《摹总》第 318 页，下栏，《合集》13720，《摹总》只摹释了"贞靲丁人嘉有疾"一辞。今按：该片上边还有一"昌（𥄎）"字可辨，摹释遗漏。

　　10.《摹总》第 319 页，上栏，《合集》13726，《摹总》摹释为："贞𠬝无疾。"今按：细省原片，𠬝字非"从不从又"，应是"从不从刂（刀）"的"利"（刀在不的右边）字。正确的摹释应该是"贞利无疾"。

　　11. 同《合集》13726 下部刻辞，《总集》亦误摹释成"贞不……"实应为"贞利（刀在不的左上角）疾"，它与"贞利无疾"为相间刻辞。利，为人名，盖即《怀特》965"贞子利无疾"的子利。

　　12. 又《合集》13726，《摹总》释为"戊申卜品贞乎子央有……"的一辞"有"后似应补"疾佳三小宰"五字。《合集》13726 的全部释文应为："贞利疾/贞利无疾/戊申卜品贞乎子央有疾佳三小宰/贞子束无疾。"

　　13.《摹总》第 319 页，下栏，《合集》13753。今按：本片右上角，即《摹总》摹释该条辞末尾漏一"𣨷"（死）字。

　　14.《摹总》第 320 页，上栏，《合集》13759 反。今按：本片有两条辞，其中《摹总》摹释为"其至今五月史无……"辞末左行上下有"其至"二字甚明，不当省略。原辞应为"其至今五月史无其至"。

　　15.《摹总》第 320 页，上栏，《合集》13769。《摹总》摹释为："贞……疾……惟……辛专。"今按：细省本片刻辞，"疾"后可补"齿"，与《合集》13647 正的"齿"字比较更明显可见，"惟"后可补"且（祖）"，全辞当为"贞……疾齿惟祖辛专"。

　　16.《摹总》第 320 页，下栏，《合集》13790 正。《摹总》摹释为："贞其有疾。"今按：细省本片，该条辞的"其"与"有"之间漏一"止

（趾）"字，全辞当为"贞其止有疾"。

17.《摹总》第 320 页，下栏，《合集》13793 反，《摹总》摹释中右侧为"翌……"今按：细省本片，"翌"字右边还有一"雨"字清晰可见而漏掉，"翌"后"雨"前有"丁酉其夕"四字约略可辨。该条辞盖为"翌丁酉其夕雨"。

18.《摹总》第 322 页，下栏，《合集》13884。今按：此片《摹总》摹释漏掉左下角"十二月"的合文。

19.《摹总》第 324 页，下栏，《合集》14001 正。今按：依《摹总》之例"一告"、"二告"之辞都要摹释，本片右下有"二告"不当漏掉。

20.《摹总》第 327 页，上栏，《合集》14097，《摹总》摹释为："贞呼目。"今按：细省本片，"目"字误，当是"取"。原辞应为"贞呼取"。

21.《摹总》第 414 页，下栏，《合集》18550，《摹总》摹释为："壬戌……卣……日……"今按：细省本片，"卣……日"分为二字误，当是""。原辞应为"壬戌卜…………"

22.《摹总》第 454 页，上栏，《合集》20681，《摹总》摹释为："己卯……父……羊犬……"今按：本片"羊"后字与同书 20684 的"豕"字写法同，更与同书 33374"逐"字所从的"豕"完全一致。犬与豕之别是犬尾长而卷，故当为"豕"字。见下图《合集》：

20681　　　　　　33374

23.《摹总》第 467 页，下栏，《合集》21580、21581、21582、21583 四片。今按：与《合集》776、17440 等片的"梦"字比较，《摹总》摹释这四片残辞时都误释作"疾"。

24.《摹总》第 471 页，下栏，《合集》21567 放大可知为""，《摹总》误摹作""，缺上部。又《合集》21571，《摹总》误摹作四箭头尖相的"❀"形。今按：与同书 21569 比较可知应为"❀"。

25.《摹总》480 页，上栏，《合集》21890，《摹总》摹释为："……卯贞子母不❀（❀）。"今按：《摹总》摹释该辞"子"与"不"之间的"母"字有误。对照《合集》945 正片中的"妥"字写法，可肯定"母"应改释为"妥"。原辞应为"……卯贞子妥不❀（❀）"。

26.《摹总》第 485 页，上栏，《合集》22049 两见"❀❀"，《摹总》摹释为"❀❀"是对的，但释为"有❀"。今按：摹为"❀"对，当释为"左"。卜辞也有"❀❀"（如《合集》21358、21567、21714）。但《合集》22049 同版两见"❀❀"，不可能同是笔误。综观卜辞中的"❀"，当如徐师《字典》所言作祭名，在同一祭名"❀"用左或右应有所区别。

27.《摹总》第 598 页，上栏，《合集》26907，《摹总》摹释为："贞弹沉。"今按：《摹总》摹释该辞"贞"与"沉"之间的"弹"字有误，当为"勿"字。（《类纂》亦误）

28.《摹总》第 620 页，下栏，《合集》27915 的第一条辞，《摹总》摹释为："王其田于……惟犬师比擒无灾兹用。"今按：辞中"于……"与辞后的"兹用"属另辞，当分属"于戍（？）……兹用"与"王其田惟犬师比擒无❀"两条辞。

29.《摹总》第 620 页下栏至第 621 页上栏，《合集》27909、27915、27917 三片甲骨中的"犬"字，《类纂》第 10 页的下栏"匕"字类都释作"虎"。今按：甲文虎与犬区别甚明，显然释"虎"误。两书同一编者不当犯此错。

30.《摹总》第 621 页，上栏，《合集》27917"其匕犬辰亡❀"的"匕"误，应为双"比"（原片放大可隐约见"匕"的左边还有一"匕"，应是"比"）。（《类纂》亦误）

31.《摹总》第 657 页，上栏，《合集》29537"五十犬五十羊五十豚"释文将"五十豚"误为"五豚"。（《类纂》亦误）

32.《摹总》第 680 页，下栏，《合集》30657、30658 都有同一"❀"字，前释"典"后"册"不一致。（《类纂》亦同）

33.《摹总》第 681 页，上栏，《合集》30677，《摹总》释文漏一"旧"

字。(《类纂》亦误)

34.《摹总》第718页，上栏，《合集》32262下端有"█（焞）"字释作"又竤"误，或为"左竤（或为竤左）"二字合文。

35.《摹总》第742页，上栏，《合集》33133，《摹总》摹释为"癸丑，贞旬王亡祸见于敦𤇢"误，"王"、"敦"属另一残辞，此应为"癸丑，贞旬亡祸见于𤇢（果）京"；片中"敦"字不全，"果京"分书（京字未刻全）。

36.《摹总》第758页，下栏，《合集》33709"弜戠夕其𦥑人牛"的"人"误，应释为"匕"。(《类纂》亦误)

37.《摹总》第771页，下栏，《合集》34155"癸亥贞今日小帝于巫犾一犬"的"小"误，应释为"雨"。(《类纂》亦误)

38.《摹总》第778页，上栏，《合集》34401"己酉卜用人牛彡/弜用人牛"的"人"误，应释为"匕"。(案：比较《合集》33709、34079、34401、34406等片辞例和字体便知，释"人"误)

39.《摹总》第826页，上下栏，《合集》36344，《摹总》释文"丁丑王卜贞今祸巫九……亡在自下上……受有祐……"中"下上"误摹作"上下"。(《类纂》亦误)

40.《摹总》第826页，下栏，《合集》36350，《摹总》释文"乙卯其黄牛王受有祐"，"王"字前漏一"正（𠙶）"字。今按：这种"王受有祐"的"王"字前有"正（𠙶）"字的句形又见《合集》36351、36354等。

41.《摹总》第878页，上下栏，《合集》38308，《摹总》漏释"癸卯，王卜，贞旬亡𡆥，王占曰：吉。在九月甲辰工█（█字迹不清）"。

42.《类纂》第302页上栏"各"类不应收入《合集》5111片"丁卯卜㱿贞王勿往出"；相反"出"类处漏收。

43.《类纂》第642页上下栏已有"𩵋𩵋"类，第643页下栏重出"𩵋𩵋"，唯末尾所收辞条多《英》849正。

44.《类纂》第1027页下栏"盡"类有："3251正：盡戉崇王/盡戉弗崇王。"今按：查《合集》3251为一小残片，其上只有残辞："□□〔卜〕争贞……多子……"并无"盡戉崇王/盡戉弗崇王"之辞。考"盡戉崇王/盡戉弗崇王"之辞实为《合集》3521正大片中数条卜辞中的一组正反设问左右对贞刻辞。

45.《类纂》第 1282 页"🧍🧍"类漏收《合集》21568、21571 与《英藏》773 片有关"🧍"的卜辞"……巫妹🧍"（按《摹总》有，此不应漏）、"丁㞟🧍"等。

46.《类纂》第 1282 页下栏收录 22049 片"戊午卜，至妻卸父戊良🏃🧍东"、"戊午卜，贞妻🏃🧍令今夕"两辞，释文将其中的"🏃"误释作"有"。

参考书目

一、常用书目及简称

郭沫若、胡厚宣等：《甲骨文合集》，中华书局 1978—1982 年版。　　《合集》

郭沫若、胡厚宣等：《甲骨文合集释文》，中国社会科学出版社 1999 年版。

《合集释文》

中国社科院考古所：《小屯南地甲骨》，中华书局 1980 年版。　　　《屯南》

李学勤、齐文心等：《英国所藏甲骨集》，中华书局 1986 年版。　　《英藏》

彭邦炯、马季凡等：《甲骨文合集补编》，语文出版社 1999 年版。　《合补》

彭邦炯、马季凡等：《甲骨文合集补编·释文》。　　　　　　　　《合补释文》

彭邦炯、马季凡等：《甲骨文合集补编·附殷墟以外遗址出土甲骨》，语文出
　　　　　　　　版社 1999 年版。　　　　　　　　　　《合补·附殷外》

中国社科院考古所：《殷墟花园庄东地甲骨》，云南人民出版社 2003 年版。

《殷花》

蔡哲茂：《甲骨缀合集》，"中研院"史语所 1999 年版。　　　　　《蔡缀》

陈梦家：《殷虚卜辞综述》，科学出版社 1956 年版。　　　　　　　《综述》

李孝定：《甲骨文字集释》，"中研院"史语所 1970 年版。　　　　《集释》

〔日〕岛邦男：《殷墟卜辞综类》，日本汲古书院 1977 年版　　　　《综类》

丁福保：《说文解字诂林》，中华书局 1988 年版。　　　　　　　《说文诂林》

姚孝遂等：《殷墟甲骨刻辞摹释总集》，中华书局 1988 年版。　　　《摹总》

姚孝遂等：《殷墟甲骨刻辞类纂》，中华书局 1989 年版。　　　　　《类纂》

于省吾主编：《甲骨文字诂林》，中华书局 1996 年版。　　　　　　《诂林》

中国社科院考古所：《殷周金文集成》，香港中文大学中国文化研究所 2001
　　　　　　　　年版。　　　　　　　　　　　　　　　　　《集成》

徐中舒：《汉语古文字字形表》，中华书局 2010 年版。　　　　《古文字形表》

白於蓝：《简牍帛书通假字字典》，福建人民出版社 2008 年版。

　　　　　　　　　　　　　　　　　　　《简帛通假字典》

二、引用著录书目及简称

刘鹗：《铁云藏龟》，抱残守缺斋 1903 年版。　　　　　　　　　《铁》

罗振玉：《殷虚书契前编》，1913 年版。　　　　　　　　　　　　《前》

罗振玉：《殷虚书契菁华》，1914 年版。　　　　　　　　　　　　《菁》

罗振玉：《殷虚书契后编》，仓圣明智大学广仓学会 1916 年版。　　《后》

罗振玉：《殷虚书契续编》，1933 年影印本。　　　　　　　　　　《续》

〔加拿大〕明义士：《殷虚卜辞》，上海别发洋行 1917 年版。　　　《虚》

〔日〕林泰辅：《龟甲兽骨文字》，北京富晋书社 1921 年版。　　　《龟》

〔日〕下中弥三郎：《书道全集》，日本书道院 1931 年版。　　　　《书道》

商承祚：《福氏所藏甲骨文字》，金陵大学中国文化研究所 1933 年版。《福》

商承祚：《殷契佚存》，金陵大学中国文化研究所 1933 年版。　　　《佚》

容庚：《殷契卜辞》，哈佛燕京学社 1933 年版。　　　　　　　　　《契》

郭沫若：《卜辞通纂》，日本东京文求堂 1933 年版。　　　　　　　《通纂》

郭沫若：《殷契粹编》，日本东京文求堂 1937 年版。　　　　　　　《粹》

〔美〕方法敛摹，白瑞华校：《库方二氏所藏甲骨卜辞》，商务印书馆 1935 年版。

　　　　　　　　　　　　　　　　　　　　　　　　　　　　《库》

孙海波：《甲骨文录》，河南通志馆 1938 年版。　　　　　　　　　《录》

黄濬：《邺中片羽三集》，北京尊古斋 1942 年版。　　　　　　　　《邺三下》

董作宾：《殷虚文字甲编》，商务印书馆 1948 年版。　　　　　　　《甲》

董作宾：《殷虚文字乙编》，商务印书馆 1948—1949 年版。　　　　《乙》

郭若愚：《殷契拾掇》，上海出版公司 1951 年版。　　　　　　　　《掇一》

郭若愚：《殷契拾掇二编》，上海出版公司 1953 年版。　　　　　　《掇二》

郭若愚、曾毅公、李学勤合编：《殷虚文字缀合》，科学出版社 1955 年版。

　　　　　　　　　　　　　　　　　　　　　　　　　　　　《缀合》

胡厚宣：《战后京津新获甲骨集》，上海群联出版社 1954 年版。　　《京津》

胡厚宣：《苏德美日所见甲骨集》，四川辞书出版社 1988 年版。　　《苏德》

张秉权：《殷虚文字丙编》，"中研院"史语所 1957 年版。　　　　《丙》

张秉权：《殷虚文字丙编考释》，"中研院"史语所 1957 年影印本。 《丙考》

〔日〕贝塚茂树：《京都大学人文科学研究所所藏甲骨文字》，写真印刷株式
会社 1959 年版。 《京人》

许进雄：《加拿大皇家安大略博物馆藏明义士所藏甲骨文字》，加拿大皇家安
大略博物馆 1972 年版。 《安明》

许进雄：《怀特氏等收藏甲骨文集》，加拿大皇家安大略博物馆 1979 年版。

《怀特》

李学勤、齐文心等：《瑞典斯德哥尔摩远东古物博物馆藏甲骨文字》，中华书
局 1999 年版。 《瑞典》

郭青萍：《洹宝斋所藏甲骨》，内蒙古人民出版社 2006 年版。 《洹宝》

濮茅左：《上海博物馆藏甲骨文字》，上海辞书出版社 2009 年版。 《上博》

三、无简称近现代论著

〔日〕白川静：《金文通释》，白鹤美术馆 1964 年版。

孙海波：《甲骨文编》，中华书局 1965 年版。

周法高主编：《金文诂林》，香港中文大学 1974 年版。

唐兰：《中国文字学》，上海古籍出版社 1979 年版。

胡光伟：《说文古文考》，中国社科院历史所 1979 年翻印本。

于省吾：《甲骨文字释林》，中华书局 1979 年版。

周法高：《金文诂林补》，"中研院"史语所 1982 年版。

林义光：《文源》，中国社科院考古所资料室与历史所先秦史室 1981 年翻
印本。

高明：《古文字类编》，中华书局 1981 年版。

高明：《文字形义学概论》，齐鲁书社 1981 年版。

唐兰：《古文字学导论》，齐鲁书社 1981 年版。

容庚：《金文编》，中华书局 1986 年版。

徐中舒主编：《甲骨文字典》，四川辞书出版社 1989 年版。

陈初生：《金文常用字典》，陕西人民出版社 1989 年版。

高亨：《古字通假会典》，齐鲁书社 1989 年版。

张玉金：《甲骨文虚词词典》，中华书局 1994 年版。

汤余惠等：《战国文字编》，福建人民出版社 2001 年版。

宗福邦、陈世铙等：《故训汇纂》，商务印书馆 2003 年版。

周祖谟：《尔雅校笺》，云南人民出版社 2004 年版。

马如森：《殷墟甲骨文实用字典》，上海大学出版社 2008 年版。

郭锡良：《汉字古音手册》，商务印书馆 2010 年版。

庞俊、郭诚永疏证：《章太炎国故论衡疏证》，中华书局 2011 年版。

李宗焜：《甲骨文字编》，中华书局 2012 年版。

四、古籍（按著者朝代先后）

（晋）郭璞注：《尔雅》，中华书局 1991 年重印十三经注疏本。

（魏）张揖：《广雅》，上海中华书局 1936 年重印四部备要本。

（隋）陆法言：《广韵》，上海中华书局 1936 年重印四部备要本。

（唐）陆德明：《经典释文》，中华书局 1983 年版。

（梁）顾野王：《玉篇》，文渊阁四库全书本。

（南唐）徐锴：《说文解字系传》，中华书局 1987 年版。

（宋）丁度：《集韵》，上海古籍出版社 1985 年影印述古堂本。

（宋）王应麟：《玉海》，文渊阁四库全书本。

（清）段玉裁：《说文解字注》，上海古籍出版社版 1991 年版。

（清）徐灏：《说文段注笺》经韵楼刻本。

（清）阮元：《经籍籑诂》，成都古籍书店 1982 年影印本。

《康熙字典》，中华书局 1958 年版。

龟腹甲、背甲与牛胛骨图

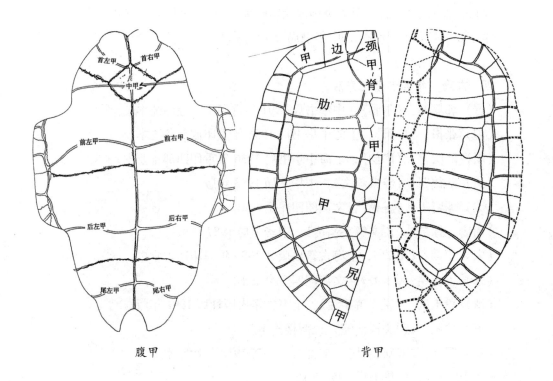

腹甲   背甲

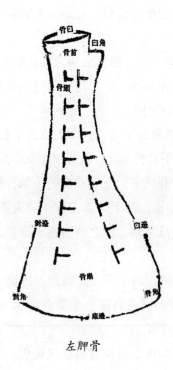

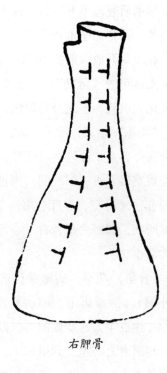

左胂骨　　　　　　　　　　　　　　右胂骨

后　记

　　学术研究离不开资料。读书是获取资料的重要途径，也是学术研究的第一要务，否则无学术研究可言。

　　在改革开放以前的30年，是我们这代学人当有的黄金期。可那些年月，由于无休止的"运动"、"改造"，加之"三年困难"；尤其是纲纪失常的十年文化大饥荒，不光身心俱伤，更浪费了宝贵时间。

　　"文革"结束，改革开放，科研复开，国家有了希望，学人也有了盼头。白天在办公室忙课题、赶任务，早到晚退；下班忙生计，精打细算360角薪，负担重难以言表；到晚间，为把失去的岁月找回来，充实荒废的大脑，蜗居于四合一（卧室、客厅、书房加厨房）的斗室，灯下伏案苦读。功夫不负，终有所获，课题之余，有了心得，疲惫中撰成文稿。此之谓力耕不我欺，虽苦犹甜也。

　　《合集》功毕，病魔乘机进袭。进了医院，动了手术。病愈，再接《合集补编》，拼命再干。旧病复发，二进医院。躺在病床，希望有那么一天，能专心读点个人喜欢读的书，做点自己爱做的事。

　　转眼老之将至，到退休了，有人失落不情愿，我却有解脱之快感，不被分配任务，不被考核，有机会按个人愿望，自主研读发挥余热。婉拒了师友好意，推却了所有的研究与教学的邀约。真可谓不顾一切，推得一干二净。希众师友理解，也借此深表歉意。

　　这里我要特别感谢本室宋镇豪、马季凡、宫长为、齐文心、王贵民、罗昆等同志的大力支持，他们或提供资料，或核对材料，审阅文稿。本书写作与出版多得他们的帮助，特致谢忱！

图书在版编目(CIP)数据

契文释录/彭邦炯著.—上海：上海书店出版社，
2017.7
ISBN 978－7－5458－1478－1

Ⅰ.①契…　Ⅱ.①彭…　Ⅲ.①甲骨文—研究
Ⅳ.①K877.14

中国版本图书馆 CIP 数据核字(2017)第 128438 号

责任编辑　邹　烨　陈　雯
封面设计　郦书径
技术编辑　吴　放

契文释录

彭邦炯　著

上海世纪出版股份有限公司
上海书店出版社出版

(200001　上海福建中路 193 号　www.ewen.co)

上海世纪出版股份有限公司发行中心发行
苏州市越洋印刷有限公司印刷
开本　710×1000　1/16　印张　23　字数　367,000
2017 年 7 月第 1 版　2017 年 7 月第 1 次印刷
ISBN 978－7－5458－1478－1/K·280
定价：98.00 元